Colecția: Practic – Dezvoltare personală

Lector: Nicoleta Arsenie
Tehnoredactor: Carmen Dumitrescu
Coperta: Florin Afloarei, Mircea Băduț

Editura EuroPress Group
O.P. 22, C.P. 113, București, 014780
Tel./Fax.: 021-2125692; Tel.: 021-3106618
Comenzi carte prin poștă:
Tel.: 021-2125692
E-mail: office@europressgroup.ro
www.europressgroup.ro

Descrierea CIP a Bibliotecii Naționale a României
RENAR, LARISA
Cum să-ți faci soțul milionar / Larisa Renar. - București : EuroPress Group, 2019
ISBN 978-606-668-231-2

177.6

LARISA RENAR

Cum să-ți faci soțul milionar

Traducere de
Elena Drăguşin-Richard

EuroPress
GROUP

Larisa Renar – strălucitoarea şi unica, irezistibila şi încântătoarea candidată a ştiinţelor psihologice, biolog şi psiholog – a primit gradul EIA (Economic Interregional Association) la Şcoala Superioară de Economie din Stockholm şi susţine cursuri de *psihologia stresului* la congresele internaţionale din întreaga lume. Acum cinci ani, Larisa Renar a organizat şi deschis „Academia Vieţii Private":

„Este important să o înveţi pe femeie să-şi scrie romanul propriei vieţi, să-i explici regulile, să-i dai nişte pagini goale pe care să scrie. Persoanele care au terminat programul Academiei scriu romane numai cu final fericit.

Eu am încercat să sintetizez în cartea mea toate observaţiile, gândurile şi cunoştinţele mele, acumulate şi testate în timpul celor cinci ani de activitate la «Academia Vieţii Private». Sper ca această carte să ajute multe femei să devină fericite şi să aibă succes".

Larisa Renar, fondatoarea Academiei Vieţii Private din Sankt Petersburg, doctor în psihologie, cu un MBA de la Şcoala de Economie din Stockholm şi autoarea câtorva bestselleruri de dezvoltare personală dedicate femeilor, a fost mereu interesată de legile care stau la baza relaţiilor dintre femei şi bărbaţi. Pentru autoare, psihologia este cea mai importantă dintre ştiinţe, căci ne permite să înţelegem aceste legi care guvernează lumea şi să ne schimbăm realitatea, schimbându-ne pe noi înşine. Încercarea de a dezlega tainele acestor legi eterne au purtat-o prin toată lumea, de la misticul Peru la misterioasa Indie, de la Insulele Canare, Noua Zeelandă şi Australia la numeroase ţări din Europa, de la întâlniri cu vechile tradiţii ale şamanilor la studierea celor mai moderne concepte din psihologie.

La editura EuroPress Group au mai apărut *Tainele seducţiei* şi *Magia puterii feminine. Energia, forţele şi tainele seducţiei.*

Introducere

— M-a cerut de soție. Lena ne-a cuprins pe toate cu privirea. Noi tăceam mâlc, zguduite.

Ne vedeam o dată pe lună, „ca între fete”, ca să vorbim despre câte-n lună şi-n stele. În cincisprezece ani de prietenie se întâmplaseră multe lucruri care trebuiau dezbătute fără întârziere. Orice femeie ajunsă cam pe la 35 de ani are la activ o mulțime de evenimente tulburătoare. Iar grupul nostru de cinci prietene părea să cuprindă toate variantele posibile de destine feminine.

Eu mă măritasem la 23 de ani şi de atunci trecuseră deja 12 ani. Între timp ne mutaserăm dintr-o cameră într-un apartament la comun, şi acum locuiam într-o vilă luxoasă în afara oraşului. Rolul meu de soție de milionar îmi făcea plăcere, îmi practicam pasiunea, psihologia, organizam traininguri şi cursuri şi concomitent mă străduiam să fiu o mamă bună pentru cei doi fii ai noştri.

Nastia era şi ea măritată de mult, dar se întâmplase cumva ca ea să fie cea care ocupa posturi importante la vârf de companie, iar soțul ei rămânea în continuare un designer promițător. De aceea Nastia câştiga cea mai mare parte a veniturilor.

Alina divorțase în urmă cu trei ani şi se bucura de perioada minunată dintre mariaje, alegându-şi bărbatul vieții ei dintr-un mare număr de candidați, la fel de atent cum alegea accesoriile, ținutele şi machiajul altora, în calitatea ei de stilist consultant.

Jenia, plinuță, cu un bust impozant, era şi ea măritată, a doua oară. Se poate spune că trecuse de la un soț la altul, împreună cu cei doi copii ai ei. Nici nu trecuseră bine şase luni, aşa că nici nu apucasem să-i povestim pe îndelete ce greu e să fii mamă singură. Aparent numărul copiilor nu micşorează deloc valoarea unei femei adevărate. Acum Jenia îl alăpta pe al treilea copil şi era temporar casnică. Soțul ei era nespus de fericit, deşi banii lui nu prea ajungeau pentru a hrăni o familie numeroasă. Jenia făcea minuni cu un buget restrâns şi abia aştepta să se întoarcă la muncă.

Iar Lena, bruneta frumoasă şi femeie fatală, schimba admiratorii ca pe mănuşi, la fel de rapid cum găsea noi angajați pentru compania enormă unde lucra ca director de resurse umane. Nici nu apucam să ținem pasul cu idilele ei nenumărate, mai ales că de multe ori avea câte patru admiratori concomitent. Toate idilele ei era amețitoare, frumoase, dar foarte scurte. De aceea ne-am ținut răsuflarea şi am aşteptat să continue.

Lena s-a uitat la noi, satisfăcută de tăcerea noastră, încă şocate cum eram.

– Nenorocirea e că nu câştigă decât 30.000 ruble* pe lună. N-am avut niciodată un bărbat atât de sărac, oftă ea.

– Un bărbat nivelul doi, am comentat eu.

– Cum adică? m-au întrebat prietenele. Până acum pasiunea mea pentru psihologie şi cursurile mele nu le interesaseră deloc. Toate tentativele mele de a le arăta

---

* Salariul mediu din Sankt Petersburg, unde se află eroinele cărții, a fost în jur de 52.498 ruble în anul 2018. Cursul mediu al dolarului american în 2018 a fost 62.92 ruble, prin urmare un salariu mediu a fost de aproximativ 834 dolari pe lună. (N.t.)

metode energetice şi de a le inspira să le pună în practică rămăseseră fără ecou. Succesul soţului meu era văzut de ele doar ca un şir de întâmplări norocoase, care nu aveau nici o legătură cu mine.

– Pur şi simplu ai avut noroc, dădeau ele din umeri când încercam să le spun să tot ce avem am creat şi eu, ca soţie. Se pare că pentru cei mai apropiaţi oameni din viaţa noastră e întotdeauna mai greu să preţuiască ce facem şi să lege succesul cu eforturile depuse de noi. Nu degeaba spunea Esenin: „Lucrurile mărețe se văd numai de la distanţă." Motiv pentru care m-am bucurat că în sfârşit am ocazia să le împărtăşesc şi prietenelor câte ceva din cunoştinţele mele.

Nivelurile energiei masculine

– Bărbaţii au şapte niveluri de energie care corespund cu starea lor materială (fig. 1), am început eu să le explic şi am început să desenez.

La **primul nivel** bărbatul îşi câştigă numai subzistenţa, nu mai mult de 100 euro pe lună. Aici vorbim despre nivelul supravieţuirii şi sărăciei. Oamenii fără adăpost şi studenţii sărmani se încadrează aici. Acestui nivel îi corespunde cifra 3.

La **al doilea nivel** bărbatul câştigă suficient pentru casă şi familie, dar de regulă e angajat. Venitul lui nu depăşeşte o mie de euro pe lună. Acesta e nivelul la care apare confortul şi care corespunde cifrei 7.

La **al treilea nivel** la bărbat apare energia necesară conducerii subordonaţilor. Poate să lucreze în poziţie de conducere sau să deschidă o afacere, fie ea şi mică, dar care oferă un venit stabil. De regulă la acest nivel venitul poate să ajungă până la 10.000 euro pe lună. Notorietatea bărbatului de obicei nu depăşeşte graniţele oraşului. Acestui nivel îi corespunde cifra 17.

Al patrulea nivel al energiei masculine este nivelul plasmei solare. Bărbatul controlează mari fluxuri financiare şi conduce colective numeroase de oameni. Venitul lui personal atinge 100.000 euro pe lună. Este nivelul persoanelor publice, al notorietăţii, la care banii curg gârlă. Acest tip de bărbat poate fi director, posesor al propriei companii sau pur şi simplu o persoană celebră: actor, cântăreţ, designer, stilist. Aici e deja cunoscut la nivel de ţară. Acestui nivel îi corespunde cifra 34.

La **al cincilea nivel** bărbatul are suficientă energie şi forţă pentru politică. Când îl atinge, poate să devină guvernator, ministru sau oligarh. Este nivelul care corespunde companiilor internaţionale cu mii de subordonaţi. Îi corespunde cifra 72.

Al şaselea nivel este forţa minţii bărbatului. Este nivelul regilor, împăraţilor, preşedinţilor, sau al oamenilor ale căror nume străbat veacurile: filosofi, scriitori, artişti. Bărbatul care atinge al şaselea nivel al puterii este cel ale căror gânduri şi idei au o influenţă de durată asupra omenirii, cel care lasă o urmă notabilă în istorie. Cifra 108 corespunde acestui nivel.

Omul care atinge **al şaptelea nivel** este cel pentru care viaţa spirituală e mai importantă decât problemele lumeşti. Acesta e nivelul învăţătorilor spirituali ai omenirii, căruia îi corespunde cifra 118.

– În medie un bărbat are nevoie de trei ani pentru a trece de la un nivel la altul. Cineva poate să facă trecerea într-un an, altul în şapte ani, iar altcineva să rămână la acelaşi nivel, am încheiat.

– Soţul meu e încă la al doilea nivel, a conchis Jenia.

– Al meu la fel, oftă Nastia. De ce anume depinde nivelul la care se află un bărbat şi ce e cu cifrele astea ciudate? se interesă ea.

– Cifrele corespund unui anumit nivel energetic al bărbatului, la care e capabil să mențină fluxul de bani şi putere. Cu cât omul are mai multă energie, cu atât mai mare este nivelul lui de influență, cu atât mai mulți bani are şi cu atât sus se află nivelul puterii lui.

Banii sunt o energie direcționată, structurată, sexuală şi vitală. În schimb, energia feminină există în stare pură. E mare, dar e haotică. Femeia este sursa de energie care îl ridică pe bărbat şi ajută la realizarea potențialului lui (fig. 2).

Ne putem imagina energia feminină ca fiind un lac. De mărimea lacului depinde cât de sus se poate ridica bărbatul. Femeia este orizontală, bărbatul este vertical.

Femeia îi oferă bărbatului energia ei şi el o transformă în bani, conferindu-i structura necesară prin intermediul centrului voinței, numit manipura. Cu cât energia femeii e mai mare, cu atât poate să-i ofere mai multe posibilități bărbatului. Câteodată femeia are resurse de energie uriaşe, de la natură sau acumulate, dar dacă bărbatul are un centru volitiv slab nu poate să să transforme energia în bani. Şi invers, bărbatul poate să aibă un centru volitiv puternic, dar dacă femeia şi-a risipit energia sau a trecut în cea masculină, atunci bărbatul nu mai are ce să transforme în flux monetar.

Energia feminină seamănă cu o pâlnie. Mărimea ei determină înălțimile atinse de bărbat. De femeie depinde dacă el va fi „fruntea satului" sau dacă numele lui va ajunge cunoscut în întreaga lume. Există şi o zicală care spune: „Spune-mi cu ce femeie doarme, ca să-ți spun ce afacere are bărbatul."

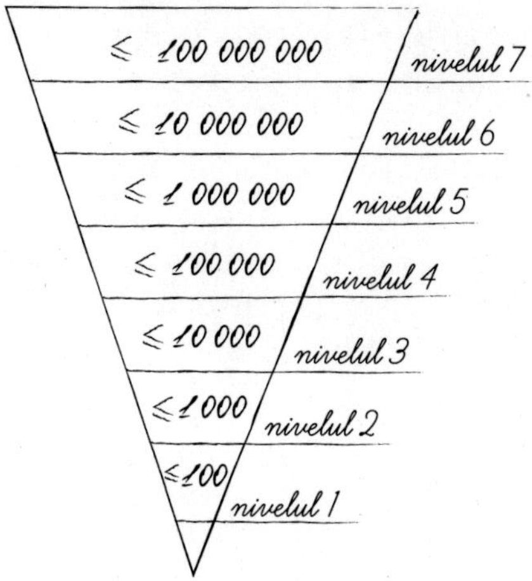

Fig. 1
Nivelurile energiei masculine

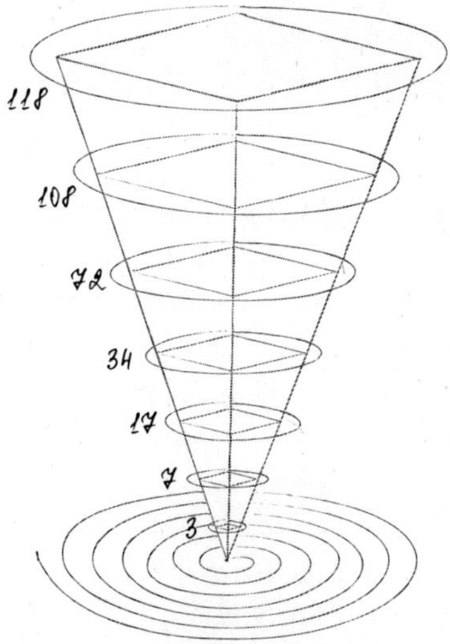

Fig. 2
Nivelurile de energie masculină și feminină

– Țin minte că ai zis tu ceva despre rotirea pâlniilor, a încuviințat Nastia, dar eu sunt mai sceptică de felul meu.

– N-ai de ce să fii. Dacă ne uităm la cercurile de energie din spațiu, ele formează o pâlnie. În multe culturi există practica rotirii, pentru că ajută la sincronizarea cu ritmul cosmic al Pământului, armonizează și amplifică energia primită la naștere. Ați observat cum le place fetițelor să se învârtă? Așa își amplifică energia și-și adună forțele.

Nivelurile energiei feminine

Primul nivel al energiei feminine este cifra 3, nivelul de bază, energia subzistenței.

Al doilea nivel al energiei feminine este cifra 7. El corespunde energiei unei fetițe mici, lipsite de griji, bucuroase, o fetiță de care lumea are grijă și pe care o răsfață cu mici cadouri. Ne putem imagina pâlnia feminină ca pe o fustiță lungă care menține această energie neîmpovărată și lipsită de griji. Dar adesea supărările pe mama și tata, pedepsele neîntemeiate din punctul de vedere al copilului, evenimentele negative din copilărie, lipsa dragostei și interdicțiile severe afectează integritatea pâlniei copilăriei, iar fetița începe să piardă din ușurătatea înnăscută. Pentru a „cârpi" găurile prin care se scurge energia putem să ne rotim de 7 ori timp de 28 de zile, începând cu a doua zi a calendarului lunar. Când reechilibrăm nivelul de energie ne simțim din nou lipsite de griji și neîmpovărate. Începem să primim mici cadouri fără o ocazie anume, bărbații încep să ne acorde atenție. Dar bărbații nu fac parte din cei cu o situație socială importantă, iar de cele mai multe ori sunt puțin sub influența alcoolului. Copiii sunt şi ei interesați de noi.

– Deci migranții sunt publicul nostru, preciză Alina.

– Da, însă nu trebuie să ne îngrijorăm, am liniştit-o eu. E un semn că totul merge bine şi procesul s-a urnit.

– Dar dacă nu se urneşte? Şi dacă nimeni nu ne oferă nici acum flori pe stradă, la fel ca şi înainte? se interesă Jenia.

– Atunci facem o pauză timp de 28 zile şi continuăm să observăm ce se întâmplă în jur. Dacă nu se întâmplă nimic, ne rotim de 7 ori pe zi timp de 28 zile. Apoi facem iar pauză, pentru ca energia să se acumuleze şi corpul nostru să se adapteze la noul nivel de energie.

– Şi de câte ori putem să repetăm ciclul? desprinse Nastia ochii din carnetul în care nota totul cu conştinciozitate.

– De trei ori. Dacă nu avem nici un rezultat, dar asta se întâmplă rar, înseamnă că trebuie să ne resetăm, să ne lămurim cu supărările din copilărie şi relațiile cu părinții.

– Aşadar, la acest nivel atragem şi menținem resurse financiare până la 40.000 ruble lunar. Acest venit poate fi adus de bărbat, bonusuri, oferte de colaborare ş.a.m.d. – am conchis.

Al treilea nivel al energie feminine este cifra 17. Reprezintă capacitatea de a atrage în câmpul nostru resurse financiare de la 40.000 la 400.000 ruble şi atenția bărbaților cu statut social mai important. Când rotiți această pâlnie, refaceți energia unei fete tinere înfloritoare, pline de speranțe şi vise neadumbrite de nori, care visează la un prinț şi dragoste eternă. Oamenii simt această energie. Acum vă aleg Miss Hotel, bărbați necunoscuți de pe stradă vă cer de soție. Dacă sunteți deja căsătorite, bărbatul vostru poate să aibă ceva influență în cartierul voastră.

– Şi ce facem cu cererile în căsătorie, le acceptăm? tresări Alina şi ridică o sprânceană.

– Cred că nu e cazul să vă măritați imediat, am liniştit-o pe Alina, dar merită să vă bucurați. Înseamnă că energia creşte şi ce se petrece în jur confirmă asta.

– Dacă rotesc această pâlnie veniturile soțului meu încep imediat să crească? era clar că Jenia era gata să intre în acțiune.

– Da şi nu. Dacă problema e numai cu energia ta, probabil vor creşte. Dar dacă există şi alte probleme, dacă nu are tărie de caracter sau se ocupă de un lucru care nu-i place, atunci e nevoie de mai mult timp.

– Interesant, oare de cât timp ar fi nevoie ca logodnicul meu să câştige de 10 ori mai mult? a căzut pe gânduri Lena.

– Una dintre profesoarele noastre a reuşit asta în patru luni, aşa că merită încercat şi vezi ce iese.

– Dar la ce nivel începem să atragem milioane, şi nu doar în ruble? Alina, evident, nu se mulțumea cu sume mici.

Al patrulea nivel este cifra 34. Începe cu venituri în jur de 100.000 euro pe lună şi poate să ajungă chiar şi la un milion. Pentru bărbat înseamnă că are influență sau notorietate la nivel de oraş.

Acest este nivelul de energie care corespunde femeii mature, plină de încredere în forțele proprii. E femeia care a trecut prin multe, a fost înşelată, a pierdut, a fost dezamăgită şi rănită, dar a rămas tânără şi plină de forță. Când femeia atinge acest nivel, atrage atenția unor bărbați şi mai importanți. Bărbații pe care îi alege singură îi fac propuneri serioase. Are noroc în tot ce face, câştigă licitații. E avansată la slujbă şi ea, dar şi bărbatul ei. La acest nivel toată energia e restabilită, femeia poate să susțină şi casa, şi familia, şi afacerile, şi bărbatul.

Al cincilea nivel. Multora le ajunge nivelul patru. Dar dacă femeia vrea ca bărbatul ei să-şi dezvolte afacerile la nivel național, să devină ministru sau star, sau dacă vrea să atragă un astfel de bărbat în viața ei, atunci trece la nivelul cinci şi începe să se rotească de 72 ori. Aici e important să nu întidem coarda, energia e foarte puternică şi poate efectiv să strivească omul sau să-l paralizeze. De aceea al cincilea nivel trebuie abordat treptat, trebuie să observăm cum ne simțim şi să observăm ce se petrece în jurul nostru.

Al şaselea nivel. Acestui nivel îi corespunde cifra 108 şi reprezintă o putere enormă, pe care poate să o suporte numai o femeie pregătită. În caz contrar riscă să distrugă totul. Numai o corabie durabilă poate să iasă nevătămată dintr-o furtună puternică. Dar dacă femeia poate să susțină un flux de energie atât de puternic, atunci poate să se ridice la nivel mondial, să atragă miliardari şi preşedinți. Bărbatul care îi stă alături devine celebru în toată lumea, dar şi ea ajunge cunoscută pe tot mapamondul. Acestea sunt femeile care schimbă cursul istoriei şi rămân în memoria omenirii.

Al şaptelea nivel – căruia îi corespunde cifra 118 – este nivelul evoluției spirituale celei mai avansate, la care pe femeie nu o mai interesează banii, faima şi puterea. Este nivelul maestrelor spirituale, celor ca Elena Blavațkaia, Ioşi Țîgal, Elena Rerich şi altele.

– Deci să mă mărit sau nu? clătină din cap Lena, după ce ascultă discuția şi explicațiile şi se uită la toate desenele mele.

– Alege dragostea, restul se poate face, am spus.

– Promisiunile nu țin de foame! Îmi trebuie un plan de acțiune amănunțit. În sfârşit mi-am găsit bărbatul visurilor mele, şi e sărac lipit pământului.

– Lasă, că nu e chiar aşa sărac, reacționă Jenia. Între noi fie vorba, noi cinci trăim din şaizeci de mii pe lună.

– Iar noi cu o sută de mii trei persoane, oftă Nastia. Partea proastă e că eu sunt aia care îi câştigă şi am obosit, ceva de groază.

– Bineînțeles că ai obosit, am compătimit-o. Eşti nevoită să demonstrezi tărie de caracter, iar asta e o calitate masculină. Trăieşti mai mult cu simțul datoriei, o energie masculină, iar nu cu relaxarea şi plăcerea energiei feminine. Aşa că haideți să vorbim despre bărbați.

Capacitatea bărbatului de a păstra o femeie, puterea sau banii depinde de un centru al voinței foarte puternic. Aceasta este cea mai puternică dintre trăsăturile de caracter masculine, al principiului masculin. Femeile înțeleg asta instinctiv atunci când aleg bărbații de succes. Sunt atrase nu de bani în sine, ci de forța masculină demonstrată de obținerea succesului.

Prietenele mele ascultau cu răsuflarea tăiată.

– Adică vrei să spui, conchise Lena după ce am expus teoria, că orice bărbat poate să aibă succes şi să fie bogat dacă are femeia potrivită alături.

– Da, dacă există iubire, pasiune, încredere în bărbat, sprijin, inspirație ş.a.m.d, adică dacă în femeie se manifestă toate stările (Fetița, Iubita, Regina şi Stăpâna). Atunci banii devin doar o problemă de timp, dorință, cunoştințe şi antrenament. Închipuiți-vă că atunci când femeile vor înțelege în sfârşit că succesul bărbaților depinde în mare măsură de ele, vor înceta să mai aleagă banii în loc de dragoste. Vor înceta să mai fure bărbații bogați ai altora şi nu vor mai cauza durere şi suferință. Mamele nu vor mai căuta gineri bogați pentru fiicele lor când vor înțelege că lucrul cel mai important e dragostea, iar restul se poate face. Ar fi minunat dacă bărbații ar înțelege asta şi nu s-ar mai mira când pleacă la o femeie mai tânără de ce dintr-odată afacerile nu le mai merg bine şi pierd o avere, mai ales dacă noua soție i-a ales din interes, nu din dragoste.

– Vrei să spui că ştii cum să-l faci pe soțul tău milionar şi poți să ne înveți şi pe noi? s-a uitat Jenia întrebător la mine. De fapt tu deja ai făcut asta, nu?

– Da, am încuviințat. Deşi pur şi simplu l-am ajutat să devină ce voia şi putea să devină! Femeia îl ajută pe bărbat să-şi atingă potențialul, îl face mai puternic şi-l completează. Recent a fost publicat un studiu în revista Forbes, am continuat. Au intervievat zece miliardari şi câteva zeci de milionari ca să vadă ce au în comun. S-a dovedit că e vorba de numai trei lucruri.

Primul. Nu se tem de înfrângeri şi trag concluzii prețioase, învață din ele. Unul dintre miliardari a făcut un miliard în timpul boom-ului din IT. Când proiectul a eşuat, a pierdut tot, dar nu s-a descurajat. Acum are o jumătate de miliard. Pentru că tot vorbeam de calități masculine şi o voință puternică, am adăugat.

– Al doilea. Mereu sunt în căutare de surse de venit noi, neconvenționale, pentru care pot să-şi folosească talentul şi calitățile principale. Un proprietar de benzinării căruia i-a venit ideea să vândă gustări era considerat nebun. Acum e multimiliardar. Dar acest lucru ilustrează potențialul lui sexual şi creativ, am decretat.

– Şi cel mai important lucru dintre toate, – am făcut o pauză şi le-am privit pe prietenele mele, – o căsătorie reuşită. Soția trebuie să-l susțină şi să creadă în soțul ei. Este cel mai important lucru, aşa cred cei mai bogați oameni din lume! am încheiat eu cu patos şi apoi am continuat pe un ton normal: Ceea ce este absolut explicabil.

– Bine, sunt gata să încerc să investesc energia mea în Ruslan, propuse Lena. Dar de unde o luăm?

Trei surse de energie

– Se spune că există trei surse de energie masculine şi feminine (fig. 3).

1. Prima sursă este energia trecutului, energia neamului vostru, puterea transmisă de strămoşii şi părinţii voştri. Cineva se naşte într-o familie bogată, altul trebuie să câştige totul singur. Unii folosesc puterea neamului când menţin relaţii bune cu părinţii, bunicile şi bunicii, cu alte rude, iar alţii renunţă la această forţă. Când ne certăm cu rudele, nu le acceptăm, când ne supărăm pe ele sau când le pierdem, ne deconectăm de la o sursă enormă de energie. Ele sunt rădăcinile noastre, care ne hrănesc şi ne dau puterea să creştem şi să mergem mai departe.

2. A doua sursă este energia prezentului. Această energie o producem singuri şi o primim în fiecare clipă din natură, de la lume, din relaţiile apropiate.

2.1. Energia Universului, a Soarelui, Lunii şi a celor patru elemente.

Bărbatul e conectat mai mult cu energia Soarelui, iar femeia cu energia Lunii. Dacă femeia trăieşte conform calendarului lunar, totul îi reuşeşte mai uşor. Este conectată la ritmurile Lunii şi, atunci când ajunge să intre în tact, devine şi mai puternică.

Energia elementelor: Pământul, Apa, Focul şi Aerul. Când omul se contopeşte cu forţele elementelor naturale capătă anumite vibraţii şi posibilităţi. Forţele le primim prin contact direct, de exemplu, când privim focul care

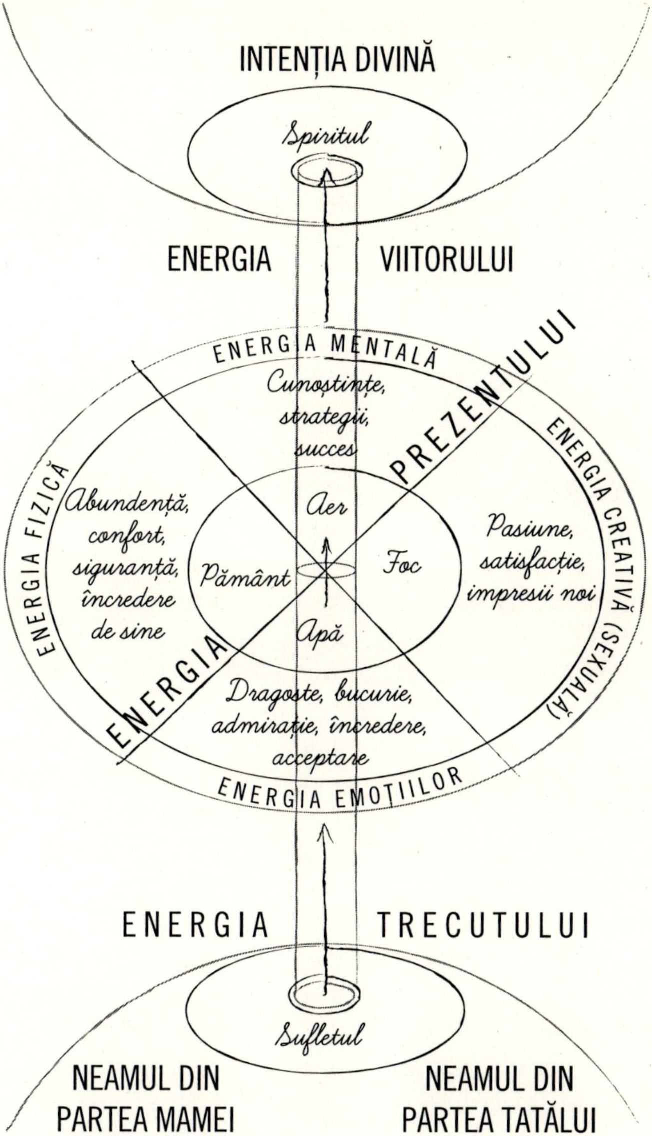

Fig. 3
Sursele de energie

arde, ne bucurăm de o baie nocturnă în mare, plantăm ceva sau inspirăm aerul geros şi proaspăt.

2.2. Energia universului este manifestarea forței elementelor în viața cotidiană. De exemplu, elementul Aer are legătură cu zona mentală, cu învățătura şi asimilarea informației, cu strategiile de succes, cu bogăția de informații şi experiențe acumulate de omenire. Elementul Apă are legătură cu viața emoțională. E vorba de emoțiile pozitive, tot ce ne umple de bucurie şi dragoste de viață, relațiile noastre şi comunicarea cu alți oameni. Elementul Pământ are legătură cu corpul nostru, cu activitatea fizică, nutriția, nivelul de confort, unde locuim şi cum avem grijă de noi, cu resursele materiale şi viața noastră. Şi în sfârşit, elementul Foc reprezintă impresiile, plăcerile, originalitatea, creația şi ideile noi.

2.3. Energia relațiilor noastre este tot ce primim de la alți oameni, mai ales cei care ne sunt alături, inclusiv bărbatul iubit.

Elementul Aer este recunoaştere, succes, informații noi; elementul Apă este iubire, cadouri, bucurie; elementul Pământ este sprijin, grijă, investiții în noi înşine; elementul Foc este plăcere, pasiune, motivație. Energia relațiilor este energia iubirii dintre bărbat şi femeie, energia pasiunii şi țelurilor comune! Dar este şi energia sinergiei, datorită căreia e posibil să atingem un nou nivel.

2.4. Ceea ce facem singuri. Aici sursa principală de energie depinde foarte mult de tipul psihologic al fiecăruia. De aceea cineva poate că trebuie să meargă la sală pentru a prinde puteri, altcineva trebuie să citească o carte bună, altcineva să facă un maraton de cumpărături, altcineva să creeze ceva sau să încerce ceva nou. Este vorba de energia evoluției noastre (Aerul, starea Reginei), a rezultatelor noastre (Pământul, starea

Stăpânei), a dragostei noastre, a încrederii în sine (Apa, starea Fetiței) și a plăcerii și pasiunii noastre (Focul, starea Iubitei).

3. Energia viitorului este cea mai puternică energie, energia Divină. Numai contopirea cu ea permite omului să-și depășească limitele neamului din care provine și limitele proprii. Pentru a se contopi cu această energie omul trebuie să atingă un anumit nivel de evoluție, să se ridice spre vibrațiile înalte, să se îndrepte către misiunea pe care o are, să înceapă să creadă în Divinitate. Este energia visurilor noastre, a aspirațiilor noastre către viitor, a lucrurilor pe care vrem să le creăm și să le lăsăm în urma noastră, a ideilor pe care vrem să le punem în practică. Este energia misiunii noastre.

– Da, numai că uneori oamenii au multă energie, dar nu ajută la nimic, și nici bani nu au, spuse Alina. Cum spunea fostul meu soț, tot aburul l-a folosit țignalul locomotivei, și gata.

– Multe depind de felul cum este direcționată energia. Câteodată omul risipește energia, pur și simplu o pierde, se învârte și nu știe unde să-și folosească forțele.

– Țin minte cum ni se zicea în copilărie, dacă am putea folosi energia ta și numai în scopuri pașnice, își aminti Lena. Dar cum să găsim scopurile astea pașnice?

Banii ca energie a libertății

– Trebuie să îndreptăm energia în direcția dezvăluirii potențialului nostru, am răspuns. Conform legilor spirituale ale banilor, după cum am auzit, aceștia sunt dați oamenilor pentru realizarea potențialului creator, pentru dezvăluirea talentului, pentru punerea în

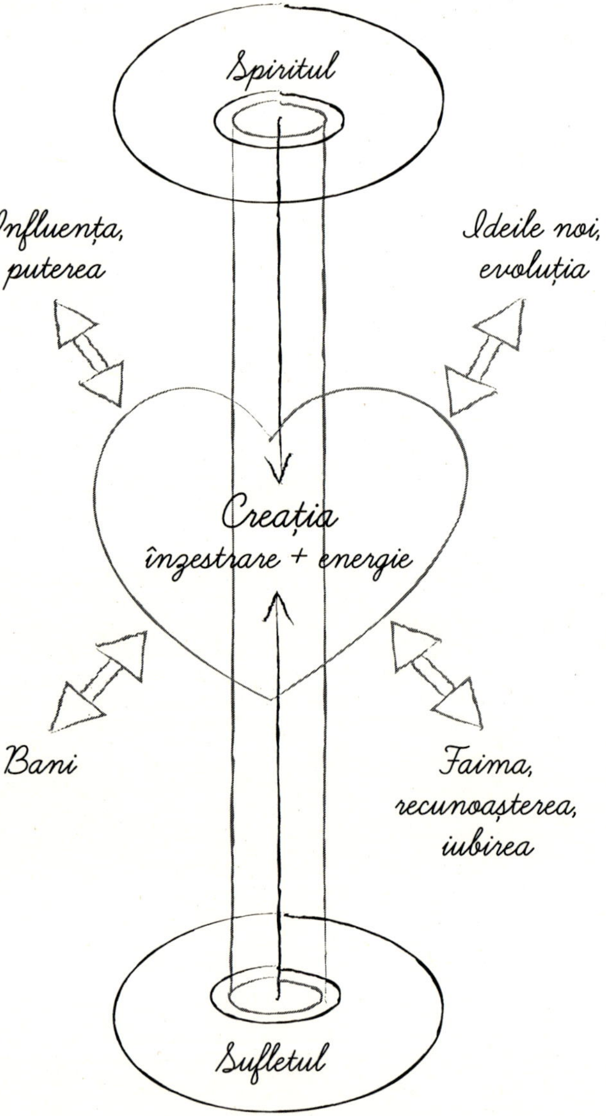

Fig. 4
Sufletul, spiritul, creația

aplicare a înzestrării omului. Haideţi să vă mai fac o ilustraţie ca să vedeţi cum arată, am continuat, poate o să fie mai clar (fig. 4).

Înzestrarea şi talentele sunt date omului din naştere şi trec din viaţă în viaţă odată cu sufletul lui. Sufletul ajunge pe lume purtând această zestre, dar şi experienţa şi unele calităţi ale personalităţii noastre, unele trăsături de caracter. Când omul îşi găseşte talentul, sufletul începe să se dezvolte. Dar omul se dezvăluie maxim numai când se uneşte cu spiritul.

Spiritul poartă informaţiile despre problemele pe care trebuie să le rezolvăm în această viaţă, despre misiunea care trebuie îndeplinită. El conţine potenţialul de care are nevoie omul pentru a-şi îndeplini misiunea. În spirit se găseşte energia Divină, energia creatoare, acele posibilităţi infinite pe care le-a dat Divinitatea. Este tot ce putem fi dacă alungăm toate temerile şi îndoielile, toate condiţiile şi aşteptările altora, dacă ne contopim cu înzestrarea noastră şi o manifestăm. Sarcina omului este să folosească această înzestrare şi să lase în urmă ceva unic, să realizeze acea creaţie care va influenţa viaţa altor oameni.

În asta constă misiunea omului, să găsească şi să-şi pună în aplicare înzestrarea. Adesea oameni cărora li s-a dat foarte mult din naştere nu realizează nimic, îşi trăiesc întreaga viaţă fără sens, neînzestrat. „Neînzestrat” înseamnă că nu-şi pun în aplicare înzestrarea.

Atunci când omul este contopit cu misiunea lui, energia lui imensă începe să curgă într-o anumită direcţie, de la suflet la spirit, de la plus la minus. Mulţumită faptului că potenţialele sunt diferite, în jurul nostru se creează un câmp magnetic de atracţie (ca într-un electromagnet), care va atrage în viaţa voastră posibilităţi, oameni noi, bani, resurse ş.a.m.d.

Cât timp parcurgem acest drum ne simțim inspirați, liberi şi plini de putere.

Când cel mai bogați bărbați din lume au fost întrebați de ce vor bani, au răspuns că le trebuie ca să fie liberi. De ce toți suntem atât de interesați de libertate? Probabil pentru că înțelegem în mod intuitiv că odată cu libertatea căpătăm posibilitatea de a face ce ne aduce bucurie, de a ne ocupa de lucrurile pentru care ne-am născut. Şi atunci simțim că iubim întreaga lume, ne scăldăm în posibilitățile care se deschid în fața noastră şi uităm imediat de boli, nelinişte, depresie. De parcă ştim la nivel genetic ce înseamnă să trăim în abundență. Ştim că este la fel de firesc să ne bucurăm de viață cum este să respirăm, să admirăm culorile florilor, să ne bucurăm de căldura soarelui. Şi că banii sunt doar o parte din energia lumii, care ne este dată ca să ne restabilim integritatea, pentru a căpăta libertatea de a ne exprima, în cele din urmă, pentru a arăta lumii de ce suntem capabili şi să ne dezvoltăm potențialul lantent. Acest potențial care se exprimă prin talente şi înzestrare se transformă în ceva unic, într-un cântec nou, o pictură, o rochie incredibilă, un ornament pe o stofă, o cană, un zgârie-nori care țâşneşte spre cer, un avion care pluteşte deasupra mării, o corporație, un computer nou, o carte nouă, un restaurant nou. Iar Divinitatea priveşte uimită la fațetele talentului său care se manifestă în fiecare dintre noi şi se minunează în fața diversității lucrurilor ce pot fi create şi care deja sunt în curs de a fi create. „Dumnezeu nu are alte mâini în afară de ale noastre."

Divinitatea se exprimă şi se cunoaşte pe sine prin creațiile noastre. De aceea se spune că sufletul vine pe pământ pentru a experimenta creația, pentru a-şi traduce în plan material înzestrarea primită nu doar la nivel de idee, ci şi la nivel de aplicare a ei.

Noi oferim lumii creațiile noastre în care înzestrarea noastră e contopită cu energia noastră, iar lumea ne dă schimb bani, recunoaştere, putere şi idei noi. Aşadar, Creația este înzestrarea noastră şi energia pe care o investim în ea. Iar banii care intră în viața omului corespund potențialului lui şi dimensiunii talentului pe care îl are.

– Da, însă se întâmplă ca oamenii să fie talentați şi să facă ce îşi doresc, dar să rămână săraci, a ripostat Nastia.

– Se întâmplă, dacă relația oamenilor cu banii nu este bună, dacă se tem să-i primească sau nu ştiu legile banilor.

– Dar când putem vorbi despre asta? se interesă Jenia. Vreau să mă lămuresc!

– Dacă vreți, vorbim, am promis eu.

– Dar cum să ne găsim înzestrarea? se nelinişti Alina. Poate că nici nu mă ocup cu ce trebuie?

– Putem să identificăm şi înzestrarea ta, dar o să ia ceva timp. Iar între timp puteți să vă gândiți la nivelul vostru de energie, la cel al bărbatului vostru, ce energie predomină şi să începeți să vă rotiți pentru a primi energie feminină.

Aveți un plan?

– Bun, dar totuşi vreau un plan de acțiune cât mai amănunțit, ne-a adus Lena cu picioarele pe pământ.

– Bine, am răspuns, cum sună planul ăsta?

1. Analizăm natura banilor și eliminăm tot ce ne împiedică să-i atragem în viața noastră.
2. Găsim înzestrarea noastră.
3. Ne definim misiunea și rostul și ne conectăm la energia viitorului.
4. Ne lămurim cum stăm cu energia trecutului, restabilim fluxul care vine de la părinți și neam către noi.
5. Sporim energia prezentului și învățăm cum să împărtășim diferite tipuri de energie cu bărbatul iubit.

– Auziți, dar poate că toate trebuie să încercăm să schimbăm situația, dacă tot faci un plan pentru Lena? Că doar şi noi putem să participăm, se însufleți Nastia. Pe ce termen e planul tău?

– Cred că un an ajunge pentru a urni situația din loc, am presupus, dar multe depind de dorința voastră de face asta, şi mai ales dacă sunteți gata de acțiune.

– Atunci peste un an facem un club al milionarelor! propuse Nastia. Deci când începem?

– Propun să ne adunăm peste o săptămână. Iar deocamdată gândiți-vă cum o să vă dați seama că soțul vostru e mai bogat? am susținut eu propunerea Nastiei.

LUNA 2

Natura banilor

Ce înseamnă banii pentru voi

– Cum a fost săptămâna voastră? le-am întâmpinat pe prietenele mele. Sunteți gata să schimbați şi să întreprindeți ceva?

– O, da! au spus ele aproape în cor.

– Atunci declar deschisă prima şedință a clubului milionarelor! am anunțat eu cu solemnitate. V-ați gândit cum vă veți da seama peste un an dacă voi, familia sau soțul vostru sunteți mai bogați? E foarte important să vă notați de la bun început rezultatele dorite. Vă ajută să înțelegeți ce schimbări s-au produs într-adevăr şi ce ați realizat în acest an.

– Logodnicul meu o să-mi dăruiască un inel cu un diamant de trei carate la aniversarea unui an de la data când ne-am cunoscut.

Lena ne arătă o poză decupată dintr-o revistă cu inelul.

– Frumos... zise Lena. Dar oare pentru el e un țel realist, dacă acum câştigă numai 1.000 euro pe lună?

– Bine, poate să-mi ia doar un carat, oricum o să consider că anul n-a trecut degeaba, s-a milostivit Lena. O să cresc numărul de carate cu anii petrecuți împreună. Trei ani, trei carate, cinci ani, cinci carate, zece ani, deja zece. Mi se pare că poate fi o tradiție excelentă. Imaginați-vă, la aniversarea de 25 ani de la căsătorie primesc un diamant de 25 de carate... Interesant, cât o costa oare? Iar bărbatu-meu o să aibă un stimul să crească şi să evolueze.

Am râs şi am întrebat-o pe Jenia.

– Dar tu cum o să ştii că în cazul lui Serghei s-a schimbat ceva?

– Anul ăsta o să mergem cu toată familia de trei ori în concediu undeva în altă țară, o să construim o casă de vacanță într-un golf şi o să cumpărăm o maşină pentru mine, cred că un Nissan ar fi perfect.

Jenia avea toate planurile trecute într-un caiet gros pe care l-a scos din geanta ei uriaşă.

– Eu deocamdată sunt în perioada minunată când mă aflu între soți, aşa că o să atrag singură noi posibilități şi venituri. Şi dacă peste un an venitul meu o să crească de vreo trei ori, o să fiu foarte mulțumită, interveni Alina. Şi cine ştie, poate îmi întâlnesc şi viitorul soț?

– Nu prea vreau să mă gândesc la asta, începu Nastia să se justifice, dar un criteriu ar fi ca bărbatul meu să-şi dea în sfârşit seama că e un fotograf genial, să aibă o expoziție şi să vândă câteva lucrări. Şi fiecare fotografie să coste de la 2.000 dolari în sus.

Nastia era şi ea uimită de ce a putut să spună, dar se vedea că ideea i-a plăcut foarte mult.

– Minunat, acum să facem o meditație, ca să simțim mai bine, am propus. Aşezați-vă mai comod şi să începem.

MEDITAȚIE

Închideți ochii, inspirați, iar când expirați transportați-vă în timp peste un an. Imaginați-vă că sunteți într-un fotoliu, învelite într-un pled călduros și vă bucurați de o seară liniștită.

Sunteți singură acasă și puteți să vă pierdeți în visare sau să citiți o carte. Și deodată auziți că sună cineva la ușă. În prag e bărbatul vostru și are o valiză de bani. Deschideți valiza și e plină de bancnote. Le așezați în teancuri și spuneți: atâta pentru călătorii, atâta pentru o mașină nouă, atâta pentru cadouri, atâta pentru expoziție, atâta pentru haine noi, iar atâta pentru proiecte noi... Amintiți-vă toate dorințele voastre, tot ce vă mai doriți. Și cu cât scoateți din valiză, cu atât apar mai mulți bani. Aruncați banii în sus și ei plutesc și se așază la picioarele voastre. Simțiti atingerea lor, inspirați mirosul lor, auziți cum foșnesc. Și înțelegeți acum că universul vă dă tot ce vreți. Bărbatul vostru vă spune că a sosit timpul să vă pregătiți, mergeți la Balul vienez din Austria. Vă puneți cea mai frumoasă rochie, cele mai scumpe bijuterii și ieșiți din casă. Și iată că sunteți împreună cu soțul printre cei mai bogați, celebri și influenți oameni din lume. Sunteți una dintre ei. Vă rotiți în pași de vals. Bărbatul vă spune că sunteți amândoi aici pentru că i-ați fost mereu alături, l-ați inspirat, l-ați susținut, ați crezut în el. Simțiți cum e să fiți o femeie strălucitoare, bogată și elegantă! Mulțumiți universului și reveniți la realitate. Deschideți ochii.

– Ei, cum a fost? Ce ați simțit? le-am întrebat pe prietene, privind la fețele lor însuflețite. Acum puteți spune ce reprezintă pentru voi banii? m-am pregătit să le scriu răspunsurile pe un panou.

Banii sunt...

✓ posibilități
✓ libertate
✓ protecție
✓ stil de viață
✓ ceva rău

- ✓ confort
- ✓ energie
- ✓ iubire de sine
- ✓ fericire
- ✓ compasiune
- ✓ obligații
- ✓ vinuri
- ✓ cadouri
- ✓ responsabilitate

– Deci fiecare din voi are o anumită imagine a banilor, am conchis eu. Dar dacă ar fi să alegeți doar un cuvânt, care ar fi?

– Energie, au spus toate la unison.

– Da, energie, am căzut de acord, și mai precis energie de schimb.

Banii sunt energie de schimb

– Banii sunt energie de schimb, am subliniat eu. Pentru a primi bani trebuie să dăm ceva Universului: timp, emoții, creații proprii, acțiune. Ce dăruim Universului constă din acțiunile noastre fizice și energia psihică pe care o investim, cunoștințele noastre, emoțiile, pasiunea și creația.

De regulă, cu cât mai multă energie psihică investim, cu atât mai multă primim în schimb. Puteți să măturați ziua întreagă străzile și să câștigați 10 dolari, sau puteți juca într-un film și să câștigați un milion de dolari pentru fiecare zi de filmare. Durata de timp este aceeași, dar efectul este foarte diferit. În primul caz investim numai energie fizică, iar în al doilea caz și energie creatoare, emoţională şi intelectuală. Aşa cum discutam data trecută, ne oferim creația lumii, iar în schimb primim o răsplată. O să mai vorbim despre cum să ne mărim energia psihică. Iar acum să ne întoarcem la bani.

Așezați-vă una în fața celeilalte și gândiți-vă la venitul vostru mediu pe lună. Începeți să adăugați la această cifră o sumă egală de fiecare dată și alegeți-o la întâmplare. Cineva poate alege 10.000 ruble, altcineva 10.000 dolari, iar altcineva 50.000 ruble. Și rostiți următoarele:

– Merit un venit lunar de… și așa mai departe.

A doua persoană trebuie să asculte cu atenție. Când vedeți că interlocutoarea se împiedică, opriți-o și începeți voi.

– Nastia, tu ce venit ai? am întrebat-o.

– În medie de la 70.000 la 100.000 cu bonusuri, a calculat Nastia.

– Atunci spune: merit un venit lunar de 70.000, merit un venit lunar de 80.000, merit un venit lunar de 90.000 şi aşa mai departe. Jenia, tu observ-o pe Nastia. Dacă vezi vreo confuzie sau dacă i se taie respirația, opreşte-o. Apoi vorbeşte tu, iar Nastia te observă.

Lena şi Alina, alegeți şi voi cine începe prima. Fiecare rosteşte suma şi numărul cu care veți mări progresiv şi începeți pe rând.

N-au trecut nici zece minute că au şi terminat exercițiul.

– Uluitor, clătină Nastia din cap, cum am ajuns la 100.000 ruble pe lună cum am început să simt că mi se taie respirația. Iar eu mă miram că nu pot să depăşesc pragul ăsta.

– Iar la mine la 60.000 am început să mă foiesc şi să tuşesc, mărturisi Jenia.

– Iar eu aş fi tot continuat, deja am ajuns la 300.000 pe lună, dar în realitate nu câştig atât, spune Alina şi aşteptă un răspuns.

– Dacă ați ajuns la o sumă care depăşeşte venitul actual înseamnă că o puteți susține energetic, dar nu sunteți gata să o acceptați în realitate, am explicat. Fluxul vostru de bani ar putea fi blocat la câteva niveluri. Eu le numesc baraje monetare (fig. 5).

Nivelul spiritual reprezintă lucrurile pentru care câştigăm bani. Pentru supraviețuire sau pentru realizarea potențialului nostru?

Nivelul mental este ce gândim şi ce spunem despre bani, setările şi convingerile noastre. Nu degeaba se pune că „Bogăția e numai în mintea noastră".

Nivelul emoțional este ce simțim față de bani, cum ne gândim la ei, cum interacționăm cu ei. Îi privim cu dragoste, cu admirație sau cu teamă şi ură? Ne bucurăm de ei, le suntem recunoscători, sau suntem supărați pe ei?

Nivelul senzorial (eteric) este ce simțim când atingem banii: satisfacție sau repulsie, dorință sau greață. Ne place mirosul şi aspectul lor? De acest nivel depinde ce fel de flux al banilor suntem gata să primim, să acceptăm şi să păstrăm.

Nivelul fizic este ceea ce facem cu banii. Ce fel de atitudine avem față de ei în lumea materială, cum ne purtăm cu ei, unde îi ținem şi cum, mototoliți în buzunar sau, dimpotrivă, neteziți frumos într-un portofel mare? Cum îi repartizăm?

Nivelul de neam este cum se comportă neamul nostru cu banii. Există o interdicție a neamului referitoare la bani sau bogăția este permisă?

– Cred că asta e destul de greu de aflat, se îngrozi Jenia.

– O să luăm toate barajele pe rând, am liniştit-o eu.

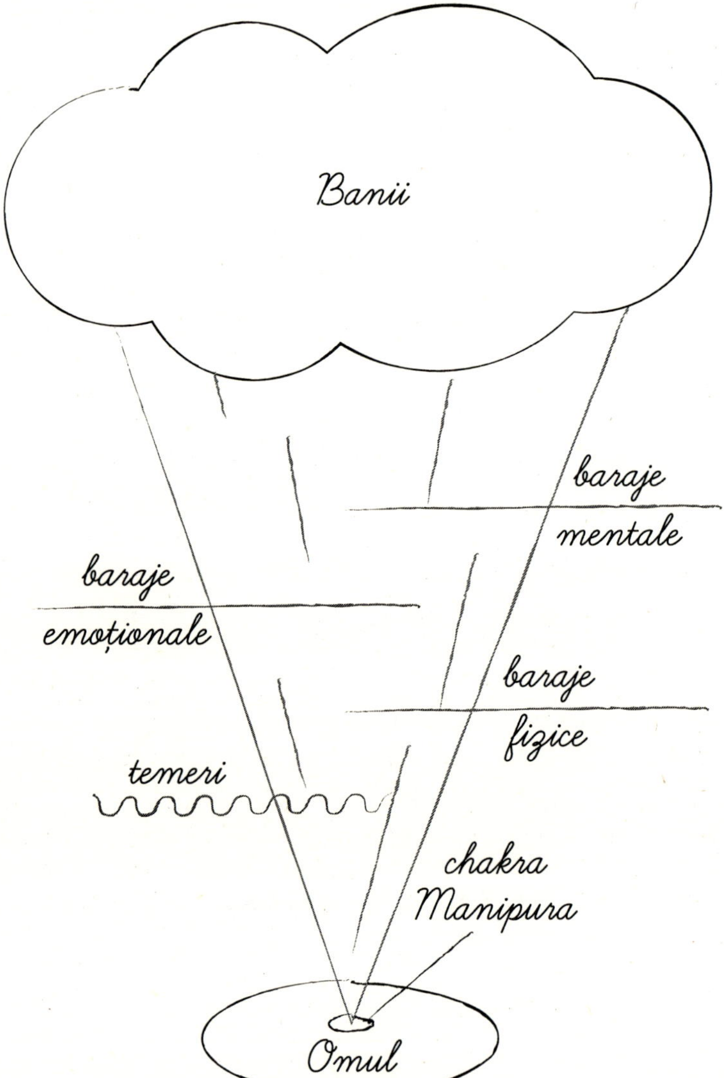

Fig. 5
Barajele monetare

Nivelul spiritual al relaţiei cu banii

Aşa cum am mai spus, cele mai mari sume de bani şi cel mai uşor de obţinut ne vin atunci când începem să ne punem în aplicare vocaţia şi ne aliniem cu înzestrarea noastră, pentru că este exact lucrul pe care universul îl aşteaptă de la noi. Ca să înţelegem dacă ne ocupăm cu lucrul potrivit în viaţă trebuie să ne punem întrebarea: „Dacă aş avea tot ce visez şi o sumă uriaşă de bani în cont, aş continua să am aceeaşi ocupaţie?" Iar dacă răspunsul este „Nu", atunci merită să vă puneţi întrebarea dacă vă ocupaţi cu lucrul potrivit. Iar dacă aţi continua cu aceeaşi ocupaţie în orice caz, atunci înseamnă că v-aţi găsit lucrul care vi se potriveşte mănuşă.

– Dar dacă ne ocupăm numai cu ce ne place, atunci nu putem trăi numai din asta, ripostă Lena.

– Tocmai asta e, nu doar că vei trăi din asta, ba chiar o să o duci înfloritor. Atunci când îţi câştigi banii numai ca să supravieţuieşti, ţi se dă numai îndeajuns pentru a te ţine în viaţă. Divinitatea parcă speră că te vei trezi, te vei uita în jur şi în sfârşit te vei hotărî să rupi cercul vicios. Şi atunci o să faci lucrurile pentru care ai apărut pe lume. Cum prinzi curaj să faci ce-ţi doreşte sufleţelul, cum te ridici la un alt nivel.

– Dar din istorie ştim povestea multor oameni care şi-au urmat menirea şi totuşi au murit săraci, spuse Jenia.

– Adevărat. Asta înseamnă că fluxul de bani care le era menit n-a fost primit din cauza limitelor care existau în ei la diverse niveluri. De aceea e foarte important ca înainte de a permite intrarea unor sume mari de bani în viaţa noastră să înlăturăm toate barierele care le stau în cale.

– Stai un pic, interveni Nastia, dar există totuşi o mulţime de oameni care pur şi simplu fac mulţi bani şi nu se gândesc deloc la potenţialul lor sau cu ce vor să se ocupe.

– Sunt, am căzut de acord, dar oare banii lor îi fac fericiţi? Şi e vorba de banii pe care ar fi putut să-i primească de la univers? Mai degrabă e vorba de o lipsă de bariere limitative. De aceea în condiţii egale primesc mai mult decât cei care îşi urmează menirea, dar pentru care fluxul e blocat de îndoieli, setări, temeri, repulsie faţă de bani şi de aceea probabilitatea nu se transformă în bani.

– Atunci hai să deschidem barajele, ca să înceapă să curgă banii! se aruncă Alina în luptă.

– Atunci faceţi-vă comode şi să începem.

Nivelul mental al relaţiei cu banii

– Gândurile ne formează realitatea! Probabil aţi mai auzit asta. Nu ne este însă clar de ce se întâmplă asta. Totul poate fi explicat foarte simplu cu ajutorul fizicii cuantice. Gândurile sunt nişte vibraţii electromagnetice, unde pe care le transmitem în spaţiu. Universul pur şi simplu ne trimite înapoi ce transmitem, ca un ecou în munţi sau hiperboloidul inginerului Garin*, dar multiplicat de mai multe ori. Orice gând, asemeni unui virus, se instalează în conştiinţa noastră şi începe să creeze realitatea lui în jurul nostru. Psihologii D. M. Teutsch şi C. K. Teutsch spun că mintea noastră compune imagini

* Unul dintre primele romane ştiinţifico-fantastice scrise în limba rusă, de Aleksei Tolstoi, publicat în 1927. (N.t.)

bazate pe ce credem, nu pe realitate. Setările noastre ne controlează, de aceea de îndată ce ne exprimăm acordul cu ceva, universul începe imediat să creeze acel lucru pentru noi.

Câteodată universul este comparat cu un „solaris", un fel de supă cuantică, cea care ne creează realitatea reflectând gândurile noastre. În plus, suntem foarte selectivi, vedem numai informațiile care ne confirmă convingerile şi ignorăm ce nu le corespunde. De exemplu, dacă credem că e periculos să mergi pe străzi întunecoase, vom auzi mereu despre atacuri petrecute în alei neluminate şi o să lăsăm să treacă pe lângă noi toate povestirile despre întâlniri romantice în alei întunecoase. Gândurile noastre compun anumite filtre care lasă să treacă numai lucrurile pe care le credem în acel moment. Iar gândurile poate că au apărut în copilărie sau mai târziu, ca urmare a unor întâmplări sau şocuri prin care am trecut. Nu contează cum au apărut, dar e important ce facem cu ele.

Acum o să aflăm ce gânduri vă controlează, ce determină relația voastră cu banii.

EXERCIȚIUL „SETĂRILE MONETARE"

Luați o foaie de hârtie și împărțiți-o în două coloane pe verticală.

Inspirați, apoi expirați și treceți treptat înapoi în copilărie. Aveți mai puțin de șase ani. Amintiți-vă o situație legată de bani, ascultați ce spun părinții, bunica, bunicul sau ce gândiți voi, copilul de atunci.

Luați foaia și scrieți în stânga toate frânturile de gânduri, fraze sau cuvinte care v-au rămas în minte.

Inspirați din nou și expirând transpuneți-vă în anii 90. Amintiți-vă o situație legată de bani și notați-vă tot ce au gândit și spus părinții, apropiații, prietenii sau voi înșivă. Scrieți tot ce vă amintiți.

Apoi expirați din nou și reveniți în prezent. Amintiți-vă o situație recentă legată de bani și notați din nou ce vorbeau oamenii care vă înconjoară, părinții, soțul, colegii.

– Ce v-a ieşit?

– E de groază, oftă Nastia cu privirea în foaia de hârtie. Se pare că eu cred că banii se fac numai cu mare efort.

– Iar eu cred că ce vine uşor, se pierde la fel de uşor, oftă Jenia.

– La mine sunt numai lucruri pozitive, se miră Lena. De exemplu, dacă te ocupi cu ce-ți place o să ai mereu bani.

– La mine totul e negativ!

Aparent, Alina avea astăzi o zi mai grea. Durere, pierderi, mai bine să nu ai bani, că tot ți se iau şi tot aşa.

– Vă dați seama ce avem în cap? Cuvintele astea, care s-au înstăpânit cumva în conştiința noastră, alături de setările, iluziile şi imaginile pe care le avem despre bani ne determină viața şi ne conduc creierul. Toate aceste lucruri formează în mintea noastră un fel de „program monetar universal", după cum l-a definit D. Bogdanov. Programul ne dictează faptele şi ne alege drumul în viață. E ca o pereche de ochelari de cal, care ne permite să vedem numai anumite imagini din lume. „Tunelul realității separă numai ce vrem să vedem". Cât timp aceste setări se găsesc în subconştientul nostru, ne controlează. Numai după ce le identificăm putem să le modificăm şi să ne schimbăm realitatea.

În viața mea se repeta mereu aceeaşi poveste. Aveam tot timpul bani acasă, dar nu aveam niciodată bani la mine. În călătorii împrumutam mereu de la alții şi eram tristă că nu pot să cumpăr ce vreau, căci, deşi aveam bani în principiu, nu-i aveam la mine. Iar povestea asta a continuat destul de mult timp.

Odată am mers acasă pentru masa de prânz şi fiul cel mare mi-a cerut nişte bani. I-am spus: „N-am bani. Adică am, m-am corectat, dar au rămas în casa de la țară, i-am uitat".

Cel mic m-a auzit cum vorbesc despre bani şi a alergat la mine alarmat: „Mama, acum o să vină pizza şi ce facem, n-avem bani?" M-am întors către el şi i-am spus enervată: „Avem bani, dar nu aici." Şi deodată am înțeles că e o setare a mea profundă, care ducea la toate problemele mele cu banii care nu-mi ajungeau când călătoream. Am simțit că am prins setarea de coadă, am conştientizat-o şi am schimbat-o cu una nouă: „Am mereu mai mulți bani decât vreau să cheltui".

Din acest moment am avut mereu bani suficienți la mine pentru ce doream, iar lucrul cel mai interesant este că îmi şi rămâneau.

După ce am terminat de povestit m-am întors către prietene şi le-am spus:

> Uitați-vă încă o dată la setările voastre și scrieți-le în coloana din stânga. În coloana din dreapta scrieți noile setări. Rupeți partea din stânga a foii și timp de 21 zile citiți coloana din dreapta, cu noile afirmații pozitive. Creați-vă un „program monetar universal" nou și scrieți-l chiar acum. Includeți noile setări și căutați confirmări pentru ele în viață timp de 21 zile.

Pentru a vă schimba scenariul referitor la bani trebuie să vă creați altul nou și să-i găsiți confirmări în realitate cu la fel de multă înverșunare și fanatism cu care ați găsit pentru cel vechi. Rețineți: „Tunelul realității separă numai ce vrem să vedem". Totul este o iluzie pe lumea asta, așadar, de ce să nu ne compunem o lume plină de iluzii plăcute și să le găsim confirmarea?

De îndată ce se acumulează destule adeveriri, noul program o să funcționeze și o să construiască o nouă realitate pentru noi.

Cei trei pași necesari pentru schimbarea „programului monetar universal":

1. Determinăm (setările noastre, reprezentările, cuvintele).
2. Înlocuim (cu altele).
3. Observăm (căutăm confirmări) în lumea reală.

De exemplu:

1. Primesc un bonus neașteptat: banii vin ușor la mine.
2. Am suficienți bani pentru o rochie nouă: banii îmi ajung pentru tot ce vreau.
3. Primesc un cadou scump: universul e generos cu mine, toată lumea vrea să-mi facă o bucurie.
4. Un necunoscut îmi cumpără o cafea la aeroport: universul e abundent.

– Câți bani avem în minte, atâția bani avem în portofel, își aminti Alina.

– Așa e, am căzut de acord. Încă un secret este să ne gândim corect la bani, să ne gândim la abundență și să o observăm, să ne concentrăm numai pe belșug.

Întotdeauna întărim şi sporim lucrurile la care ne gândim.

Încercați să vă jucați „de-a ce avem mult": multe bomboane, multe monede, multe bancnote. Psihologii J. M. Teutsch și C. K. Teutsch ne sfătuiesc să ne înconjurăm cu abundență. Cumpărați mai multe săpunuri odată, mai multe role de hârtie igienică, pachete de batiste de hârtie. De fiecare când atingeți monedele din pușculiță repetați: „Am mulți bani"; când vedeți o grămăjoară de bomboane spuneți: „Am o mulțime de lucruri gustoase". Mintea știe să înmulțească toate lucrurile la care ne gândim.

Când plătiți cuiva gândiți-vă că ajutați persoana să trăiască, să își realizeze potențialul, aduceți o contribuție la dezvoltarea ei și îi deschideți noi oportunități.

Repetați de fiecare când plătiți ceva: „Dau atât, dar primesc de două ori mai mult".

Timp de o săptămână notați-vă tot ce auziți în jur și ce spuneți voi înșivă legat de bani. Numai atunci când ne schimbăm limbajul începe să se schimbe și viața noastră. După cum știți, cuvintele dețin puterea unei profeții care se împlinește și trebuie să avem mare grijă când și cum vorbim despre bani.

La acest nivel e important să repetăm afirmațiile (declarații pozitive care se întipăresc în subconștient) referitoare la bani pentru ca acestea să devină noul nostru program. După cum știți, când repetăm ceva de 21 ori, noi sinapse se formează în creier. Puteți să repetați de trei ori în fiecare zi timp de o săptămână cuvintele care vă plac și care vă inspiră.

„Atrag bani și abundență în viața mea".

„Merit un venit lunar de..."

„Banii curg la mine ca un fluviu, mă scald în bani, îmi ajung pentru toate dorințele și proiectele mele" ș.a.m.d.

Puteți găsi pe internet orice tip de afirmație și să alegeți ce vi se potrivește cel mai bine.

Pentru a vă schimba programul la nivel mental e important să citiți povestea unor oameni care care s-au îmbogățit, pentru a vă inspira. E bine să vorbiți cu oameni bogați ca să înțelegeți cum vorbesc și ce cred despre bani, să ascultați cursurile lor, să le citiți interviurile, să citiți cărți despre bani și să mergeți la lecții și traininguri.

Nivelul emoțional al relației cu banii

– Cum merge cu programul monetar, au apărut schimbări? le-am întâmpinat pe fete peste o săptămână.

– Îmi place să cumpăr lucruri în cantități mai mari, răspunse Jenia. Şi cumva toți au intrat în joc. Chiar şi Xiuşa aleargă prin apartament, găseşte o monedă şi strigă bucuroasă: Avem mulți bani!

– Iar eu am citit cartea „Banii le sunt benefici femeilor" de Bodo Schäfer, mărturisi Nastia. Şi el scrie destul de mult despre cum, înainte de toate, trebuie să ne schimbăm convingerile şi apoi multe se vor schimba de la sine.

– Iar pe mine, imaginați-vă, nişte prieteni m-au invitat să particip în jocul lui Kiyosaki „Fluxul banilor". Şi deodată am înțeles tot ce trebuia despre programele mele legate de bani: cum mă tem să risc şi că mereu cred că nu-mi ajung banii. Mi-am cumpărat toate cărțile lui şi mi-am promis să le citesc! Alina era foarte însuflețită. Şi mi s-a spus că dacă joci măcar o dată pe lună, fluxul banilor îți crește negreșit. Una dintre fete de fiecare dată după ce joacă primește un bonus.

– Iar eu m-am întâlnit săptămâna asta cu un om de afaceri foarte renumit, spuse Lena, și mi-am notat tot ce a spus despre bani. Ce m-a șocat a fost că nu are nici o umbră de îndoială că va reuși. Și m-a uimit cum iubește banii, povestește despre ei de parcă e vorba de o femeie iubită.

– De aceea îi și are, pentru că îi iubește, am confirmat, și pentru că-și face timp pentru ei. Acum o să vorbim chiar despre atitudinea noastră față de bani.

Atitudinea noastră față de bani, sentimentele noastre sunt o energie în mișcare. Energia hrănește ce gândim, dă putere gândurilor noastre. Sentimentele pozitive au o putere la fel de mare ca și cele negative, dar sunt de pol opus. De aceea sentimentele negative întăresc gândurile negative, iar sentimentele pozitive sporesc gândurile pozitive. Când avem sentimente negative ne pierdem o parte din forța noastră creatoare, vibrațiile noastre coboară și atragem mai multe neplăceri.

Ce simțim față de bani ne întărește gândurile referitoare la ei. În unul dintre numerele revistei „Roata vieții" am găsit acest exercițiu.

Puneți banii pe care îi aveți la voi pe un scaun. Dacă sunteți acasă adunați toți banii din casă și puneți-i pe scaun. Așezați-vă pe podea lângă scaun, puneți palmele deasupra banilor și lăsați-vă în voia simțurilor. Spuneți tot ce vă trece prin cap, rostiți tot ce simțiți: răutate, supărare, dezamăgire, sau, dimpotrivă, recunoștință, bucurie, iubire.

– Ce prostie, râse Lena, să vorbești cu banii. Eu oricum îi ador și întotdeauna mă bucur de ei.

– Minunat! Atunci spune-le tot ce simți, am susținut-o pe Lena și am dat drumul la muzică.

Fetele și-au pus bancnotele pe scaun și s-au așezat; toate căzuseră pe gânduri. Și deodată am auzit cum cineva plângea în hohote. Era Alina, care șoptea:

– Vă urăsc pentru că trebuie să muncesc atâta ca să vă primesc... Trag ca nebuna câte douăsprezece ore și degeaba...

Alături de ea Nastia turuia:

– Vă primesc și imediat vă dau altora, nu păstrez nimic pentru mine. Toți profită de mine: soțul, copilul, părinții, angajații...

Pe obrajii Jeniei se rostogoleau lacrimile:

– Niciodată nu sunteți de ajuns, mereu trebuie să tai, să economisesc, să-mi refuz tot.

Și numai Lena le șoptea ceva banilor cu voce languroasă și se unduia într-un dans ciudat și erotic.

– Când vă ating mă excitați, vă doresc, îmi provocați orgasm ca un bărbat care mă iubește și mă răsfață cu cadouri...

– Dacă simțiți supărare, resentimente, nedreptățire, cereți-le iertare banilor. Cereți sincer, din toată inima, le-am spus fetelor când s-a terminat exercițiul. Puteți folosi cuvintele lui Joe Vitale: „Iertați-mă... Vă mulțumesc... Îmi pare rău... Vă iubesc”. Sau puteți pur și simplu să le mulțumiți banilor că vin în viața noastră și vă oferă atâtea posibilități. Dar cel mai puternic instrument va fi deșteptarea iubirii și bucuriei voastre legate de bani. Dacă veți reuși să-i îndrăgiți și să vă bucurați de ei, multe se pot schimba. De fiecare dată când primiți bani bucurați-vă de ei, mulțumiți-le. Iubiți-i și numai pentru că există. Nici măcar nu contează dacă îi aveți în acel moment sau se află în altă parte. Și fiți convinse că iubirea este reciprocă.

– Când v-ați adresat banilor, cine ați simțit că se află în fața voastră? Bărbat sau femeie?

– O, nişte bărbați superbi! spuse Lena tărăgănat. Chiar mi-au trezit dorința.

– Am observat cum te unduiai, râse Nastia. Am crezut că o să ai un orgasm chiar aici.

– Şi eşti geloasă? spuse languros Lena.

– Lena a procedat bine. Femeia interacționează cu aspectul masculin al banilor, cu energia lor masculină, iar bărbatul cu cea feminină. Relația noastră cu banii adesea exprimă relația pe care o avem cu sexul opus. Tot ce simțim față de bani, simțim şi față de bărbați. Iar dacă începeți să vă referiți la bani ca şi cum ar fi bărbatul iubit vă vor împărtăşi dragostea.

– Şi cum îți imaginezi tu asta în practică?

Nastia se uită la mine de parcă eram cu mintea dusă.

– Foarte simplu. De fiecare dată când primeşti bani, bucură-te ca şi cum ar fi iubitul tău, pupă-i, foloseşte-ți seducția, vocea ta trebuie să fie sexy. Iar când îi dai poți spune: „Înmulțiți-vă şi întoarceți-vă la mine”. Ba chiar poți să ai o întâlnire romantică la tine acasă.

– Cum adică, întrebă Alina.

– În seara asta mergeți cu banii la magazin, întrebați-i ce vor de mâncat şi de băut şi cumpărați. Banilor mei, de exemplu, le place coniacul franțuzesc Courvoisier, unora le place sucul de mere, altora ceaiul verde. Seara puneți masa, aprindeți lumânări, puneți pe masă bancnotele, puneți-vă bijuteriile şi vorbiți cu banii de parcă ar fi bărbatul iubit. Ridicați paharul, flirtați şi ascultați ce vă spun, notați-vă ce anume. O să aflați multe lucruri interesante, totodată şi despre relațiile pe care le aveți cu bărbații.

– Şi chiar ajută?

Lena se pare că deja îşi imaginase scena.

– N-are cum să strice! Ştii bancul cu nevasta evreică? Sara vine la rabin şi se plânge: „Mă înşală bărbatul”. Rabinul întreabă: „Ştii cu cine?” Sara răspunde: „Da, cu Roza, vecina”. „Ia câteva fire de păr de la bărbat, câteva fire de păr de la Roza, arde-le şi pune cenuşa pe pragul casei la tine şi la ea”, o sfătuieşte rabinul.

„Şi ajută?” „N-are cum să strice!”

Toate au început să râdă.

– Ei, dar o întâlnire romantică uneori se termină în pat, spuse Lena alene. Poate ar trebui să dormim cu banii?

– Lucrul ăsta ar fi un test util ca să înțelegi dacă ai blocaje la nivel senzorial şi de care, am spus.

Nivelul senzorial al relației cu banii

Nivelul senzorial reflectă percepțiile noastre când atingem banii şi nivelul de deschidere al canalului nostru sexual. Una dintre elevele noastre înainte de a se culca cu banii i-a şters cu alcool şi numai după aceea i-a pus în pat. Alta avea alergie la mirosul banilor. Mă uitam la ele şi vedeam că sexualitatea lor este reprimată. Nu îşi permiteau să primească plăcerea şi nu îşi permiteau să primească bani.

Cu cât sexualitatea noastră este mai deschisă, cu atât mai mulți bani puteți atrage în viața voastră. Dacă acest nivel este blocat, oricât ați iubi banii şi oricât ați repeta afirmații, pur şi simplu nu aveți suficientă energie pentru a atrage un flux monetar în viața voastră.

Acest nivel ne arată cum interacționăm cu banii prin intermediul organelor de simț. Văzul, cum privim banii, ce vedem în ei; auzul, dacă ne place foşnetul bancnotelor, clinchetul monedelor; mirosul, cum reacționăm la mirosul banilor, la cel al bancnotelor noi şi lucioase sau al bancnotelor vechi, trecute prin multe; pipăit, cum atingem banii, cu dispreț sau cu grijă; gustul, cu ce gust asociem banii. Pentru a simți toate aceste lucruri o să facem exercițiul „Ploaia de bani". Scoateți toți banii din portofel!

EXERCIȚIUL „PLOAIA DE BANI"

Acum facem un cerc din bancnote. Fiecare dintre voi trece în centrul cercului cu palmele deschise în sus și împreună o să presărăm deasupra ei bancnotele. Obiectivul vostru, când sunteți în mijloc este să vă bucurați de ploaia de bani și să o absorbiți cu toate simțurile, să le simțiți atingerea, să inspirați mirosul, să le ascultați foșnetul, să încercați să le ghiciți gustul. Când credeți că sunteți gata, începeți să vă „săpuniți" cu banii care curg. Puteți să vă spuneți: „Banii curg la mine ca un fluviu, mă scald în bani, îmi place atingerea lor, mirosul, sunetul, gustul lor. Am destui bani pentru toate dorințele mele, pentru plăceri și proiecte."

– Cine e gata să treacă în mijloc?

– Eu! se aşeză Jenia, iar noi începurăm să presărăm banii peste ea. La început Jenia era încordată, dar apoi s-a relaxat şi a început să prindă bancnotele, iar apoi să râdă ca un copil.

Lena a stat cu mare plăcere sub ploaia de bani şi s-a frecat cu banii care cădeau pe ea. Nastia la început a fost şi ea puțin tensionată, dar a intrat în joc, a mirosit banii şi chiar i-a gustat. Alina ne-a rugat: „Mai vreau, mai vreau!"

După ce toate au trecut prin cerc m-am uitat la feţele lor îmbujorate.

– Cum vă simţiţi?

– Ca după un orgasm, răspunse Lena. Ar trebui să redenumim exerciţiul „Orgasmul bănesc".

– Nu credeam că un asemenea fleac poate să-mi producă atâta plăcere, se miră Nastia de propria reacţie. Ar trebui să-i arăt şi soţului.

– Da, chiar şi copiilor le prinde bine o ploaie de bani. Una dintre elevele noastre ne-a povestit cum soţul a adus o sumă mare de bani acasă şi i-a presărat mândru pe covor. Fiica lor de doi ani s-a aruncat în grămadă strigând: „Malea de bani, malea de bani!" şi s-a scăldat acolo câteva minute bune, chiuind de bucurie. A doua zi a cerut să facă din nou baie în mare, iar Marina i-a dat nişte bani de jucărie, tăiaţi din hârtie. Copila i-a refuzat cu mare dispreţ. Toţi simţim energia banilor şi cu cât simţim mai multă plăcere din interacţiunea cu ei, cu atât mai uşor vor intra în viaţa noastră.

– Iar acum adunaţi-vă banii şi număraţi-i.

– Urăsc să număr banii, declară Alina.

– Păcat, am dat din umeri. Când numeri banii le activezi energia.

Nivelul fizic al relaţiei cu banii

Trecem la aspectul fizic al banilor. Cum ne purtăm cu ei, cum îi păstrăm, în ce portofel îi punem, în ce casetă, în ce seif? Ce facem cum ei, cum îi împărţim?

Nu degeaba se spune că „Banilor le place număratul”. Chiar există un exerciţiu pentru asta.

În faza lunii pline ia un teanc de bani și timp de 15 minute numeri bancnotele. Apoi întorci teancul și continui să numeri, adunând mereu. De exemplu, dacă avem o bancnotă de o sută, una de cinci sute, una de o mie, una de cinci mii, la început numărăm: o sută, șase sute, o mie șase sute, șase mii șase sute. Întoarcem teancul invers și continuăm să numărăm: șase mii șapte sute, șapte mii două sute, opt mii două sute, treisprezece mii două sute ș.a.m.d.

– În 15 minute poţi să ajungi la un milion dacă numeri hârtii de cinci mii, observă Nastia.

– Minunat! Odată i-am spus unei casieriţe de la o bancă despre exerciţiul acesta. Fata a fost în culmea fericirii, pentru că nu doar număra banii altora, dar îşi sporea şi fluxul personal în acelaşi timp. Acum o să dau drumul la muzică şi o să ne numărăm banii ca să le sporim energia şi să ne mărim fluxul monetar.

– Important e să fiţi pregătite să primiţi banii şi să ştiţi cum să-i alocaţi, am continuat. De asta depinde echilibrul, nu ajungeţi să economisiţi la sânge, dar nici nu risipiţi banii (fig. 6).

Între 30 şi 50% se duce la cheltuielile curente: mâncare, plăţi legate de locuinţă, lucruri necesare copiilor.

10% punem deoparte, economisim, ne creăm un „magnet pentru bani” care ne va atrage noi fluxuri monetare. Uneori mai este numit şi „sămânţa bogăţiei”.

10% punem la capitolul dezvoltare personală, educaţie.

10% pentru plăcere, călătorii, masaj, cosmetică.

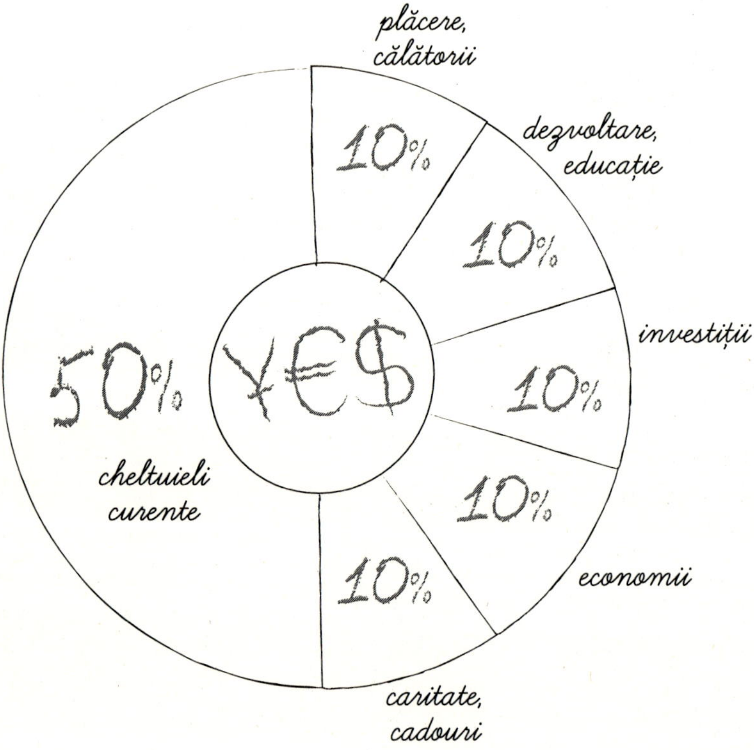

Fig. 6
Alocarea banilor

10% pentru caritate, investim în descoperirea potențialului altor oameni.

10% merg la investiții.

Investițiile se deosebesc de economii prin faptul că puteți să vă permiteți să le pierdeți. De aceea sunteți pregătite să riscați, nu vă temeți de un dezastru financiar dacă ceva nu merge bine.

Din punctul de vedere al energiei e important să nu puneți deoparte mai mult de 40%, altfel pierdeți din plăcerea de a trăi şi energia nu se reînnoieşte.

Puteți să puneți banii în şase plicuri frumoase, colorate, cu simbolurile fiecărui capitol către care merg banii sau în nişte casete frumoase. Cel mai important lucru e să controlați alocarea banilor voştri.

– Dar cine anume controlează banii? decise să afle Jenia.

– Când bărbatul câştigă mai mult decât femeia, cheltuielile curente cad în seama lui. Bărbatul controlează banii familiei. E bine ca el să se ocupe de plata facturilor, tot ce ține de casă, benzină, asigurări, mâncare, grădiniță şi haine de şcoală pentru copii. Funcțiile logice ale emisferei stângi sunt mai bine dezvoltate la bărbați şi pot să opereze mai uşor şi mai rapid cu cifre.

– Adică propui să nu mă mai ocup de toate astea şi să-i dau soțului pe mână tot bugetul familial?

Jenia era nedumerită.

– Da, însă nu înseamnă că trebuie să şi plătească facturile sau să facă cumpărăturile. El trebuie să calculeze sumele necesare de bani. Tu poți să faci bugetul familiei şi să-i dai lui controlul. Apropo, la cheltuieli poți include şi salariul tău de soție.

– Salariu de soție? Îmi place ideea! spuse Jenia.

– Pentru a echilibra balanța şi pentru a spori energia bărbatul trebuie să investească în soție nu mai puțin de 10%, dar nu mai mult de 30%. Uneori banii aceştia sunt numiţi salariu de soţie. Femeia îi cheltuieşte cum vrea, îşi împlineşte dorinţele şi visele.

Desigur, o femeie înţeleaptă nu va da toţi banii pe rochii frumoase, poşete şi cosmetice. Îşi va face un fond de rezervă, va depune într-un cont separat 10% din salariul de soţie, 10% pentru dezvoltare personală, va investi între 10 şi 30% din banii în acţiuni sau măcar va achiziţiona monede de aur. În plus, va dona bani pentru acte de caritate şi numai 10% va păstra pentru micile plăceri personale. Se va bucura când partea ei va spori în echivalent financiar. Fireşte, asta nu înseamnă că nu cheltuim nimic pentru casă sau copii. Cumpărăm mâncare, tot felul de lucruri gustoase, cadouri pentru bărbatul iubit. Dar mai întâi punem banii în contul de la bancă şi ne gândim în ce merită să investim, iar numai după aceea ne ocupăm în linişte de casă.

Din punctul de vedere al energiei banilor confortul este o componentă foarte importantă. Şi vom vorbi despre asta când vom discuta despre starea de Stăpână a casei.

– Salariul soţiei sună tentant! mieună Alina. Numai că nu prea văd cum o să-i spun eu asta viitorului meu soţ.

– Tu îţi faci griji cu viitorul, iar eu nu ştiu cum să-i spun actualului! Îmi şi imaginez ce-o să-mi audă urechile, de-mi piere orice poftă să-i spun, se văită Jenia.

– Cel mai bine îi dai informaţia în trei etape. Prima etapă, laşi într-un loc vizibil un articol care vorbeşte despre cum investiţia în soţie măreşte venitul soţului de 10 ori, am început să le spun eu.

– Şi de unde iau minunatul articol? se interesă Jenia sarcastic.

– De la mine, nu te agita, i-am promis.

A doua etapă, femeia spune următorul lucru: „Știi, am citit că dacă bărbatul investește în soție cam 15 sau 20% din venit, atunci venitul lui se mărește de 10 ori. M-am bucurat, pentru că am văzut cu ochii mei că funcționează. Ce-aș vrea ca și bărbatul meu să-mi aloce 15-20% din venit mie."

Poți să compui fraza cum vrei, dar important e să vorbești depre soț la persoana a III-a, pentru ca el să nu simtă că i se forțează mâna.

Iar a treia etapă, cam peste o săptămână, îi povestești o întâmplare despre cum s-a adeverit.

De exemplu, mie odată în avion mi-a povestit un tânăr că atunci când soția lui a născut i-a dăruit un colier foarte scump, iar peste o săptămână a semnat un contract foarte avantajos.

– Întâmplările le inventăm sau folosim cazuri reale? Lena decise să clarifice.

– Poți să le inventezi, am liniștit-o. Importante sunt detaliile, ele conferă veridicitate. De exemplu, o fată mi-a povestit că soțul ei era deranjat de ideea că trebuie să-i dea soției o parte din salariu. În aceeași zi un polițist de circulație l-a amendat cu aceeași sumă de bani. Iar peste o lună din birou i-a fost fost furată aceeași sumă pe care i-ar fi dat-o soției. Însă n-a mai așteptat și a treia întâmplare, pentru a înțeles că universul oricum ne ia ceea ce trebuie să oferim, doar că folosește o altă modalitate.

– La tine e altceva, măcar știi pentru ce te zbați, dar pe mine venitul soțului meu nu prea mă ajută. Ce să mai vorbim de 10-15%, astea sunt firimituri. Nu știu cum se face, dar încă n-am abordat problema soției care câștigă mai mult decât soțul, m-a întrerupt Nastia.

– Când soția câștigă mai mult decât soțul, pentru a-i preda ștafeta responsabilității și a-l inspira să atingă noi culmi trebuie să-i dea 30-50% din venitul ei. Dacă soțul primește mai puțin decât soția, situația nu se va schimba, pentru că banii sunt controlați de ea. Când banii sunt pe mâna femeii, atunci tot ea are și întreaga responsabilitate, iar dacă vă amintiți legile energiei pe ea povara responsabilității o distruge, dar pe bărbat îl face mai puternic. De aceea e mai bine să dea bărbatului 30-50% din banii pe care îi alocați cheltuielilor curente.

– Ce vorbești! se revoltă Nastia. După ce că eu plătesc pentru tot, să-i mai dau și bani.

– Dacă n-o faci, nu va prelua responsabilitatea și e ca și cum îl întreții. Tu oricum cheltui banii ăștia. Lasă-l pe bărbat să calculeze și să planifice, să aloce banii pentru mâncare, benzină, apartament etc.

Nu te teme să-i încredințezi lui banii. Dacă nu se descurcă e mai bine să vă despărțiți. Altfel va trebui să preluați toate funcțiile masculine, iar asta duce la devastare, epuizare și boli, iar bărbatul devine un trântor și un impotent, în sensul literal și metaforic. Imaginați-vă că i-ați dat banii spre administrare.

– Și ce se întâmplă atunci? spuse cu îndoială Nastia.

– Responsabilitatea începe să se manifeste, iar el va simți fluxul banilor. După cum spun cele care deja au procedat așa, după câteva luni venitul soțului se mărește de cel puțin două ori. Din senin încep să apară oferte noi, apar contracte și comenzi. Dar lucrul cel mai important e activarea reponsabilității, drept urmare, centrul voinței, cel legat de disciplină și bani, funcționează mai bine. Bărbatul are nevoie în jur de trei luni până la un an pentru a învăța să administreze fluxul de bani. Dar imediat după ce îi dați controlul începe să vrea să facă ceva, să găsească noi oportunități, să crească. Și cu cât mai mult controlul asupra bugetului familiei se află pe mâna bărbatului cu atât mai mult va câștiga.

– Bine, m-ai convins, căzu Nastia de acord în final. Sunt gata să încerc.

– În timpul liber gândiți-vă ce vă împiedică să fiți soția unui milionar sau să deveniți voi înşivă milionare, le-am rugat pe fete. Pentru că în continuare vom aborda temerile legate de programele noastre generaționale.

Ce stă în calea transformării soțului în milionar?

– Sper că ați reflectat ce vă împiedică să fiți soțiile unor milionari sau să vă îmbogățiți?

– Cum mi-am închipuit că soțul meu e milionar m-am simțit ca o păpuşă frumoasă, care e arătată când se iese în lume, dar care nu are voie să lucreze, să iasă din casă fără pază sau să aibă viața ei. Iar soțul nici măcar nu vine acasă. Toată ziua munceşte, iar noaptea petrece în baruri şi restaurante, se cutremură Lena, imaginându-şi asta.

– Iar eu am înțeles că mă tem. Dacă Igor devine bogat, atunci pierd controlul asupra lui. Acum trebuie să iau toate deciziile şi, pe de o parte, nu-mi convine, dar, pe de alta, parcă totuşi îmi place aşa. Toată lumea trebuie să-mi acorde mie atenție mai întâi, iar soțul e cumva în planul doi. Dar dacă e invers, atunci el e în prim-plan, iar eu în plan secund. Nici nu ştiu dacă să-mi doresc asta, medită Nastia cu voce tare.

– Mie mi-e frică să nu pierd banii, recunoscu Alina. Mi se pare că imediat după ce îi capăt o să întâmple ceva ori cu ei, ori cu mine. Pentru mine bani mulți înseamnă pericol! Probabil că ideea asta mi-a rămas din anii ’90, din filmele de atunci, care tot arătau că dacă eşti bogat atunci neapărat ți se va întâmpla ceva rău, aşa că mai bine în sărăcie şi în linişte.

– Iar eu mă tem că o să-mi pierd soțul! declară Jenia. Da, chiar aşa, mă tem că un bărbat aşa bogat şi strălucit o să fie cucerit de altcineva. Dacă Serghei începe să facă mulți bani lumea noastră se va schimba complet. Chiar văd cum modelele tinere, cu picioare lungi, îşi întind brațele doritoare către el şi se străduiesc să mi-l fure. Îți ajuți soțul să devină bogat, iar el te schimbă cu una mai tânără. Brr! Poate mai bine rămâne sărac, dar cu mine?

Toate s-au întors către mine, aşteptând un comentariu.

– De fapt, era de aşteptat, am oftat. Sunt eternele temeri pe care le are multă lume şi aceleaşi întrebări care mi se pun la cursuri pe tema asta. Multe femei spun: „Îl ajut să aibă succes, iar apoi nici n-o să-mi mulțumească, o să plece cu bani cu tot" sau „Cum o să se vadă cu bani, o să aibă amante sau o a doua familie". E una dintre cele mai mari temeri în țara noastră, frica de a pierde bărbatul. Următoarele sunt, în ordine crescătoare:

✓ teama de a pierde controlul

✓ teama de a pierde libertatea

✓ teama de a pierde banii

✓ teama de a ne pierde viața

Bineînțeles, cea mai puternică este teama de a ne pierde viața. Şi de cele mai multe ori aceasta se află în spatele celorlalte temeri. Şi iată că am ajuns la nivelul care poate să ne blocheze cel mai tare fluxul monetar, nivelul generațional.

Nivelul generațional al relației cu banii

Teama aceasta e foarte profundă. În țara noastră e legată nu numai de noi, ci şi de neamul din care provenim. Dacă în neamul vostru au existat probleme legate de bani, s-ar putea să aveți o interdicției generațională a banilor. După revoluție toți cei care aveau bani au fost distruşi, deposedați, trimişi în lagăre. Iar memoria colectivă a păstrat această setare: banii şi moartea coincid. Ca să rămâi în viață trebuie să renunți la avere. Mulți dintre noi trăim cu spaima de avere. Iar teama ne blochează centrul voinței, plexul solar, centrul energiei monetare.

– Când mă gândesc la sume mari de bani mi se face un gol în stomac, observă Jenia.

– O să trecem acum la treabă ca să biruim teama voastră. Iar acasă îl puteți întreba pe soț despre familia lui. Dacă predecesorii lui au fost chiaburi şi li s-a confiscat averea, sau chiar au fost uciși pentru asta, atunci neamul lui îi interzice inconştient să câştige bani mulți, pentru a rămâne în viață. Bunicii şi bunicile noastre au trecut prin spaima asta, iar părinții noştri au moştenit-o şi nu au avut suficientă forță şi energie să o depăşească. Numai generația noastră are suficientă forță interioară şi cunoştințe pentru a ne elibera de această teamă.

O să folosim metoda lui Hellinger. Se numeşte „Binecuvântarea părinților pentru o viață fericită şi prosperă". E bine că suntem cinci persoane. Cine vrea să fie prima?

– Eu!

Ne-am uitat nedumerite la Lena. Prietena noastră, chiar şi aici, la întâlnirea noastră, venise îmbrăcată cu un mantou de nurcă elegant şi era greu de crezut că are vreo temere legată de bani. Observând ocheadele noastre, Lena explică:

– Străbunicul meu avea o moară şi trei copii, când l-au acuzat că e chiabur şi i-au confiscat averea. Mie aparent îmi plac banii şi toţi bărbaţii din viaţa mea sunt bogaţi, dar am mereu un sentiment care mă roade că banii sunt periculoşi şi dacă am mulţi bani o să mi se întâmple ceva. Acum înţeleg de unde vine teama asta.

– Lena, alege dintre noi cine să fie mama, tata, familia din partea mamei şi familia din partea tatei. Ne iei pe fiecare de mână şi ne numeşti, intri în rol cu convingere. De exemplu: „Nu eşti Alina, eşti mama; nu eşti Nastia, eşti familia din partea tatei", i-am explicat.

Lena a ales-o pe Jenia ca mamă, pe Alina ca familie din partea mamei, pe Nastia ca tată, iar pe mine ca familie din partea tatălui.

– Mama se aşază alături de tată, la stânga lui. Neamul mamei trece în spatele mamei, iar neamul tatei în spatele tatei. Neamul pe linie paternă răspunde de apărare, sprijin, flux monetar, carieră. Neamul pe linie maternă răspunde de iubire, feminitate, reproducere şi fericirea familiei.

Lena, stai în faţa lor şi spune, adresându-te întâi tatei: „Tată, împreună cu întregul tău neam, ştiu că nu v-a fost uşor şi că tot ce aţi făcut a fost bine. Aţi făcut asta pentru ca neamul nostru să supravieţuiască. Accept şi vă mulţumesc că mi-aţi dăruit viaţă. Daţi-mi voie să fiu puţintel mai bogată şi mai fericită decât voi. Daţi-mi voie să păstrez banii. Înţeleg că voi n-aţi avut cum, dar daţi-mi voie să o fac eu", şi faceţi o plecăciune adâncă în faţa lor. E obligatoriu să faceţi o plecăciune, prin plecăciune primim energie, ne smerim şi facem un schimb de energie. Ne eliberăm astfel de scenariile nereuşite ale străbunilor noştri.

– Dar de ce numai puțintel mai bogată și mai fericită? se indignă Nastia. Eu vreau mai „multicel".

– Igor Liubitov scrie că atunci când vrem să fim „mult" mai bogate ne contrapunem străbunilor noștri și demonstrăm o lipsă de respect față de soarta lor. Iar lipsa de respect și recunoaștere ne întrerup fluxul de energie și ne obligă inconștient să repetăm destinul lor. Tata poate să spună, privind în ochii copilului: „Ca tată te binecuvântez pentru o viață plină de bunăstare materială. Îți doresc..." Puteți dori tot ce vă împinge inima să spuneți în acest rol. Puteți spune: „Îți doresc să ai destul timp, energie, bani și înțelepciune pentru împlinirea tuturor dorințelor". Pur și simplu, spuneți ce simțiți în acel moment.

În mod similar, Lena, poți să te adresezi mamei și liniei materne. „Mamă, împreună cu întregul tău neam, știu că nu v-a fost ușor și că tot ce ați făcut a fost bine. Ați făcut asta pentru ca neamul nostru să supraviețuiască. Accept și vă mulțumesc că mi-ați dăruit viață. Dați-mi voie să fiu puțintel mai bogată și mai fericită decât voi", și faci o plecăciune adâncă. Cea dintre noi care joacă rolul mamei poate să spună privind în ochii copilului: „Ca mamă te binecuvântez pentru o viață plină de bunăstare materială. Îți doresc..." și spuneți ce mai doriți să spuneți.

Se consideră că atunci când primiți binecuvântarea maternă și paternă înseamnă că obțineți energia necesară vieții, energia pentru a înflori și a avea tot ce vă trebuie pentru fericire în viață.

M-am întors din nou către Lena:

– Acum întoarce-te cu spatele la părinți, mama trebuie să fie în spatele umărului stâng, iar tatăl în spatele umărului drept. Neamul pe linie maternă pune mâna dreaptă pe umărul stâng al mamei, iar mama pune mâna dreaptă pe umărul stâng al fiicei, neamul pe linie paternă pune mâna dreaptă pe umărul drept al tatălui, tatăl pune mâna dreaptă pe umărul drept al fiicei. Şi respirăm. Când inspirăm primim energie prin centrul voinței, plexul solar, iar când expirăm o oferim. Respirăm aşa timp de 10 minute şi simțim cum se schimbă fluxul de energie. Pur şi simplu, respirăm prin intermediul plexului solar şi primim energie de la neamul matern şi de la neamul patern.

În mod ideal, când grupul e mai mare, putem să mergem până la şapte generații din neamurile pe linie maternă şi paternă, adică încă şase oameni în spatele mamei şi tatălui. Dar deocamdată să fim recunoscătoare pentru ce avem! Sunteți gata? Şi am dat drumul la muzică.

– Ați simțit ceva? am întrebat, privind la fețele uluite ale prietenelor mele.

– Da! spuse încet Lena, parcă ascultând o voce interioară. Niciodată n-aş fi crezut că poți să numeşti pe altcineva în rolul părinților şi să simți o asemenea forță.

– Energia nu minte niciodată, am remarcat.

– Dar n-o să pot să fac asta cu soțul meu, observă Nastia. O să râdă de mine.

– De ce să râdă? Încearcă să-i propui. Ar putea doar să-şi imagineze pe tatăl şi mama lui şi neamurile lor, cel mai bine până la şapte generații. Şi să pronunțe cuvintele, să ceară binecuvântarea şi să facă plecăciunea. Iar apoi să se întoarcă cu spatele şi să simtă cum fluxul energetic restabilit îi dă putere.

Puteți să o rugați pe mama voastră să vă binecuvânteze şi să-i binecuvântați pe copiii voştri. Îi veți ocroti şi îi veți păzi de influențe negative, de droguri, iar în același timp le veți da putere și capacitatea de a avea succes.

– Dar dacă mama nu mai este sau nu este de acord să facă asta? întrebă Jenia.

– Dacă mama nu mai trăiește puteți să faceți un exercițiu destul de simplu, în care binecuvântați lumea, pe copiii voștri și apoi pe voi înșivă. Durează numai 11 minute. Trebuie făcut timp de 40 zile.

BINECUVÂNTARE

Vă ridicați în picioare, puneți mâna stângă pe piept, iar dreapta o întindeți în față, în gestul binecuvântării, cu palma în jos, și rămâneți așa timp de 8 minute, trimițând iubire lumii întregi, copiilor, colegilor, iubitului. Apoi puneți mâna dreaptă peste cea stângă, le strângeți la piept și timp de trei minute vă binecuvântați pe voi înșivă și vă dăruiți iubire.

– Apropo, când legătura dintre voi și generațiile precedente se restabilește, atunci apare o încredere calmă și forța retenției crește, am continuat după ce am făcut exercițiul. Bărbații pot să mențină cu ușurință fluxuri mari de bani, iar femeile pot să păstreze cu ușurință bărbații din viața lor. Femeia reține energia, o menține și umple câmpul ei, spațiul ei, volumul ei feminin. Când acest câmp e puternic alte femei nu au loc. Când este gol și nu aveți suficientă energie, începe să se umple cu energia altei femei care atentează la spațiul și la bărbatul vostru.

Dacă aveți un câmp puternic, o energie generațională puternică, orice rivală va fi respinsă și nu va intra în viața voastră. Tocmai acest volum este cel care păstrează bărbatul, nu rațiunea, emoțiile sau când ne agățăm cu mâinile de el. Când această energie nu există femeia începe să se agațe de bărbat, să facă scandal, scene de isterie sau să-l controleze. În adâncul conștiinței noastre pare să răsune un clopoțel de alarmă: „Dacă te părăsește, totul e pierdut!" Și ne agățăm de bărbat cu disperare, nu vrem să-i dăm drumul, ca un copil care se agață de mamă și se teme că piere dacă ea pleacă. Este o frică a neputinței, care ne chircește sufletul și ne răpește orice urmă de putere. E teama că ne pierdem viața, teama de moarte. Toate celelalte temeri își au rădăcina în această teamă. Și tocmai această teamă, teama pierderii vieții, se află în spatele temerii că ne părăsește bărbatul.

Această teamă e foarte răspândită în țara noastră. A fost sădit în noi de istorie când bărbații au murit în războaie și în timpul represiunilor. În același timp este o teamă foarte veche, pentru că în timpurile de altădată dacă bărbatul pleca, femeia putea să moară de foame, la fel ca și copiii ei. Această teamă străveche ne face să ne agățăm și mai mult de bărbat. Acum teama e transformată, nu ne temem de dispariția fizică a bărbatului, ci ne temem că ne lasă pentru o femeie mai tânără. Uneori ni se pare că dacă nu are foarte mulți bani nu va pleca nicăieri, pentru că banii îi oferă mai multă libertate și mai multe opțiuni.

Teama aceasta ne paralizează, ne lipsește de forță vitală, de capacitatea de a accepta abundența care ne este oferită pe pământ, pietre prețioase, blănuri luxoase, mâncare bună, bani. Blocăm fluxul nu doar pentru noi, ci și pentru bărbații noștri. Teama de a fi înșelate blochează chakra cheie, legătura noastră cu viața. Nu putem să primim ce ne oferă universul și ce e gata să ne ofere bărbatul. Femeia e făcută să primească. Chiar şi anatomic vorbind îl primim pe bărbat şi tot ce ne dă viață. Dacă centrul vostru este blocat de teamă nu puteți primi o casă, mâncare, îmbrăcăminte din partea universului sau din partea bărbatului. Dacă femeia nu este capabilă să primească ce oferă bărbatul, el începe să caute alte opțiuni, alte femei.

– Şi dacă deja a găsit? întrebă Jenia cu nelinişte.

– Dacă vrei putem să verificăm, i-am propus.

– Hai să încercăm, spuse Jenia, câteodată am senzația că pe bărbățelul meu îl trage în altă parte.

– Bine, să vedem ce se întâmplă. Numeşte pe cineva în rolul bărbatului tău şi pe altcineva ca posibilă rivală, dacă nu ți-e frică să afli adevărul.

Jenia şovăi o clipă, apoi încuviință.

– Mai bine privesc adevărul în față decât să mă chinui cu bănuielile, mormăi uitându-se la noi.

– Lena, tu o să fii rivala, o numi Jenia, punând mâinile pe palmele ei.

– Mare surpriză, spuse Lena. Nu sunt Lena, sunt amanta soțului Jeniei, rosti ea.

Jenia se rățoi la Lena:

– Vrei să spui că te simți nu ca o posibilă rivală, ci ca o amantă reală?

Lena se ruşină şi roşi, de parcă trădase o taină. Simțind că ce întâmplă ceva ciudat, m-am băgat imediat în vorbă:

– Jenia, Lena nu are nici o vină, energia îi dictează cuvintele şi starea. Tu eşti cea care a vrut să afle adevărul. Tot ce poți face acum este să accepți ce se petrece. Dar să accepți nu înseamnă să te împaci cu gândul, şi să acționezi şi să schimbi situația. Întotdeauna e mai bine să acționezi în cunoştință de cauză decât să suferi fără să înțelegi de ce.

Jenia oftă şi se întoarse către Alina:

– Iar tu vei fi soțul meu!

– Nu sunt Alina, sunt soțul Jeniei, rosti Alina.

– Acum plimbați-vă puțin și opriți-vă unde vreți, le-am spus fetelor.

Amanta se lipi imediat de soțul Jeniei și se opriră undeva la distanță de Jenia. Jenia se uită la mine descurajată, gată să izbucnească în plâns.

– Jenia, nu te neliniști, acum noi trecem de partea ta. Numește-ne pe mine și pe Nastia în rolul mamei tale și a liniei materne, am comandat. Jenia se gândi puțin și mă numi pe mine mamă, iar pe Nastia ca linie maternă.

– Nastia, începe cu respirația. Expiră profund, eu ca mama ei o să accept energia când inspir, iar când expir o dau Jeniei. Jenia, tu trebuie să accepți energia și să o lași să te învăluie.

Ne-am pus în spatele umărului stâng al Jeniei și am început să respirăm, dar simțeam că Jenia nu primește energia.

– Jenia, ce relație ai cu mama ta? De ce nu primești energia? Cum te simți în relație cu ea, de aceeași vârstă, mai mică sau mai mare?

Jenia se gândi:

– Mă simt mai mare! De parcă eu sunt mama, iar ea e fiica. Și că eu o întrețin, mai exact soțul meu.

– Da, se întâmplă când devenim mame pentru mamele noastre și prin asta ne lipsim de puterea lor și pe copiii noștri de puterea noastră maternă, atunci când blocăm fluxul. Jenia, respiră și repetă, adresându-te mamei tale: „Tu ești mare, eu sunt mică, tu dai, eu primesc", și acceptă energia mamei tale când expiră.

Jenia respira și plângea. Părea o veșnicie, deși trecuseră doar cinci minute, iar Lena, care o reprezenta pe rivală, începu să se retragă și să se îndepărteze de Serghei, iar Serghei, în persoana Alinei, începu să se apropie de Jenia. După 10 minute de respirație Jenia începuse să arate ca o walkyrie luptătoare, gata să se lupte pentru familia ei cu toate femeile din lume.

– Am impresia, spuse Lena, că ceva mă împinge afară, vreau să plec cât mai departe şi să mă ascund, mă simt în plus.

– Iar eu dimpotrivă, sunt atras de soție, mi-e bine, mă simt confortabil şi calm, spuse Alina ascultând ce simte.

– Jenia, observă ce se întâmplă săptămâna asta. Povesteşte-ne cum s-a schimbat atitudinea soțului față de tine, i-am propus. Şi acum scoate-ne din roluri. Pune mâinile pe palmele noastre şi spune, de pildă: „Nu mai eşti rivala mea, eşti Lena." Lena, tu răspunzi: „Nu mai sunt rivala, sunt Lena." Spune-i Alinei: „Alina, nu eşti Serghei", iar tu Alina, răspunde: „Nu mai sunt Serghei, sunt Alina." La fel cu mine şi cu Nastia.

În final toate am revenit la cine eram şi ne-am uitat la Jenia uşor jenate.

– Acum m-am liniştit. Chiar dacă Serghei are pe cineva, sigur n-o să mai dureze mult. Simt că am deodată o încredere colosală în mine şi putere.

– Da, când restabileşti legăturile cu neamul tău şi îți dai voie să primeşti puterea lor, devii foarte calmă şi încrezătoare, am spus.

Bun, ne-am lămurit cu blocajele care pot stopa fluxul monetar la nivel mental, emoțional, energetic, fizic şi generațional. În continuare o să vorbim despre capacitatea de a lăsa fluxurile monetare să intre. Când barajele se deschid şi şuvoiul abundenței vine către voi e foarte important să ştiți să-l primiți.

Planul pentru întreaga lună

Alegeți dintre exercițiile care urmează trei pe care sunteți gata să le puneți în practică.

SCHIMBĂRI LA NIVEL MENTAL

1. Priviți la programul vostru legat de bani și căutați confirmări pentru el în fiecare zi timp de o lună sau timp de 21 zile de trei ori pe zi. Repetați de trei ori pe zi afirmații pozitive noi în decurs de o săptămână sau o dată pe zi timp de o lună.
2. Creați un context abundent, cumpărând mai multe din lucrurile necesare casei concomitent și spunând cu voce tare că aveți mult și de toate.
3. Notați-vă toate cuvintele și frazele legate de bani pe care le rostiți.
4. Citiți măcar o carte sau un interviu despre bani sau întâlniți-vă cu cineva mult mai bogat decât voi.

SCHIMBĂRI LA NIVEL EMOȚIONAL, ENERGETIC ȘI FIZIC

1. Îndepărtați toate supărările legate de bani.
2. Organizați o întâlnire romantică cu banii.
3. Dormiți cu banii în pat.
4. Începeți să repartizați banii în mod corect.

ELIBERAREA DE TEMERI GENERAȚIONALE

1. Eliminați blocajul generațional al soțului prin intermediul meditației „Binecuvântarea neamului" sau cu sesiuni după metoda lui Hellinger.
2. Rugați-i pe părinți, dacă sunt în viață, să vă binecuvânteze pentru o viață bogată și fericită.

LUNA

2

Expansiunea canalului monetar

Centrul voinței este un magnet pentru bani

Timpul a trecut pe neobservate, ca de obicei, așa că ne-am adunat din nou să discutăm ce se petrece.

– Zilele trecute l-am tot observat pe Serghei, începu Jenia. Deși a fost greu să tac, aș fi vrut să-i fac un scandal, să încerc să aflu tot, să mă descarc. Dar am făcut exerciții de respirație și am observat. Aproape toată săptămâna a venit mai devreme de la serviciu și seara a rămas acasă, cum n-a mai făcut de multă vreme. Așa că încep să cred că într-adevăr putem schimba multe.

– L-am întrebat pe Igor despre familia lui și am aflat că și pe ai lui i-au deposedat de avere, ca chiaburi, i-au trimis în lagăre și aproape toți au pierit. Credeam că o să râdă de mine când i-am propus să facem o meditație și să cerem binecuvântarea neamului, dar a acceptat cu atâta entuziasm că m-am și mirat. Poate că acum se vor îndrepta lucrurile și o să ajungă să câștige milioane.

– Probabil că nu va câștiga, am spus spre dezamăgirea Nastiei. Știința de a face bani are legătură cu un al treilea centru, voința bărbatului. După cum am mai spus, mărimea sumelor de bani e determinată de energia și talentul vostru. Dar felul în care puteți accepta banii depinde în egală măsură de un al treilea centru. Acest centru se numeşte manipura şi se găseşte în zona plexului solar, la patru degete deasupra buricului.

Puterea acestui centru este cea care determină ce sume de bani puteţi menţine pentru a vă simţi confortabil. Centrul este considerat cel care răspunde de capacitatea noastră de a structura, permite şi reţine fluxurile financiare. Este cel mai important centru legat de valorile materiale şi de transformarea energiei primită de la univers. Energia feminină este receptare, iar energia masculină este concentrare. Energia concentrată capătă proprietăţi asemănătoare unui laser. La bărbaţi centrul funcţionează ca eliberare de energie, iar la femei ca primire de energie.

– Şi cum îmi dau seama cărui tip îi corespunde centrul meu? întrebă Nastia.

– Problema e că la tine centrul voinţei funcţionează conform tipului masculin, am răspuns. Te ajută astfel să câştigi bani, dar totodată îi răpeşte energia bărbatului tău. Dominaţia soţiei blochează centrul volitiv al soţului. Vorbim despre cele două laturi ale aceleiaşi monede: teama ta că pierzi supremaţia şi teama Lenei că bărbatul o va ţine acasă şi o să înceapă să o controleze, teama că el o va domina. Banii şi puterea au într-adevăr o legătură foarte puternică, pentru că provin din aceeaşi sursă, din energia emanată de centrul voinţei. Conform legii conservării energiei, bărbatul oferă energie din centrul voinţei, iar femeia primeşte energie. La acest nivel bărbatul oferă bani şi îşi manifestă puterea. Femeia primeşte lucruri materiale de la bărbat şi îi permite să-şi manifeste puterea, să controleze situaţia. Conform Vedelor „femeia e mulţumită când bărbatul îi dăruieşte îmbrăcăminte, podoabe, daruri."

– După cum se spune, ruj, parfum şi haine, ce-i mai trebuie unei doamne! îşi aminti Alina.

– Înţelepciunea femeii constă în faptul că-i oferă puterea bărbatului, îi permite să conducă, dar nu-şi pierde individualitatea. Bărbatul, prin natura lui, trebuie să se simtă important şi pe primul loc. Există şi un proverb care spune „Femeia se mărită cu cel pe care îl ascultă." Lupta pentru putere este o luptă pentru energie. Bărbatul are nevoie de putere pentru că pentru el este cea mai mare sursă de energie, iar energia o poate primi numai când femeia îl ascultă. Când bărbatul pierde puterea, îşi pierde şi energia. Femeia nu se teme să piardă puterea, pentru că poate să primească energie şi din alte surse. De aceea în toate societăţile tradiţionale bărbatul trebuie să aibă ultimul cuvânt. Femeia care e de acord cu ideea că bărbatul e mai puternic, că el are dreptate, îi oferă totodată energie. Cu ea alături bărbatul începe să aibă succes, dar cu o femeie care se luptă pentru putere bărbatul devine mai slab. Unde nu e putere nu sunt nici bani.

Când alături de bărbat se găseşte o femeie foarte autoritară, când acesta se apropie de 50-60 ani poate să aibă un infarct. Cauza majorităţii afecţiunilor cardiace la bărbaţi se află în femeile foarte autoritare.

Câteodată fiicele devin un fel de amortizor şi îi permit acestuia să-şi manifeste puterea. Pe de o parte, e bine, pentru că îi permit să menţină puterea. Dar, pe de altă parte, o înlocuiesc cumva pe mamă şi atunci când cresc uneori nu-şi pot găsi un soţ. Dar cealaltă extremă e şi mai teribilă. Când o mamă autoritară şi fiica se pun amândouă împotriva tatălui tot ce le va mai rămâne în scurtă vreme va fi să-i plângă moartea datorată unui infarct. Uneori femeile îi bagă pe bărbaţi în groapă înainte de vreme.

Puterea lui sunt milioanele

Iulia din Samara mi-a povestit o întâmplare petrecută cu una dintre angajatele ei.

Când fata a fost avansată într-o funcție importantă relația cu soțul ei s-a deteriorat. Puterea de la locul de muncă i-a activat energia masculină și a început să o manifeste și acasă. Peste două luni soțul a căzut la pat, cu hernie de disc. Pentru bărbat hernia de disc simbolizează pierderea puterii, iar pentru femeie este surplusul de energie masculină pe care îi este greu să o mențină.

– Adică vrei să spui că trebuie să ascultăm întotdeauna de tatăl și de soțul nostru? Nastia clătină din cap de parcă alunga gândul, într-atât părea de absurd.

– Când ai soț, de soț, când nu ai soț, atunci de tată sau fratele mai mare. „Orice femeie poate să cedeze puterea, dar nu toate femeile sunt gata să o facă", mi-am amintit cuvintele Iuliei și am continuat. Conform Vedelor (din cursurile lui Oleg Torsunov „Alfabetul succesului"), „femeia este cea care învinge fără luptă". Înseamnă că femeia nu trebuie niciodată să spună „nu" bărbatului ei. Când îi spune mereu „da" și îl ascultă, atunci îi câștigă respectul, iubirea și obține tot ce dorește în viața de familie.

– Dar el nu va face abuz de putere? se nelinişti Alina. Dar dacă hotărârile lui nu sunt bune sau sunt stupide?

– Când bărbatul simte împotrivirea femeii atunci apare abuzul de putere. Una dintre regulile Sheherezadei pe care o învățase de la mama ei a fost: „Prima regulă, fiica mea: joacă conform regulilor pe care ți le propune bărbatul. Altfel se va înfuria și își va revărsa puterea cu mânie asupra ta. Ține minte, când asupra ta se revarsă puterea ca un cuțit nemilos și tare, fii atunci mai moale ca untul, ca să nu-ți facă nici un rău. Ce e tare nu poate să vatăme ce e moale."

Poți să începi simplu, spunându-ți în sinea ta, privind la bărbat: „Tu ești bărbatul, ești important, tu ai dreptate." Timp de o săptămână fii de acord cu toate hotărârile lui. La început bărbatul va reacționa, pentru că nu este obișnuit cu asta, dar peste 3-4 zile vor apărea grija și puterea, dar mai ales generozitatea.

– Totuși, mă îngrijorează că dacă o să fiu așa de maleabilă soțul o să înceapă să mă domine, se neliniști Alina.

– Pentru a preveni asta, vom echilibra chakra voinței pentru ca, pe de o parte, ea să funcționeze feminin, pentru receptare, iar pe de altă parte, ca să rezistați la influența altora și ca să nu fiți manipulate. Apropo, „a manipula" provine de la denumirea chakrei „manipura".

MEDITAȚIA „CHAKRA VOINȚEI"
(redactată de S. Soboleva)

Așezați-vă la orizontală, închideți ochii, inspirați și în timp ce expirați imaginați-vă că sunteți într-o poiană. În jurul vostru sunt o mulțime de flori frumoase, deschise către soare, un vânticel călduț răspândește aroma lor în jur. Inspirați-l, lăsați-vă cuprinse de calm și contopiți-vă cu poiana, florile, cu țârâitul cosașilor din iarbă. Priviți cerul albastru cu nori pufoși și imaginați-vă că sunteți la fel de ușoară, că vă desprindeți de pământ și plutiți tot mai sus, către albastrul cerului și soarele strălucitor și primitor. Când ajungeți atât de sus și de aproape de soare încât pare că sunteți numai voi și el, opriți-vă. Imaginați-vă că vă deschideți plexul solar ca o fereastră, ca o ușă sau cupa unei flori. De la soare către voi apare o rază care pătrunde în chakra manipura. Spuneți: „Îmi purific centrul solar de toate depunerile, de tot ce e străin și învechit". Imaginați-vă că centrul voinței voastre se purifică de toate influențele, dorințele și ordinele străine de voi, că se dizolvă sub raza fierbinte de soare.

Ridicați mâna dreaptă și rotiți-o de trei ori în cerc deasupra centrului voinței împotriva acelor de ceasornic, apoi aruncați energia negativă din mâini jos pe pământ. Faceți asta până când simțiți că energia s-a echilibrat.

Ridicați mâna stângă și rotiți-o de trei ori în cerc deasupra centrului voinței în sensul acelor de ceasornic, apoi aruncați energia negativă din mâini jos pe pământ. Faceți asta până când simțiți că energia s-a echilibrat și că soarele vostru interior luminează fără oprelişti.

Spuneți-vă că împreună cu raza aurie în voi pătrunde bucuria, optimismul, energia vieții și voința, liberul arbitru, libertatea de acțiune. Permiteți accesul acestor lucruri, lăsați să intre „Eu pot".

Împliniți-vă cu voia Divină, simțiți cum sporește voia lui Dumnezeu și uniți în centrul solar voia Divină și cea personală.

Am terminat de citit meditația şi m-am uitat la prietenele mele. Păreau foarte concentrate.

– Dacă centrul vostru e deschis, am continuat, atunci puteți primi fluxurile băneşti. Femeia are patru surse de fluxuri monetare (fig. 7).

1. Universul. Este tot ce primiți pur şi simplu, de la prieteni şi oameni necunoscuți, ca daruri şi propuneri neaşteptate. De exemplu, cineva vă invită la un training, cineva plăteşte pentru masa de prânz, vă dă un parfum sau o carte care vă trebuie. Găsiți bani pe stradă, câştigați la loto sau la cazinou, sau o rochie pe care v-o doriți costă de două ori mai puțin.

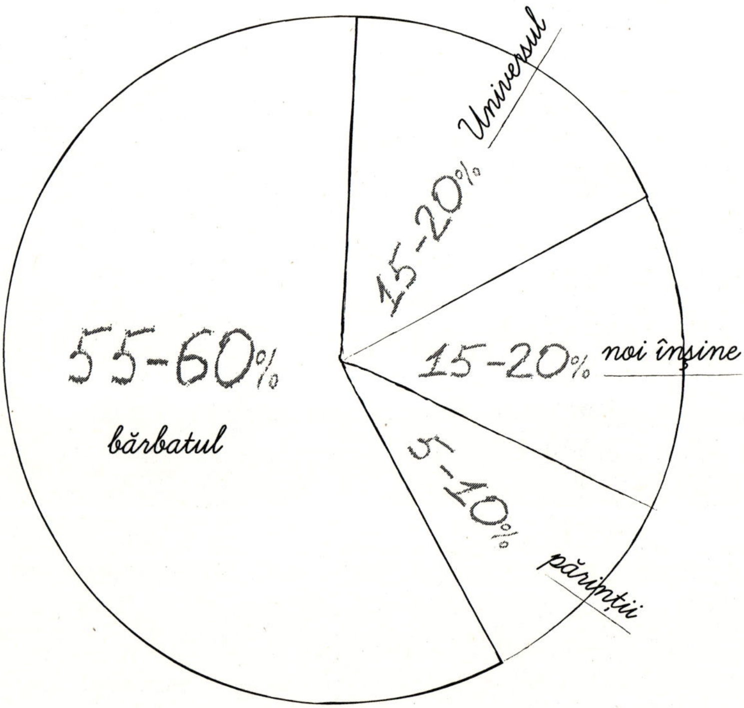

Fig. 7
Patru surse de fluxuri monetare

Adesea nu observăm ce primim aşa, nu ţinem cont, nu acordăm mare atenţie. Dar uneori e interesant să evaluăm cât am fi cheltuit dacă am fi plătit singure pentru asta, cu banii noştri.

2. Bărbatul. Banii pe care îi investeşte în voi omul iubit când plăteşte cheltuieile cotidiene, dăruieşte cadouri, cumpără ceva pentru voi.

3. Părinţii. Uneori asta se exprimă nu doar în bani, dar şi în ajutorul părinţilor, cadourile lor, de exemplu, dulceţurile sau murăturile pe care le-au făcut, cadourile pentru copiii noştri şi ajutorul din casă.

4. Ce câştigă femeia. Fluxul pe care îl generăm când creăm ceva, prin munca noastră sau investiţii.

– Dar cât trebuie să provină procentual din fiecare sursă? se interesă Lena.

– Înainte de a vă răspunde, luaţi o foaie de hârtie şi desenaţi un cerc. Împărţiţi-l în felii aşa cum vi se pare că se întâmplă acum, le-am rugat.

– Groaznic, la mine aproape 70% câştig eu, de la părinţi şi soţ primesc cam câte 5% şi de la Univers cam 20%, spuse Lena.

– Iar la mine invers, spuse Jenia, de la bărbat 70%, de la părinţi 15%, de la mine 0%, iar de la Univers 15%.

– Nici la mine nu e îmbucurător, se încruntă Nastia. Eu câştig cam 60%, soţul 15%, părinţii nu-mi dau bani, dar ajută cu copilul, să zicem 5%, iar Universul cam 10%.

– Iar mie părinţii tot timpul vor să-mi dea bani şi nu vreau să iau, îţi aminti Alina. Acum înţeleg că trebuie să primesc. Bineînţeles, de la bărbat nu primesc nimic, dar aş vrea, oftă ea.

– Acum pe altă foaie de hârtie desenaţi cât aţi vrea să primiţi şi de unde şi coloraţi fiecare segment cu altă culoare, le-am spus eu împărţind creioanele colorate.

Peste cinci minute desenele ideale erau gata.

– Ce v-a ieşit?

Privind la desene aşteptările păreau destul de similare:

55-60% femeia primeşte de la bărbat, pentru că centrul ei este receptor.

15-20% câştigă singură.

5-10% primeşte de la părinţi.

15-20% de la Univers.

– Puteţi atârna desenul într-un loc vizibil şi timp de 21 zile sau mai mult trebuie să-l vedeţi zilnic. Treptat subconştientul vostru va crea o receptare corectă a realităţii şi totul va începe să se schimbe nu doar la nivel mental, dar şi în viaţă. Când vedem ce se întâmplă putem să schimbăm asta.

– Mie mi se pare că soţul meu niciodată nu va câştiga mai mult decât mine, se întristă Nastia. Iar eu am atins limita.

– O să câştige, am liniştit-o. Şi el, şi tu. Centrul acesta poate fi comparat cu o ţeavă: cu cât e mai mare diametrul, cu atât putem să primim mai mult. Oamenii cu bani sunt oameni ai fluxului constant. Fluxul se menţine în funcţie de voinţă. Când omul risipeşte energie îi este greu să reţină banii. Şi asta depinde de un centru puternic al voinţei.

– Dar cum se poate extinde acest centru? se interesă Jenia. Ca să acţionăm cu cap.

EXERCIȚIU DE LĂRGIRE AL FLUXULUI MONETAR (fig. 8)

Așezați-vă în genunchi, cu spatele drept și mâinile sprijinite pe fese. Inspirați, iar când expirați lăsați încet capul pe spate și curbați spatele înapoi cât de mult se poate. Imaginați-vă că în timp ce expirați în centrul al treilea pătrunde energia

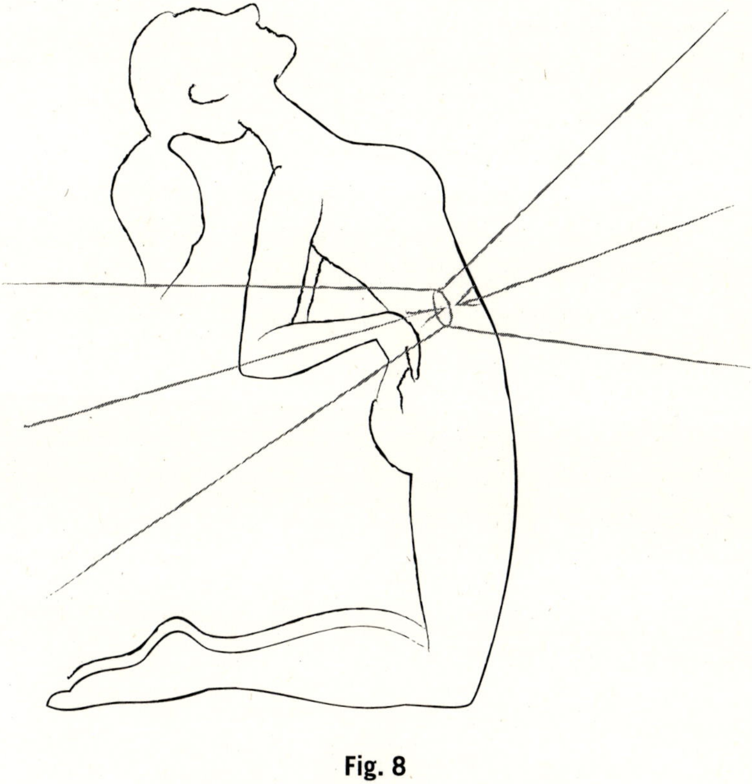

Fig. 8
Exercițiu de lărgire a fluxului monetar

solară aurie, iar când inspirați incantați mantra HAR. Simțiți cum în centrul plexului solar apare o concentrare de energie. Inspirați din nou, iar când expirați reveniți încet la poziția inițială. Inspirați și, când expirați, aplecați capul în față, încercând să atingeți pieptul cu bărbia. Acum începeți să expirați energia la nivelul coloanei vertebrale (vertebrele 7-8).

Simțiți cum atunci când expirați energia se mișcă către intrarea în plexul solar, imaginați-vă că în interiorul vostru se deschide un canal care unește intrarea din spate și din față în al treilea centru. Repetați de nouă ori. Simțiți cum canalul se lărgește și prin el începe să curgă energia, ca o apă fierbinte. La început mărimea diametrului poate fi 2-3 cm, dar treptat canalul se lărgește și simțiți că puteți să primiți mari sume de bani. Inspirați și când expirați reveniți la poziția inițială, ridicând capul. Modelați fluxul într-un glob auriu aflat în plexul solar și închideți centrul punând mâna stângă pe plexul solar și mâna dreaptă deasupra ei. Mulțumiți Universului și mulțumiți-vă vouă că faceți acest exercițiu.

– Dar bărbații pot și ei să facă exercițiul? Se pare că Nastia decisese să se ocupe serios de Igor. Că doar n-o să fac numai eu tot.

– Şi ei, doar că atunci când închid centrul trebuie să pună mâna dreaptă pe el, iar deasupra ei mâna stângă.

După ce lărgiți canalul de primire puteți să creşteți şi limita venitului pe care îl atrageți.

EXERCIȚIU CU LUMÂNARE VERDE PENTRU CREȘTEREA FLUXULUI MONETAR

Luați o lumânare verde înaltă, puneți-o într-un sfeșnic (auriu, dacă aveți) și aprindeți-o.

Priviți la centrul flăcării lumânării verzi, însă fără a concentra privirea. Mental uniți-vă cu flacăra, și trageți o rază către manipura, plexul vostru solar. Închideți ochii, inspirați și respirați și păstrați legătura cu flacăra lumânării. Imaginați-vă că în centrul plexului solar se formează un glob auriu, din această flăcăruie. Observați cum globul se mărește continuu până când vă aflați în interiorul unei sfere aurii luminoase. Deasupra ei se deschide o ușiță și din Universul abundent și infinit încep să cadă bancnote din diferite țări și diferite valori. Puteți vedea valoarea bancnotelor, din ce țară sunt, dolari verzi, euro multicolori, ruble, yeni, simțiți atingerea, foșnetul și mirosul lor. Observați cum fluxul banilor se rotește în sensul acelor de ceasornic și umple sfera pe dinăuntru. Studiați banii și vă delectați. Când simțiți că sfera e complet plină, începeți să o lărgiți încet, în același timp urmărind fluxul care se rotește în sensul acelor de ceasornic. Încercați să măsurați dimensiunile sferei, să vă dați seama de volumul ei și cât poate cuprinde. Dacă atenția vă e distrasă, e un semn că vă e greu să mențineți dimensiunile. Când stabiliți dimensiunea confortabilă pentru voi imaginați-vă suma de bani care corespunde acestui volum. Poate că este venitul vostru potențial pe lună sau pe an. Iar apoi spuneți: „Banii aceștia vor fi ai mei. Sunt banii mei. Îmi vor aduce fericire și bunăstare mie, familiei mele și tuturor celor dragi mie.” Repetați cuvintele de trei ori, pentru a încărca fluxul cu energie pozitivă.

Simţiţi suma, acceptaţi-o şi începeţi să comprimaţi sfera, păstrând mişcarea în sensul acelor de ceasornic până când sfera devine o mingiuţă compactă aurie în interiorul plexului solar. Inspiraţi şi, când expiraţi, deschideţi ochii.

– Am vorbit despre ce înseamnă energia banilor şi ce ne împiedică să avem câţi bani vrem să avem. Şi despre cum să ne mărim capacitatea de a primi şi de a concentra energia banilor, am recapitulat ce am făcut luna aceasta.

Planul pentru întreaga lună

În decursul acestei luni faceţi exerciţiile de lărgire a canalului şi de concentrare a energiei:

1. Meditaţia „Chakra voinţei”.
Exerciţiul „Lărgirea fluxului monetar”.
Exerciţiul cu lumânarea verde.
Ne adresăm bărbatului cu: „Tu eşti bărbatul, eşti important, tu ai dreptate”.

Dar cel mai important lucru este ce suntem pregătite să oferim Universului. Am stabilit ce aşteaptă Universul din partea noastră, creaţia noastră. Iar acum vom vorbi despre cum putem să ne găsim darul sau talentul.

LUNA

3

Potențialul menirii

Cum să-ți găsești talentul

— Data trecută am spus că banii sunt o energie a schimbului, sunt ce primim când dăm lumii creația noastră. Iar orice creație este rezultatul talentului nostru, energia pe care o investim (energia trecutului, prezentului şi viitorului) şi energia creativă.

Fluxul de energie creativă apare numai atunci când rațiunea se uneşte cu sufletul, când începem să ne arătăm darul şi să ne dezvoltăm talentul.

La naştere fiecare om i se dă o înzestrare. După cum spune Harum Agațarski: „Înzestrarea este o capacitate unică plasată în om, iar talentul este o capacitate unică atinsă de om". Înzestrarea poate fi comparată cu un canal alocat unei anumite frecvențe de vibrație. Fluxul divin se împarte în aceste canale la fel cum lumina albă se împarte în cele şapte culori fundamentale (fig. 9).

Câteodată acest canal mai este numit şi raza misiunii. Misiunea fiecăruia dintre noi este să ne manifestăm înzestrarea şi astfel să schimbăm lumea în bine. Fiecare om vine pe lume cu o setare interioară pentru canalul său, pentru vibrația sa. De aceea când începem să facem lucrul care este înzestrarea noastră, ne armonizăm cu aceste vibrații şi cu fluxul creator. Există şapte raze fundamentale ale misiunii, care se întrupează în şapte direcții fundamentale ale talentului. Şi astăzi ne vom căuta talentul!

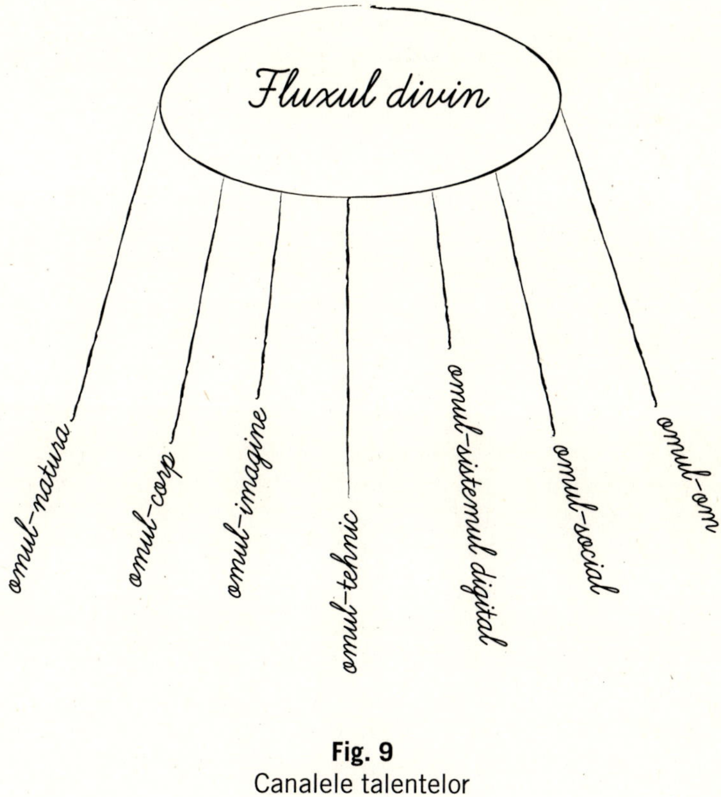

Fig. 9
Canalele talentelor

Aşa am introdus exerciţiul meu favorit, cel care ajută să ne găsim talentul.

– La naştere fiecare primim o înzestrare care când se manifestă ne ajută să realizăm creaţia pe care trebuie să o dăruim lumii. „Talentele sunt date din belşug omenirii ca să lumineze". Când oferim creaţia noastră lumii, Universul ne dă bani, slavă, putere şi recunoaştere.

– Care ar fi explicaţia, de ce se întâmplă asta? întrebă Nastia.

– Când facem lucrurile pentru care avem talent ne demonstrăm tot ce avem mai bun, ne exprimăm pe noi înşine. Talentele sunt păstrate în sufletul nostru şi le purtăm din viaţă în viaţă. De aceea atunci când deodată începem să facem lucrurile pentru care avem talent simţim că ne cântă sufletul. Şi lucrurile în care punem suflet devin capadopere. În fiecare capodoperă există o bucăţică din sufletul celui care o creat-o. Simţim asta, de aceea suntem gata să plătim sume fabuloase pentru lucruri create din suflet, sau să încremenim muţi de admiraţie când vedem un lucru făcut cu talent. Aceste capodopere au o putere neobişnuită şi continuă să emită vibraţiile creatorilor lor.

Când facem lucrurile pe care ne trage inima să le facem simţim bucurie, inspiraţie, suntem interesaţi, plini de entuziasm, totul ne iese cu uşurinţă şi nu ne este deloc greu să ne concentrăm asupra lucrului. Când ne ocupăm de ceva care nu ni se potriveşte obosim repede, avem îndoieli, simţim că soarta ne e pecetluită, suntem deznădăjduiţi, ne risipim în mii de griji şi preocupări mărunte. Toate astea ne secătuiesc de puteri şi creăm nişte imitaţii palide şi chinuite.

– Ce legătură are asta cu banii? după ce ascultă discursul meu înflăcărat despre talent, întrebă Jenia cu un gest de nedumerire.

– O legătură directă! Până şi Karl Marx spunea că „Ce altceva poate fi bogăția, dacă nu e manifestarea absolută a înzestrării creatoare a omului". Când faci lucrurile pentru care ai talent oamenii sunt gata să te plătească pentru asta, iar cu cât mai mult pui mai multă măiestrie şi energie sufletească, cu atât mai prețioase devin acestea. Important e că ambele părți beneficiază: faci ce îți aduce bucurie, iar oamenii cumpără cu plăcere.

– Sunt deja gata să-mi caut talentul! spuse Lena cu însuflețire. Cine ştie, poate nu mă ocup cu ce trebuie! Şi cum procedăm?

– Ca nişte căutători de comori, o să săpăm în mai multe locuri, am promis. Iar acum imaginați-vă că sunteți într-o librărie. În fața voastră sunt şapte cărți.

Prima carte se numeşte „Cum să cultivăm flori".

A doua carte e „Cum să obținem corpul ideal în 10 zile".

A treia carte este „Cum să construieşti un patefon", „Cum să înțelegi totul despre iphone".

A patra carte e „Cum să ajuți o persoană deprimată".

A cincea carte este „Cum să faci un film".

A şasea: „Cum funcționează creierul", „Cum să primeşti Premiul Nobel".

A şaptea: „Cum să conduci o companie" sau „Cum să devii preşedinte". – Ce ați ales? am întrebat după ce am terminat enumerarea.

– Dar dacă am ales nu doar o carte, ci trei? Alina nu mai putea de nerăbdare. Eu aş cumpăra „Cum să obținem corpul ideal în 10 zile", „Cum să faci un film" şi „Cum să faci un milion".

– „Cum să faci un milion" nici măcar n-a fost menționată, se amestecă Nastia. Ce, numai eu am ales doar un titlu? După ce ne cuprinse cu privirea pe toate, Nastia declară: Eu aş cumpăra „Cum să devii preşedinte".

– Chiar n-aveam nici o îndoială! Lena dădu din umeri. E bine că ştii foarte clar ce vrei. Eu am ales un vraf: şi „Cum să scapi de depresie", şi „Cum să faci un film", şi „Cum să primeşti Premiul Nobel".

– Şi eu am două, dădu Jenia din umeri. „Cum să cultivăm flori" şi „Cum să ajuţi o persoană deprimată". Şi ce înseamnă asta?

– Alegerea cărţilor ne ajută să vedem încotro ne îndreptăm cu căutarea talentelor, ne arată ce vă interesează.

Prima direcţie este „omul-natură". Oamenilor care deţin acest talent le place să sape, să cultive, să aibă grijă de ceva şi de cineva. Câteodată chiar vorbesc cu plantele şi cu animalele şi înţeleg limba lor. Aceştia pot deveni dresori, grădinari, pădurari ş.a.m.d. Şi bineînţeles că vor alege cartea „Cum să cultivăm flori".

A doua direcţie este „omul-corp". Acestor oameni le place tot ce are legătură cu corpul lor sau al altora. Îşi adoră corpul lor, dar şi al altora. Se mişcă cu uşurinţă, fac exerciţii cu plăcere şi adoră să-i ajute pe alţii să se dezvolte fizic. Sunt sportivi şi antrenori, acrobaţi şi dansatori. Se ocupă de vindecare prin atingere (masori), transformare prin crearea unei noi imagini (coafori), de pregătirea unor mâncăruri gustoase ş.a.m.d. Tot ce poate fi făcut manual e pentru ei. Iar ei aleg cartea „Cum să obţii un corp ideal în 10 zile".

– Da, sunt îndemânatici, observă Alina.

– Ştiu să mişte şi mâinile, şi picioarele, mai ales modelele, adaugă Lena.

– Da, modelele deţin acest talent, „omul-corp". Le face plăcere să se ocupe de corpul lor şi le place să-l arate, am confirmat.

A treia direcţie este „omul-imagine". Oamenilor cu acest talent le place să creeze noi lumi şi noi imagini în toate sferele vieții. Aceştia sunt compozitori, scriitori, regizori, artişti, designeri, oameni din reclamă. Îi atrag pe alții în lumea lor, îi inspiră şi umplu lumea cu culori şi sunete noi, cu noi viziuni. Cel mai adesea pe ei îi numim creatori, deşi creația poate să se manifeste în orice sferă.

– Dar talentul coaforului nu se încadrează în direcția „omului-imagine"? se interesă Alina aproape afirmativ.

– Da, la fel ca şi specialiştii în machiaj, actorii şi arhitecții. Aceştia vor alege cartea „Cum să faci un film".

A patra direcție este „omul-tehnologie". Unui astfel de om îi place să studieze mecanisme, să demonteze şi să monteze la loc, să inventeze şi să conducă tot felul de maşinării: avion, camion, excavator. Se spune că pot să facă totul repede. Ei sunt cei care aleg cartea „Cum să construieşti un patefon".

– Aşa e soțul meu, interveni Jenia. Dacă vede ceva stricat imediat se repede să repare. Şi partea uimitoare e că şi dacă n-a mai văzut aşa ceva înainte, tot reuşeşte să se descurce.

– Jenia, mulțumim, spuse Nastia. Că ne-am concentrat mai mult pe căutarea de sine, iar despre soți am uitat de tot. Al meu sigur ar fi ales cartea despre film, aşa că nu degeaba se ocupă de design. Dacă ne-am lămuri şi cum să transformăm talentul lui în bani în cont, ar fi de neprețuit şi la propriu, şi la figurat.

– Iar al meu mai mult era cu capul în nori şi inventa noi modalități de organizare a lumii, îşi aminti Alina de fostul soț.

– Această direcție este „omul-semiotic". Este omul căruia îi place să identifice regulile, să facă ordine, să organizeze în sisteme, să creeze structuri noi, să afle legile Universului şi să inventeze unele noi. Toți oamenii de ştiință, programatorii şi inventatorii au acest talent.

– I se potriveşte fostului meu soţ perfect, oftă Alina. Câteodată mă rătăceam printre teancurile lui de articole decupate din ziare şi reviste puse în dosare. Şi mi se pare că le place să colecţioneze.

– Nu mereu, dar câteodată da, am confirmat.

– Dar mi se potriveşte şi mie, reacţionă Lena. Şi eu încerc mereu să sistematizez, chiar când mă ocup de angajări.

– Iar pasiunea mea de a salva pe toată lumea şi de a purta discuţii profunde unde se încadrează? se interesă Jenia.

– „Omul-om", am răspuns. Acestor oameni le place să vindece, să predea, să educe şi nu are importanţă vârsta, chiar şi pe adulţi. Dorinţa de a ajuta e înnăscută, e gata să asculte cu zilele cum se plâng alţii, să îndeplinească rugăminţi şi se aruncă mereu să scape pe cineva. Profesorii şi doctorii au acest talent. Printre ei mai erau şi preoţii, dar acum au fost înlocuiţi de psihologi, dar esenţa e aceeaşi, ajutorul.

– Interesant, iar poliţiştii tot aici intră? se hotărâ Nastia să întrebe.

– Da, toţi cei care se ocupă cu salvarea, dar şi poliţiştii.

– Aşa credeam şi eu. Dar deocamdată mie nu mi se potriveşte nimic. Eu ce talent am? se nelinişti Nastia.

– Talentul tău este pe direcţia „omul-societate". Când omul e capabil să-şi asume responsabilitatea pentru mai mulţi oameni, e gata să ia decizii, poate să conducă, să controleze, să direcţioneze şi să inspire, atunci are talent înnăscut de conducător. Aceşti oameni pot să facă echipe şi să le conducă spre un ţel comun. Ei sunt conducători, militari, politicieni şi ideologi foarte buni.

– Dar dacă îmi identific trei talente? E posibil şi aşa? întrebă Alina examinând cu atenţia lista ei.

– De obicei așa se și întâmplă. Omul are câteva talente, dar pentru a-l găsi pe cel predominant trebuie să determine ce-i place să facă, ce-i iese cu ușurință, ce poate să creeze. De exemplu, mie îmi place să dansez, aș fi ales și eu cartea „Cum să obții un corp ideal în 10 zile". Dar niciodată n-am putut să repet o mișcare din prima, și niciodată nu mi-am dorit să inventez un pas nou, adică să creez în domeniul ăsta.

– Înțeleg, oftă Jenia. Mie îmi place să cultiv flori, dar nu le merge prea bine, deci talentul meu nu în asta constă. Dar dacă văd și gust o mâncare, imediat iau rețeta și o fac, pe urmă experimentez și adaug ceva de la mine. Uneori cei care gustă și sunt foarte încântați nu pot să creadă că e rețeta lor.

– Vă mai dau un tabel (fig. 10), uitați-vă la el și completați-l ca să înțelegeți direcția voastră. Iar apoi continuăm.

Cum să-ți înțelegi direcția

– Cu direcția m-am lămurit, dar ce talent anume am, încă nu-mi dau seama, se văită Jenia.

– Ca să înțelegi ce talent ți s-a dat trebuie să vorbim despre caracteristicile talentului.

CARACTERISTICILE TALENTULUI

1. Capacitatea omului de a face ceva mai bine decât alții sau în alt fel, într-un mod inovator. „Talentul este atunci când ți-e ușor să faci ce altora le e greu", a spus Henri Amiel.

Tabelul talentelor

Direcția talentului	Mă interesează	Pot să reproduc	Pot să inventez ceva nou
Omul-natură			
Omul-corp			
Omul-imagine			
Omul-tehnic			
Omul-semiotic			
Omul-om			
Omul-societate			

Fig. 10
Tabelul talentelor

Talentul este așa de firesc și de organic că nici măcar nu-l conștientizăm.

Nici nu trebuie să-l învățăm, uneori nici nu înțelegem cum ne reușește să facem asta. L. Obloga spunea că „Talentul nu este ce înțelegem, ci este ce putem face fără să înțelegem".

2. Putem să facem acest lucru la nesfârșit! Nu obosim, dimpotrivă, prindem puteri și simțim un fel de însuflețire. Nu putem să nu facem asta. Nu ne interesează dacă facem bani sau nu. Bineînțeles, e bine dacă facem bani, dar și dacă nu facem nu prea contează. Ceva lăuntric ne face să acționăm așa.
3. Când ne simțim rău sufletește sau fizic începem să facem acest lucru și ne trece. Unii dansează, alții scriu versuri, unii gătesc, alții fac bilanțul, iar unii vând ceva.
4. Putem să ne ocupăm de asta în orice stare am fi, chiar când suntem obosiți sau bolnavi. De exemplu, o prietenă de-a mea cântăreață putea fi în ultimul hal de răcită și când ieșea pe scenă îi trecea. Termina concertul și pe urmă se târa acasă, epuizată din nou de boală.
5. Suntem gata să facem asta din suflet, să investim pasiunea și timpul nostru. Ceilalți simt asta. Ne roagă să le dăruim sau să le facem ce nouă ne iese, ne oferă bani, pentru că le place așa de mult ce facem noi.

– Celelalte caracteristici le găsiți în matricea talentelor. Matricea am compus-o eu, nu m-am putut abține să nu mă laud. Amintiți-vă ce vă place să faceți și enumerați trei până la cinci talente. Sus scrieți talentele și puneți plus lângă afirmațiile care le corespund. Pe urmă uitați-vă care dintre talente a adunat cele mai multe plusuri.

MATRICEA TALENTELOR

1. Ce sunteți gata să faceți nopți în șir, chiar dacă nu vă plătește nimeni pentru asta?
2. Ce puteți face în orice condiție ați fi (în ciuda oboselii, bolii ș.a.m.d.)?
3. Ce vă face cea mai mare plăcere?
4. Ce activitate vă inspiră și vă dă puteri?
5. Ce vă reușește cu ușurință și vă iese mai bine decât altora?
6. Ce faceți din suflet, cu pasiune?
7. Ce vă face să spuneți „Când fac asta simt că trăiesc"?
8. De ce vă apucați când ceva nu merge, ca să vă reveniți?
9. Ce vă roagă alții să faceți cel mai des?
10. Cu ce v-ați ocupa dacă ați avea mai mult timp liber?
11. Dacă vă e rău și faceți asta, simțiți cum prindeți din nou puteri?
12. Pentru ce sunt alții gata să vă plătească bani?

– Dacă vă e greu să vă amintiți ceva de genul ăsta sau nu sunteți sigure care sunt talentele voastre, încercați să urmați sfatul lui Aleksandr Gherasimenko. Scrieți cinci talente şi rugați între cinci şi cincisprezece cunoscuți, prieteni, rude sau colegi să spună care sunt talentele voastre (nu mai puțin de trei). Rugați-i simplu: Spune-mi, te rog, care sunt talentele mele cele mai evidente. Când primiți toate răspunsurile alegeți-le pe cele care se repetă. E posibil să nu fie mai mult de trei. Treceți-le şi pe ele în matricea talentelor.

Aşadar, talentul este ce facem mai bine decât alții, ce ne face plăcere, iar oamenii sunt gata să ne plătească pentru asta (Fig. 11).

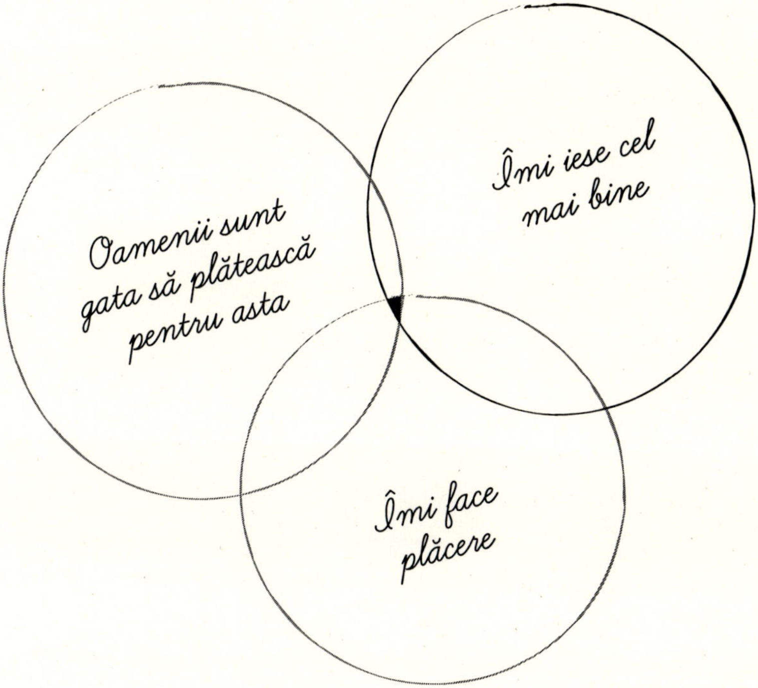

Fig. 11
Talentul. Punctul de intersecție

– De exemplu, mie îmi place să cânt, dar oamenii nu se vor înghesui să vină la concerte date de mine şi să dea o mulţime de bani pe bilet, pentru că n-am voce şi nici ureche muzicală, am spus. Tot ce vă place să faceţi, dar nu vă iese foarte bine trebuie considerat hobby, şi puteţi să vă ocupaţi de asta doar pentru plăcerea personală.

În principiu completarea matricei vă ajută să înţelegeţi destul de multe lucruri. Dar să continuăm studiul şi să facem meditaţia „Crearea unei capodopere". Să vedem ce descoperiţi. Aşezaţi-vă cât mai comod ca să începem.

CREAREA UNEI CAPODOPERE

Închideți ochii, inspirați, iar când expirați eliberați-vă de tot ce e excedentar, inutil, de toată agitația și toate îndoielile. Inspirați din nou și, când expirați, transportați-vă pe malul oceanului. Inspirați mirosul sărat al oceanului, ascultați țipetele pescărușilor, simțiți cum razele soarelui vă mângâie obrajii, iar un vânticel vă trece prin păr. Dintr-odată vântul se intensifică și se transformă în uragan. Vă ridică și într-o clipă vă transportă pe o insulă nelocuită! Auziți cum cineva spune: „Ca să te întorci înapoi la viața ta normală trebuie să creezi o capodoperă într-o singură oră, să faci ce poți face mai bine decât oricine cu calitățile, talentele, abilitățile și cunoștințele tale".

Și începeți să creați. Sunteți pe o insulă nelocuită, dar aveți la dispoziție toate resursele Pământului, tot ce există pe lume.

Trece un ceas și prezentați lumii ce v-a ieșit. Iar dacă Universul vă acceptă creația vă veți găsi din nou pe mal.

Inspirați și când expirați reveniți la realitate.

Le-am cuprins pe toate cu privirea. Fetele deschiseseră ochii şi păreau oarecum uluite.

Alina s-a întins ca o pisică şi a murmurat:

– M-am văzut dansând pe insula nelocuită. Dansul meu era neobişnuit, de parcă trupul meu se mişca în ritmul lui propriu şi făcea un ritual numai lui înţeles. Îmi schimbam hainele în funcţie de cum se mişca trupul meu. Interesant, căzu Alina pe gânduri, poate trebuie să dau drumul la muzică şi să le rog pe cele care vor să-şi creeze o nouă imagine să danseze, iar eu să le observ şi să încerc să înţeleg cine sunt ele. O să mă mai gândesc, îşi promise.

– La mine e totul simplu, ne împărtăşi Jenia. Nici vorbă de dans şi straie de mătase, numai plăcinte. Am copt o plăcintă cu mere, dar aşa o plăcintă că şi acum îmi miroase a mere cu scorţişoară. Oare nu cumva în mine se ascunde talentul gătitului? Niciodată n-aş fi crezut.

– Dar cine ne face minunatele plăcinţele cu cartofi? Se vedea cum Nastia înghiţea în sec amintindu-şi plăcinţelele făcute de Jenia, specialitatea ei. Dar uite, dacă vreţi să vorbim de ceva cu adevărat plictisitor, eu am desenat pe nisip structura unei organizaţii ideale şi m-am întors la mal imediat.

– Dar poate că tocmai asta e partea mişto, înseamnă că eşti acolo unde trebuie! a susţinut-o Lena pe Nastia. Eu am văzut ceva care nu se leagă deloc de munca mea actuală. Le adunasem pe localnice şi le învăţam arta seducţiei. Cum se spune, transmiteam din experienţa mea de prim rang.

– Da, chiar că de prim rang, am râs noi, aici n-avem ce spune.

– Păi nu degeaba ai acumulat atâta experienţă în anii ăştia, adăugă Jenia printre hohote. Era şi timpul să împărtăşeşti şi altora din experienţa ta.

– Aveți deja o idee despre care vă sunt talentele, sau vreți să mai facem un exercițiu? am strigat, ca să mă fac auzită în vacarmul provocat de râsete.

Toate au devenit serioase şi au încuviințat.

– Atunci propun un mic test. Uitați-vă prin cameră şi alegeți primul obiect care vă place. Ați ales?

– Mie mi-a plăcut veioza, strigă Alina.

– Iar mie draperia, spuse Jenia.

– Eu am ales tabla de scris, afirmă Nastia pe un ton care nu îngăduia nicio obiecție.

– Iar mie mi-a plăcut paravanul, susură Lena.

– Bine, am zis după ce le-am ascultat pe toate, şi am făcut o pauză. Iar acum gândiți-vă un minut cum puteți câştiga un milion de dolari cu ajutorul acestui obiect.

– Dacă aş avea idee cum, de mult aş fi avut un milion, ripostă Jenia.

– Încearcă totuşi. Cine ştie, poate că o să şi apară curând, am propus eu. Gata, vă cronometrez.

Minutul a zburat instantaneu. Simțeam cum gândurile prietenelor mele se zbuciumau.

– Aş produce abajururi personalizate pentru stări de spirit diferite sau setări speciale pentru diverse dispoziții, începu Alina să povestească. Vii acasă, înțelegi că ai de lucru, pui un abajur verde pe veioză şi te concentrezi pe ce trebuie să faci. Iar când îl aştepți pe iubit pui un abajur roşu şi camera se umple de vibrația pasiunii şi a dorinței. Când vrei să găteşti ceva gustos, pui un abajur galben, iar când vrei să meditezi, unul turcoaz.

– Foarte economic şi creativ, comentă Lena.

– Cred că dacă organizezi o campanie publicitară bună poți să câştigi uşor chiar şi mai mult de un milion. Poate ar trebui să lansăm proiectul tău?

Alina nici nu mai putea sta pe scaun. Se vedea că e gata să treacă la treabă.

– Da, mie mi-a plăcut mai ales ideea abajurului roşu, chiar mi s-ar potrivi cu paravanul meu. Mi-am amintit un dans japonez în care o fată dansează în spatele unui paravan, dar tot ce se vede e o siluetă neagră. Îşi scoate chimonoul, se dezbracă treptat, foarte frumos, sofisticat şi totodată foarte erotic! Tot ce ai nevoie: un paravan translucid, o veioză potrivită, un pliant cu descrierea dansului şi paşilor, un disc cu muzică şi un video. Cred că toate fetele din lume care vor să-şi cucerească bărbatul o să vrea să cumpere setul!

– La mine totul e despre structurarea muncii şi organizarea eficientă, se întristă Nastia. O tablă de scris nu se schimbă nicăieri, nici dacă te duci în Africa. Deşi... căzu ea pe gânduri, în Africa nu te-ai căra cu o tablă de scris obişnuită, e prea grea. Aş crea o tablă portabilă, flexibilă şi uşoară, pentru că altfel trebuie să o cari cu tine sau să renunți la ea, ca să nu mai ai o greutate în plus... Veşnica problemă! Dar aşa, poți să o iei cu tine oriunde, o desfaci şi n-ai decât să desenezi tabele şi grafice.

– Şi ar trebui să mai iei cu tine la drum şi plăcințelele mele învelite în şervetele pe care le-aş face din draperii, continuă Jenia povestea Nastiei. Aş face nişte şervete fabuloase pe care oamenii să le cumpere împreună cu plăcințelele. Ca nişte fețe de masă de poveste în miniatură. Plăcințelele s-ar păstra calde, iar totul ar fi servit ca un mini-picnic.

– Jenia, iar începi cu plăcințelele! gemu Nastia. Mă omori aici, vrei să nu mai apuc prânzul?

– Înainte de prânz ne-au mai rămas două exerciții importante: o scurtă meditație şi o convorbire cu sufletul nostru.

MEDITAȚIA „HOTELUL VISURILOR VOASTRE"

Așezați-vă comod și închideți ochii. Inspirați, iar când expirați transportați-vă cu gândul în locul unde ați visat să locuiți dintotdeauna. Imaginați-vă că aveți toți banii din lume și că puteți să vă construiți hotelul visurilor voastre. Studiați-l în detaliu, uitați-vă la interior, design, stilul arhitectonic. Dar mai ales gândiți-vă ce alte încăperi funcționale mai sunt necesare în afară de camere. Lăsați fantezia să zboare!

Înspirați și când expirați reveniți la realitate. Deschideți ochii.

Cât timp fetele visau la hotelul lor mi-am imaginat şi eu ce aş vrea să construiesc. „Da, ca să am loc pentru tot şi să-mi împlinesc toate dorințele mi-ar trebui o insulă, m-am gândit. Aş face mai multe studiouri pentru dezvoltarea talentului. Omul vine pentru zece zile, determină ce talent are şi începe un mic proiect, ca să se lămurească dacă îi place şi dacă îi iese. Şi când pleacă deja ştie că are un rezultat..."

Dacă era să mă iau după liniştea din jur, fetele nu prea voiau să revină. Zâmbete fericite li se aşternuseră pe față. În final, Nastia a fost prima care a deschis ochii.

– Ah, ce hotel minunat aveam! Aş fi vrut să rămân acolo... oftă ea. Ce draperii, din organza cea mai fină, se unduiau în bătaia vântului. Aşa de frumos era că mi s-a tăiat suflarea. Iar camerele erau aşa de confortabile. Cu laptop, maşini de cafea, scanner şi imprimantă, tot ce vrei şi ai nevoie la îndemână.

– Nastia, dar în afară de camere ce altceva mai era? m-am decis să întreb.

– O sală de conferințe uriaşă, dotată cu echipament de ultimă oră.

– Da, Nastia, se pare că tabla ta de scris s-a strecurat şi în hotelul tău, râse Alina.

– Asta e clar, fără ea nu se poate! căzu de acord Nastia. Dar la tine ce aveai?

– A, la mine în hotel era o sală de dans, plină de oglinzi, cu geamuri enorme, din tavan până la podea. Şi cu o bară pentru exerciții de balet. Nu-i o idee genială? Vii la hotel şi iei lecții de dans. Numai în Turcia se predau ore de dans, şi oricum nu în toate hotelurile. Da, trebuie să reanimăm tradiția dansului. Se spune că pentru a-ți menține tinerețea e bine să dansezi.

– Ar putea fi şi ore de striptease, adăugă Lena. Dansul la bară ajută şi el la menținerea condiției fizice.

– O să mă gândesc, spuse Alina, şi poate te invit să predai la hotelul meu.

– Poate chiar vin, zise Lena. Dar mie îmi place şi hotelul meu. E plin de pernuțe şi volănaşe în stil madame de Pompadour. Am văzut odată patul ei la o expoziție de la muzeul Getty din Los Angeles şi nu pot să mi-l scot din cap. Hotelul meu nu e unul obişnuit, e ca un budoar. Iar toți oaspeții poartă măşti şi costume. Practic, e un hotel făcut pentru dragoste.

– Lena, cred că tu ai decis să-ți îndeplineşti toate fanteziile înainte de nuntă, o împunse Jenia. Nu le poți face pe toate.

– De ce nu? Dacă îmi construiesc un astfel de hotel o să organizez spectacole şi baluri mascate. Dar la tine cum e?

– La mine sunt câteva bucătării deschise sclipitoare, unde toată mâncarea se pregăteşte în fața oaspeților şi se prezintă cursuri de gătit. Oamenii vin nu doar ca să se odihnească, învață să şi gătească. Da, ideea îmi place din ce în ce mai mult.

– Vedeți câte idei ai generat, n-a trebuit decât să vă lăsați imaginația să zburde. Ochii vi s-au aprins şi aveți atâta energie! am zis. Dar important e că, indiferent de meditație sau de hotelul construit, tot ce ați făcut are legătură cu talentul vostru. De asta exercițiile sunt geniale, ne arată dorințele noastre ascunse şi abilitățile pe care le avem. Începem să folosim orice obiect aşa cum ne spune sufletul, căci talentul este o manifestare a sufletului.

Pentru a ne convinge că alegerea noastră e corectă o să facem un exercițiu în care ne întâlnim cu sufletul nostru. Alegeți o parteneră şi numiți-o drept sufletul vostru. De exemplu, tu, Alina, o alegi pe Lena şi spui punând mâinile pe palmele ei deschise: „Nu eşti Lena, eşti sufletul meu". Iar Lena răspunde: „Nu sunt Lena, sunt sufletul tău", acceptând rolul. Apoi vă întrebați sufletul: „Suflete, ce vrei tu? Ce vrei să faci?" Ascultați răspunsurile, fără să ripostați sau să le judecați, pur şi simplu, acceptați-le. Dacă vreți, puteți să le scrieți. Apoi puneți capăt rolului spunând: „Nu eşti sufletul meu, eşti Lena", iar Lena spune: „Nu sunt sufletul tău, sunt Lena". Acum Lena pune mâinile pe palmele Alinei şi-i transmite tot ce a acumulat în acest rol. Faceți schimb de roluri şi faceți exercițiul invers. Ați înțeles? Sunteți gata să începeți?

Fetele s-au împărțit pe perechi, Lena cu Jenia, iar Nastia cu Alina, şi-au început să discute cu sufletele lor. Timp de jumătate de oră camera s-a umplut de şuşoteli pline de bucurie. Sufletele căpătaseră glas şi abia aşteptau să-şi verse tot ce adunaseră până acum. Peste jumătate de oră toate s-au întors la masă cu obrajii îmbujorați şi pline de euforie.

– Nici nu ştiam că sufletul meu ştie aşa de multe despre mine! exclamă Alina. A spus că toată viața a visat să danseze, să recreeze imagini din diferite epoci, ca o călătorie în timp şi diferite temperamente, în căutarea lucrurilor care ți se potrivesc, pentru a te găsi pe tine însăți! Sufletul meu a dansat pe o scenă mică unde spectatoarele puteau să se alăture în orice moment dacă simțeau că vor asta. Apoi am discutat de ce le-a atras un anumit dans sau altul şi cum se poate ilustra în imaginea lor, cu ajutorul unor elemente din îmbrăcăminte, coafură sau o podoabă tipică acelei epoci. Dansul le-a ajutat să-şi identifice adevărata imagine. Parcă tot ce intuiam încă neclar dintotdeauna a prins acum formă.

– Şi mie mi se pare la fel, se alătură şi Lena. Acum în sfârşit înțeleg de ce am devenit director de resurse umane. Îmi place să aleg şi să educ oamenii, să sistematizez trainingul şi selecția şi să creez noi metode.

– Săracii bărbați, Lena, cu tine trebuie să treacă printr-un sistem de selecție foarte dur! Acum e clar de ce nu-l poți alege pe candidatul cel mai potrivit, râse Nastia. Uita aşa apare deformarea profesională.

– Da, însă deformarea profesională câteodată e necesară ca să nu facem greşeli. Iar sufletul meu vrea să strălucească în saloane literare, să poarte discuții filosofice, să discute despre poezie, muzică şi iubire. Ca salonul doamnei Recamier, unde vin politicieni, muzicieni, scriitori şi...

– ...Şi admiratorii tăi, întrerupse Jenia.

– Normal, aprobă Lena. Altfel cine să-mi facă complimente? Iar contactele nu-i vor strica nici carierei lui Ruslan. Că doar nu degeaba soțiile oamenilor renumiți organizau saloane unde se hotăra soarta lumii şi se discutau cele mai importante chestiuni la ordinea zilei.

– Dar cum rămâne cu orele de seducție? se întristă Nastia. Aş fi venit şi eu...

– Nu te teme, orele vor fi sub formă de jurnal al vieții mele, o linişti Lena pe Nastia. Dar ce vrea sufletețelul tău?

– Sufletețelul meu vrea să construiască zgârie-nori, își dădu Nastia ochii peste cap. Dar nu ca arhitect, ci în calitate de coordonator care adună echipa de investitori, arhitecți, constructori şi administrația oraşului.

– O să-ți iasă foarte bine, o susținu Nastia pe Alina. Tu numai asta vrei, să controlezi procesul.

– Încă din copilărie mi-a plăcut să desenez oraşe şi clădiri înalte. Uitasem complet, dar acum mi-am adus aminte. Poate ar trebui să fac arhitectură?

– Nu ştiu ce să zic cu arhitectura, am intervenit, dar sufletul nostru ştie de ce a venit pe lume, asta e sigur. De obicei, până la cinci ani ținem minte şi facem ce ne trage inima. Apoi, când creştem mari, începem să ascultăm sfaturile adulților, să ne luăm după ce e la modă, sau mergem la şcoala unde sunt prietenele noastre. Şi uităm de talentele noastre şi de-a ce ne jucam în copilărie, şi ce anume ne bucura nespus.

– Când eram mică făceam plăcinte de nisip şi hrăneam toate păpuşile, îşi aminti Jenia. Iar acum sufletul meu a declarat că toată viața a visat să facă cele mai gustoase plăcinte din lume şi să le ofere tuturor. Da, văd că m-am întors la mine când aveam cinci ani... De ce am irosit treizeci de ani din viață? De ce mi-a trebuit să fac contabilitate, nu înțeleg.

– Jenia, iar începi cu plăcintele, mă faci să mor de foame! zise Alina.

– Bine, putem merge la masă, am catadicsit să încuviințez eu. Data viitoare vorbim despre cum ne sunt date talentele pentru un scop înalt şi despre menirea noastră.

– Stai puțin, lasă prânzul, se revoltă Lena. Cum să-mi dau seama ce talent are bărbatul meu? Ruslan tot trece de la una la alta, nu e nici celebru, nici bogat, nici nu are nici o bucurie. Ce să fac ca să-l inspir, dacă el nu știe care sunt talentele lui și ce să facă cu ele?

– Și cu bărbatul procedăm la fel, am explicat. La început întrebăm ce cărți ar cumpăra, și ne uităm ce fel de cărți și reviste cumpără de obicei. Putem să facem cu el matricea talentelor și să-i întrebăm și pe prietenii lui. Apoi să vorbim cu el despre hotelul visurilor lui și facem meditația cu capodopera. În fine, intrăm în rolul sufletului și-i oferim ocazia de a-l asculta.

– Dar dacă descoperim ceva absolut neașteptat, ce ne facem atunci? Și facem cu ce am aflat acum?

Lena avea nevoie de răspunsuri concrete.

– Ce facem cu ce ați descoperit acum? am repetat întrebarea Lenei. E simplu. În următoarele 21 zile încercați să alocați măcar 15 minute pe zi ca să meditați și să visați, în comuniune cu sufletul vostru. Și încercați să găsiți simbolul talentului vostru.

– Cum adică? întrebă Alina.

– Adică pentru mine simbolul e o pană, am răspuns. Cu pana se poate scrie, simbolizează elementul Aer, adică cunoștințele, gândurile și descoperirile. Pentru mine pana are legătură cu aripile lui Pegas, calul înaripat din mitologia greacă, favoritul muzelor. Izvorul care apărut când a lovit cu copita în stâncă se numește Ippocren și se spune că poeții își sorbeau inspirația de acolo.

– Da, deci câteodată în anul Calului te poți naște nu doar ca animal de povară, ci și ca Pegas! observă Lena, amintindu-și anul nașterii mele.

– Absolut corect, noi decidem cine vrem să fim. Forța talentului exact în asta constă, atunci când ne aflăm în comuniune cu sufletul nostru chiar şi un cal obişnuit poate să devină Pegas. De aceea tema voastră este să puneți deoparte 15 minute în care vă aşezați, închideți ochii şi cu mâna pe inimă, expirând, întrebați: „Ce-ți doreşti tu, suflete? Ce-ai vrea să faci?" Observați imaginile care vă apar fără să le judecați, fără să le criticați, pur şi simplu, bucurați-vă de ele. Încercați să vedeți simbolul talentului vostru şi imaginea creației voastre, ce ați vrea să faceți. O să vorbim despre asta data viitoare.

Cum să-ți găsești rostul

– Cum a mers cu identificarea talentelor? Ați descoperit ceva nou? le-am întâmpinat pe prietene, deşi oricum se vedea că ard de nerăbdare să ne pună la curent cu ultimele evenimente.

– Prietenii şi clienții mi-au trimis atâtea texte pe telefon cu talentele pe care le am, că m-am mirat cum de nu mi-am dat seama că le am până acum! spuse Alina. Se pare că nu am doar un gust impecabil, dar că ştiu să-i ascult şi să-i sprijin pe ceilalți. Niciodată nu m-am gândit că ar fi un talent.

– Iar eu i-am descoperit lui Ruslan un talent nemaipomenit! declară Lena.

– Care? Care? ne-am interesat noi.

– Ştie să ajungă la un acord cu toată lumea indiferent de subiect! Şi menține legătura cu toată lumea.

– E un talent unic, şi cu ajutorul lui se pot realiza multe. Nu degeaba se spune: contactele rezolvă totul, am confirmat eu.

– Iar eu i-am chinuit pe toți cu plăcintele mele, râse Jenia. Bărbatul meu a pus vreo trei kilograme în plus și m-a rugat să nu le mai fac. Iar eu abia mi-am dat drumul. Tot visez la o rețea de cafenele cu cele mai bune plăcinte.

– Iar eu am început să desenez cincisprezece minute pe zi și îmi place. De mult n-am simțit o asemenea bucurie, adăugă Nastia.

– Acum important e să ne dăm seama ce putem face cu talentul nostru, cugetă Lena cu voce tare.

– Cu asta ne vom și ocupa. Vom investiga de ce ni s-a dat talentul nostru, am răspuns. Deja am vorbit despre suflet, care vine pe lume cu anumite talente latente, experiență și trăsături de caracter. Dar dacă omul nu înțelege de ce i s-a dat acest talent, vor rămâne mereu nerealizate, nedescoperite, necerute de lume și oameni.

– Dar e neapărat nevoie să existe o idee? Nu putem să ne bucurăm de viață și să descoperim ce ne așteaptă după colț? Să plutim în voie și să vedem unde ajungem? ripostă Alina.

– Se poate și așa, am răspuns, dar atunci nu te plânge dacă ajungi unde nu-ți convine.

– Și dacă după colț te așteaptă un crocodil cu gura deschisă? ironiză Lena.

– Da, se poate întâmpla ca după colț să nu fie numai lucruri bune. Pentru că atunci când nu creezi, ci doar consumi și iei cu japca, atunci te distrugi pe tine și tot ce te înconjoară. Începe să apară saturarea, pustietatea și depresia. De cele mai multe ori oamenii încearcă să umple golul cu alcool, narcotice, cumpărături, jocuri de noroc. Dar nimic nu ajută, viața devine tot mai lipsită de sens, cenușie și inutilă. Uluitor e că oamenilor nu le mai rămân nici puteri pentru trăi, apare senzația că toate puterile tale se scurg în neant.

– Da, un tablou cam sumbru! oftă Jenia. Iar eu nu puteam înțelege de ce oameni care aparent au tot decid să se sinucidă. S-ar părea că nu au decât să trăiască și să se bucure de viață... Și cum putem preveni asta?

– Ne căutăm ideea vieții noastre, am liniștit-o. Când omul are o idee pe care vrea să o pună în practică, să o realizeze, atunci îi revine energia vieții și creației. Ne putem imagina două poluri opuse: potențialul vostru și ideea voastră, ca minus și plus. Când apare polul opus se creează un curent electric, ca într-o baterie. Se formează un câmp care atrage în viața voastră banii, oamenii și cunoștințele ș.a.m.d. (fig. 12).

Iar dacă există numai potențialul, fără ideea aferentă se va risipi și nimeni nu va afla cât de mult vi s-a dat.

– Și de unde luăm ideea asta măreață? mă întrerupse Lena.

– În multe tradiții se consideră că ideea ni se oferă pe cale Divină. Ca o stea polară ne duce la punctul din spațiu unde se adună toată energia. Câteodată se spune că ideea e adusă de spiritul nostru și este lucrul pe care trebuie să-l punem în practică în viață. Spiritul nostru este această stea, substanța energetică prin care apare ideea.

Iar în fiecare viață ni se dă o singură idee grandioasă pe care trebuie să realizăm și astfel să avem experiența schimbării realității, aducerii unui lucru nou pe lume, experiența creației. De aceea scopul principal al omului este să învețe să-și materializeze ideile. În asta constă sensul vieții noastre, să căpătăm experiență creatoare. După cum spune Ruslan Sarkeev, Pământul este un atelier al demiurgilor, al creatorilor de lumi noi în Univers. Aici pe Pământ e locul unde omul se schimbă și schimbă lumea în care trăiește. Este calea pe care o parcurge sufletul nostru.

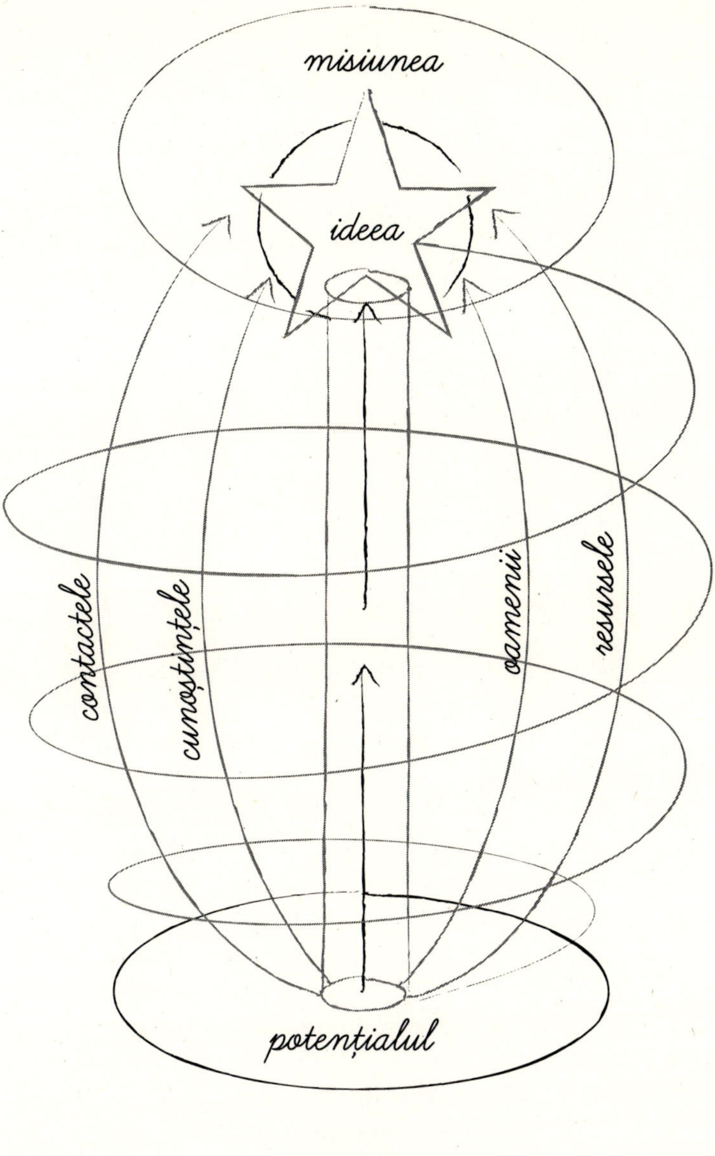

Fig. 12
De la potențial la idee

Când sufletul nostru se uneşte cu această stea (sau cu Duhul Sfânt, cum se spune în tradiţiile spirituale), atunci începem să simţim unde să mergem, ascultăm chemarea inimii. Dacă nu urmează steaua, omul aleargă în cerc, îşi iroseşte puterile, nu înţelege cine e şi de ce există. Dar dacă îşi găseşte steaua, dintr-odată viaţa capătă sens. Totul se aranjează, omul iese din cercul vicios şi începe să meargă în sus pe pâlnie în spirală. Pentru că spiritul e cel care poartă scopul vieţii, prin urmare atunci când ne urmăm misiunea suntem pe un drum spiritual. Ideea este un fel de prototip al viitorului pe care vrem să-l creăm nu doar pentru noi, dar şi pentru lume. Să ne ştim misiunea înseamnă să aflăm ce idee trebuie să realizăm în această lume.

– Seamănă cu identificarea misiunii aşa cum ne-au învăţat la şcoala de business, m-a întrerupt Nastia. Misiunea este ce vrem să lăsăm în urma noastră pe lume.

– Ai dreptate. În asta şi constă misiunea noastră, să întruchipăm ideea noastră măreaţă şi să o lăsăm aici. Fiecare dintre noi vine pe lume cu un scop pe care numai noi îl putem realiza.

De exemplu, misiunea Ecaterinei a II-a a fost să înalţe Rusia, misiunea lui Coco Chanel a fost emanciparea femeilor, iar a lui Gaudi a fost să construiască Sagrada Familia.

Pe măsură ce ne realizăm misiunea şi ne apropiem de ideea noastră legătură noastră cu Spiritul se intensifică. Fluxul de energie Divină creşte, se extinde, şi cel care e înăuntrul nostru, dar şi şi cel care vine către noi. Ideile noastre devin tot mai mărețe.

Repet, pentru că mi se pare foarte important. Fiecare dintre noi vine pe lume pentru a căpăta experienţa creaţiei, realizării ideilor, pentru a învăţa să transformăm ideile în ceva palpabil, să întruchipăm o nouă realitate şi să creăm în lumea în care trăim. Energia din interiorul nostru este energia viitorului. Cu cât suntem mai puternic legaţi de misiunea noastră, cu atât avem mai multă putere pentru a pune în practică ideea noastră. De aceea când suntem obsedaţi de o idee avem impresia că zburăm, ignorăm obstacolele şi „plutim pe aripile Spiritului".

Întorcându-ne la bani, numai când ne aflăm în comuniune cu principiul nostru suprem putem depăşi graniţele generaţionale şi putem ajunge mult mai sus decât limitele impuse de liniile materne şi paterne. Dacă în familia voastră toţi au trăit la acelaşi nivel financiar, atunci aceea este energia, limita care vă este dată. Deja veniţi cu scenariile şi programările generaţionale, temerile, visurile şi limitele. De aceea copiilor de părinţi bogaţi le este mai uşor să devină bogaţi decât copiilor oamenilor săraci. Dacă în familia voastră se vorbea frecvent de sume până la o mie de dolari, atunci aceasta e limita voastră, iar un venit de peste un milion de dolari pare ireal. Dar când sunteţi în comuniune cu misiunea voastră limitele dispar, iar universul începe să vă ofere resursele necesare, inclusiv cele financiare, pentru a vă îndeplini misiunea.

– M-ai convins, spuse Nastia. A mai rămas doar o nimica toată, să găsim ideea!

– Asta vom şi face! i-am dat eu curaj.

În căutarea misiunii

Luați o foaie de hârtie și scrieți din nou toate talentele pe care le-ați descoperit, aflate de la prieteni și cele despre care nu aveați o idee prea clară, dar le intuiați. Scrieți-le în partea de sus și încercuiți-le pe fiecare. Gata? Acum găsiți-vă o parteneră și dați-i lista. Închideți ochii și ascultați cum citește talentele voastre cu voce tare. La final partenera vă întreabă: „Ce poți face pe lumea asta datorită acestor talente? Numai tu, așa cum ești, cu toate imperfecțiunile și calitățile tale, cu experiența și cunoștințele tale unice?” Ascultați răspunsul care se naște înlăuntrul vostru, spuneți-l cu voce tare, iar partenera trebuie să-l scrie pe hârtie.

Au trecut douăzeci de minute în care prietenele mele s-au concentrat pe găsirea misiunii lor. În final au ridicat privirea și au început să vorbească toate aproape în același timp.

– Eu pot să creez frumusețe în oamenii din jur, se bucură Alina ca un copil. De asta vreau să creez un studio numit „Metamorfoze” unde voi da consultații de stil, dar și lecții de dans, ajutând femeile să se descopere pe sine. Mi-a venit în cap și că uneori ne e greu să ne schimbăm dintr-odată, dar dacă facem un costum ca pentru scenă, unul pe care nici nu ți-l puteai imagina, atunci schimbările vor fi firești și totul se va schimba și în viața reală.

– Și eu creez un spațiu pentru schimbare, păru uimită Nastia, dar în alt domeniu. Se pare că rolul meu nu este numai să conduc o companie, ci să ridic zgârie-nori ca cei din Moscow-City, pentru ca oamenii care ajung acolo să dorească să se schimbe și să aibă țeluri. Înțeleg acum de ce în America apare dorința de a fugi să faci ceva, zgârie-norii cu culmile lor îndreptate către cer îi inspiră pe oameni să se dezvolte.

– Da, o susţinu Lena pe Nastia, chiar îmi amintesc că am citit un studiu pe tema „Zgârie-norii ca simbol falic". Aşa că ai dreptate, poţi proiecta şi înălţa în toată lumea simboluri falice drept simboluri ale ţelurilor şi evoluţiei.

– O misiune care inspiră, spuse Nastia. Dar ţie ce ţi-a ieşit?

– Mie... Lena căzu pe gânduri, alegându-şi cuvintele. Mie mi-a ieşit că trebuie să construiesc sisteme de comunicare. Ştiţi, când am spus asta m-am surprins pe mine însumi: chiar aşa şi este! Toate talentele mele se învârt în jurul acestui concept.

– Iar eu n-am văzut nimic, doar ceva foarte neclar, ca o pată, şi nimic concret. Mie nu prea îmi ies vizualizările în general, spuse supărată Jenia. Talentele mele nu s-au aşezat într-un sistem şi nu mi-a venit nimic în cap. Ba chiar m-am simţit ca o proastă. Ce misiune pot să am care are de-a face cu plăcintele?

– Nu te supăra, am liniştit-o pe Jenia, mai avem încă un exerciţiu pentru asta.

Eram surprinsă că fetele şi-au găsit misiunea aşa de repede. De obicei oamenilor le iau şi ani întregi ca să înţeleagă ce talente deţin şi pentru ce.

– Vă propun exerciţiul „Firul de aur al evoluţiei", care ne ajută să înţelegem pe ce drum trebuie să mergeţi şi în ce constă misiunea voastră. Câteodată e greu să vezi steaua călăuzitoare, pentru că e blocată de zidul conştiinţei. Acesta e format din aşteptările părinţilor, din tendinţele modei, stereotipuri, grijile cotidiene, ce ne imaginăm că trebuie să facem pentru că ceilalţi aşteaptă asta din partea noastră. La unii oameni zidul se năruie numai cu câteva clipe înainte de moarte, când omul înțelege cu groază pentru ce venise pe lume, ce lucruri mărețe ar fi trebuit să facă şi înțelege că nu le-a îndeplinit.

EXERCIȚIUL „FIRUL DE AUR AL EVOLUȚIEI"

Apropiați-vă de un perete obișnuit și sprijiniți-vă de el cu ambele mâini, simțind cum din zona plexului solar iese un fir de energie. El vă leagă de perete și nu vă lasă să fiți liberi, vă ține în robia așteptărilor altora. Inspirați și când expirați cu putere desprindeți-vă de perete și imaginați-vă că firul ombilical se rupe. Desprinzându-vă de perete lăsați-vă în voia forței care vă învârte într-o parte sau alta. Când inerția rotirii se termină, opriți-vă și scuturați chingile cerințelor părinților care vă țin legați de pământ, nu vă lasă să vă luați zborul, vă împiedică să vă urmați drumul. Întâi cu piciorul drept, scuturați chingile neamului pe linie paternă, apoi cu piciorul stâng, scuturați chingile neamului pe linie maternă. Ridicați capul și imaginați-vă că în fața voastră se află un nor auriu sau steaua voastră. Inspirați, apucați din nor un fir auriu și îl puneți în mijlocul pieptului, unind sufletul cu spiritul. Simțiți că firul vă trage după el și faceți câțiva pași în direcția menirii voastre. Întrebați Universul „De ce a venit sufletul meu pe lume? Care este misiunea mea? Care e drumul meu?" Poate că steaua voastră începe să se transforme într-o imagine încă vagă a ideii pe care trebuie să o puneți în practică, sau poate că imaginea va fi foarte colorată. Oricum ar fi, mulțumiți Universului și încheiați exercițiul.

– Dacă ar fi aşa uşor, oamenii ar duce de mult o viață fericită şi împlinită, spuse Nastia. Dar cum îți dai seama că viziunea nu e doar jocul imaginaţiei tale bogate, ci este într-adevăr misiunea ta? Cum deosebeşti iluzia de realitate, fantezia stearpă de adevăratele visuri? Sunt destule exemple cu oameni care aleargă după un miraj, crezând sincer că asta e misiunea lor, ca apoi să fie dezamăgiţi şi să sfârşească băuţi la colţ de stradă.

– Ai dreptate, am spus. Câteodată e greu să distingem ce ni se năzare de lucrurile pe care trebuie să le facem. Dar putem apela la aluziile Universului. Timp de 21 de zile faceţi exerciţiul în fiecare dimineaţă şi ascultaţi cu atenţie răspunsurile Universului. În fiecare zi notaţi tot ce vă atrage atenţia. Tot ce vedeţi, auziţi, simţiţi, propoziţii citite care vă uimesc, imagini pe care le reţineţi, cuvintele spuse în treacăt de cineva, gândurile voastre, evenimentele. Poate că lângă voi cade o carte sau daţi peste un obiect, sau o reclamă vă face să vă gândiţi la ceva. Ţineţi minte cum în filmul „P.S. Te iubesc" lângă fata care e personajul principal cade un pantof şi ea înţelege brusc ce trebuie să facă?

Scrieţi fără să evaluaţi, doar ca să înregistraţi. Seara dedicaţi încă 15-20 minute ca să scrieţi ce lucruri importante s-au petrecut în timpul zilei. Alocaţi un carneţel special pentru asta, pe care să-l puteţi lua cu voi. Peste 21 zile puneţi deoparte două-trei ore şi recitiţi notiţele. Încercaţi să vedeţi şi să înţelegeţi ce vă spun sugestiile universului, ce le uneşte, ce trece ca un fir de aur şi vă călăuzeşte pe drumul vostru. Totodată, vedeţi ce s-a schimbat în voi şi în lumea înconjurătoare. Dacă simţiţi că aveţi mai multă energie şi bucurie, înţelegeţi mai bine încotro trebuie să mergeţi, atunci luaţi-o în acea direcţie. Dacă răspunsurile nu apar, nu sunt suficient de clare, ţineţi jurnalul încă 21 zile.

– Ce teme ne dai! se însufleţi Jenia. Abia aştept să încerc, dacă chiar primesc nişte răspunsuri.

Cum să înțelegem misiunea bărbatului

– Interesant ar fi să înțelegem şi misiunea bărbatului nostru, îşi aminti Lena de Ruslan. Că totuşi mă pregătesc să mă mărit cu el. Sau să nu mă mărit? El poate să-şi găsească misiunea singur?

– Culturile antice spun că femeia poate să vadă misiunea bărbatului ei mai bine decât el. Îi este mai uşor să primească informațiile datorită intuiției ei. Henrik Ibsen a scris aşa: „Femeia e cea mai puternică ființă din lume, îi este dat să vadă calea bărbatului, cea pe care Dumnezeu vrea ca el să o urmeze".

Acum o să facem exercițiul „Turnul căii de urmat", ca să vedem drumul bărbatului nostru şi ideea pe care trebuie să o pună în practică.

Când cuplurile se întâmplă să aibă aceeaşi misiune e o coincidență fericită, am adăugat. Atunci mergeți împreună către acelaşi vârf de munte, sprijinindu-vă şi ajutându-vă. Adesea oamenii merg fiecare către vârful lui şi pe urmă nu înțeleg de ce se simt aşa de singuri şi de izolați. Mulți se miră, privind de pe margine ce le mai trebuie. Au casă, bani din belşug, au de lucru, dar soții sunt ca nişte străini. Dacă misiunile nu coincid, relația se rezumă la rezolvarea problemelor cotidiene. Dar câteodată misiunile sunt complementare, iar atunci e important ca femeia să sprijine misiunea bărbatului ei.

– Dar e posibil să vedem şi misiunea bărbatului, dar şi încotro trebuie să mergem amândoi? Nastia abia aştepta să afle tot şi să primească o hartă concretă către viitorul luminos.

– Ridicați-vă! am ordonat în loc de a răspunde. O să căutăm calea pentru voi şi pentru bărbatul vostru.

EXERCIȚIUL „TURNUL CĂII DE URMAT"

Închidem ochii, inspirăm și când expirăm ne aflăm într-o poiană însorită. Vedeți un turn înalt, al cărui vârf e acoperit de nori. Intrați înăuntru, luați liftul și apăsați butonul etajului 107. Când ieșiți din lift urcați încă șaptesprezece trepte și ajungeți la etajul 108, unde se află platforma rotundă de observare. Vă concentrați atenția în zona celui de-al treilea ochi și vă imaginați o rază strălucitoare care luminează ca un proiector toate drumurile care duc în diferite direcții. Vedeți ce se găsește la capătul fiecărui drum. Ce se va întâmpla dacă bărbatul vostru se va ocupa de un anumit lucru sau de altul? Ce rezultat o să aibă? Ce idee trebuie să pună în practică? Când vedem sau simțim pe ce cale trebuie să apuce bărbatul vostru, coborâți cele șaptesprezece trepte, apoi luați liftul până la parter. Ieșiți din turn și-l vedeți pe bărbatul vostru, care vă așteaptă lângă turn. Îl luați de mână și-l duceți la calea la capătul căreia se găsește cel mai bun rezultat dintre toate. La începutul drumului vă plasați în stânga, luminându-i calea, dar nu-l mai conduceți, ci îl urmați. Faceți câțiva pași și ascultați-vă inima. Dacă simțiți bucurie și inspirație este calea potrivită. Inspirați și, când expirați, deschideți ochii.

– Ei, ați văzut? m-am adresat fetelor.

– Da, oftă Lena. Dar de ce ne-am pus în spatele bărbatului?

– După cum am spus, nu toți bărbații pot să-și vadă misiunea și aproape niciunul dintre ei nu poate să o pună în practică fără femeie. Sau pot, dar numai 20% din ce ar fi putut să facă cu ajutorul femeii. Femeia care stă în spatele lui întruchipează energia creatoare a Universului, care îl ajută pe bărbat să-şi realizeze visurile. Valentin Badrak scrie despre asta în cartea lui „Strategii ale femeilor geniale": „Fără îndoială, încă de la începuturi forța feminină flexibilă şi necuprinsă a fost menită să atingă armonia mult dorită, datorită căreia ideile fantastice ale bărbaților puternici au devenit realitate".

Bărbatul este principalul purtător al ideilor, iar femeia este energia care ajută aceste idei să fie puse în practică, să devină ceva material. De fapt femeia citeşte aceste idei, le culege din spațiu şi le traduce bărbatului. Cum spune Ruslan Sarkeev: „Când femeia alege un bărbat alege o idee pe care vrea şi poate să o materializeze, iar bărbatul când alege o femeie o alege pe cea care are suficientă energie pentru realizarea ideii lui". Bărbatul alege femeia care are suficientă energie pentru îndeplinirea misiunii lui. Bărbatul îşi alege calea, dar depinde de femeie cum merge pe acest drum, cât de uşoară şi fericită va fi trecerea prin viață, cât de repede merge. Există mai multe variante: poți să te târăşti sau poți să zbori. Femeia face ca drumul bărbatului să fie ca o plimbare plăcută sau ca drum al plângerii. Această cale de realizare a misiunii noastre mai este numit şi menire...

Deci ce ați reuşit să vedeți?

– Eu am văzut deodată că Igor face nişte fotografii fantastice cu zgârie-nori şi am văzut expoziția lui. Era aşa de frumos... Nastiei i se tăiase respirația de încântare. Acum ştiu unde mergem data viitoare, la Tokyo! Eu o să studiez cum se construiesc zgârie-norii, iar Igor o să-i fotografieze.

– Iar eu am văzut ce trebuie să fac cu plăcintele mele. Nici vorbă să deschid o cafenea, trebuie să-i învăț pe alții cum să le facă, să transmit cunoştințele mele şi cu ajutorul plăcintelor să unesc familiile. Mama mea tot timpul spune: „În casa unde miroase a plăcinte se adună îngerii". O să învăț lumea cum să facă plăcintele fermecate.

– Dar cum se leagă de misiunea soțului tău? întrebă nedumerită Lena.

– În nici un fel, dădu Jenia din umeri. Eu sunt fericită că din turn am văzut care e misiunea mea. Iar el poate să continue să se ocupe de construcții și reparații ca înainte. Poate nu toată lumea trebuie să aibă o misiune măreață și să lase o urmă în istoria omenirii? zise Jenia. Cineva trebuie să mai și muncească.

– Dacă în asta constă talentul lui, dacă aduce ceva special cu fiecare renovare, dacă îi face plăcere, atunci înseamnă că-și realizează misiunea. Iar în urma lor vor rămâne nu doar apartamente renovate, ci și niște inovații în domeniul construcțiilor.

– Dar misiunea bărbatului și femeii trebuie neapărat să coincidă? interveni Alina. Dacă întâlnesc un bărbat care nu face ce-mi place mie, sau lucrează în alt domeniu? De exemplu, la capătul drumului bărbatului meu am văzut un vapor uriaș și mi-am amintit că la un moment dat m-am întâlnit cu băiat care avea o agenție de turism. Poate că în mintea mea s-au legat toate și am văzut că misiunea lui e să facă un vapor pentru călătorii cum n-a mai existat. Dar eu ce să fac pe vaporul lui cu costumele mele?

– Tu poți să faci costume pentru spectacolele de pe vapor, am propus. Am fost odată într-o croazieră în Caraibe și acolo erau cinci spectacole în fiecare zi, cu niște costume fabuloase. Cineva trebuie să se ocupe de asta, de ce nu tu? Dar asta că veni vorba. Dar de fapt misiunile pot să nu coincidă, chiar dacă întotdeauna se găsește ceva în comun. Mult mai important e să-ți sprijini bărbatul și să crezi în misiunea lui. Iar dacă pe tine nu te inspiră ce face, sau, mai rău, dacă nu corespunde valorilor tale, atunci nici măcar nu merită să începi o relație. Nimic bun nu poate să iasă. Înainte nu înțelegeam de ce în timpul revoluției multe familii s-au destrămat din cauza ideologiei. Iar acum înțeleg: dacă nu crezi în ce face soțul tău, nimic nu te poate opri, nici banii, nici statutul, nici frica. Când trăieşti alături cu un om, tu ca femeie îl ajuți să-şi realizeze ideile cu energia, dragostea, confortul şi chiar şi numai prin prezența ta. Iar când înțelegi că ideea poate îi distruge pe alți oameni sau chiar lumea întreagă, atunci lucrul ăsta începe să te distrugă. Aşa că e minunat că voi ați văzut numai lucruri pozitive şi luminoase. Lena, dar tu ce ai văzut?

– Frumuşelul meu a făcut o mulțime de bani în politică şi a construit o casă uriaşă unde îmi organizez saloanele, se vedea cum Lena îşi intra în rolul de gazdă a unui salon din marea societate. M-a inspirat aşa de tare că acum chiar pot să mai rabd câțiva ani de sărăcie de dragul viitorului pe care l-am întrezărit, încheie ea.

– Lena, nu ne face să râdem! chicoti Jenia. Nu cred că e cazul să te temi de sărăcie, ai talent destul să atragi bani şi bărbați.

– Nu e talent, e energie sexuală, i-a amintit Lena de primele noastre întâlniri. Sper că în curând o să învățăm şi cum se poate spori.

– O să învățăm, am confirmat. Vom discuta asta din punctul de vedere al Iubitei, dar acum să revenim la subiecte mai elevate. Mă bucur că toate ați văzut unde trebuie să vă îndreptați şi voi, şi bărbații voştri. Iar acum vom face un exercițiu pentru ca şi în realitate să parcurgem drumul menirii, aşa cum ne călăuzeşte steaua noastră.

Desigur, în viață nu ştim întotdeauna în ce constă misiunea noastră, nu putem mereu să desluşim ideea noastră şi să înțelegem de ce am venim pe lumea asta. Dar suntem capabili să simțim cu inima dacă mergem în direcția corectă.

Pe calea menirii

Câteodată numai mergând pe drumul nostru începem să înțelegem unde ne duce. Uneori mai este numit şi calea menirii. Menirea este un mod de realizare a talentelor noastre şi de creație a lucrurilor necesare împlinirii misiunii noastre. Dacă misiunea este ceea ce lăsăm în urma noastră, menirea este cum ajungem acolo, mulțumită calităților şi talentelor pe care le avem. Menirea este ceea ce ni s-a dat să facem.

Marilyn Atkinson spune că e important să fim fideli drumului nostru şi atunci ni se va dezvălui treptat misiunea noastră şi marea noastră idee.

Când evaluăm de la 1 la 10 călătoria noastră putem înțelege unde ne aflăm (fig. 13).

La început când abia ne căutăm drumul (de la 1 la 3) avem îndoieli şi teama ne ține în chingi.

Ni se pare că acest drum e prea greu pentru noi, nu înțelegem unde mergem şi parcă păşim în întuneric, tot timpul încercând să ne întoarcem într-un loc unde putem fi în siguranță. Dar dacă continuăm să urmăm menirea noastră apare nivelul următor şi începe stadiul educației.

De la 3 la 6 facem greşeli, cădem şi ne ridicăm, deviem şi revenim la drumul nostru. Începem să vedem lumina şi să conştientizăm țelurile noastre. Credem din ce în ce mai mult în ce facem şi sunteți gata să faceți

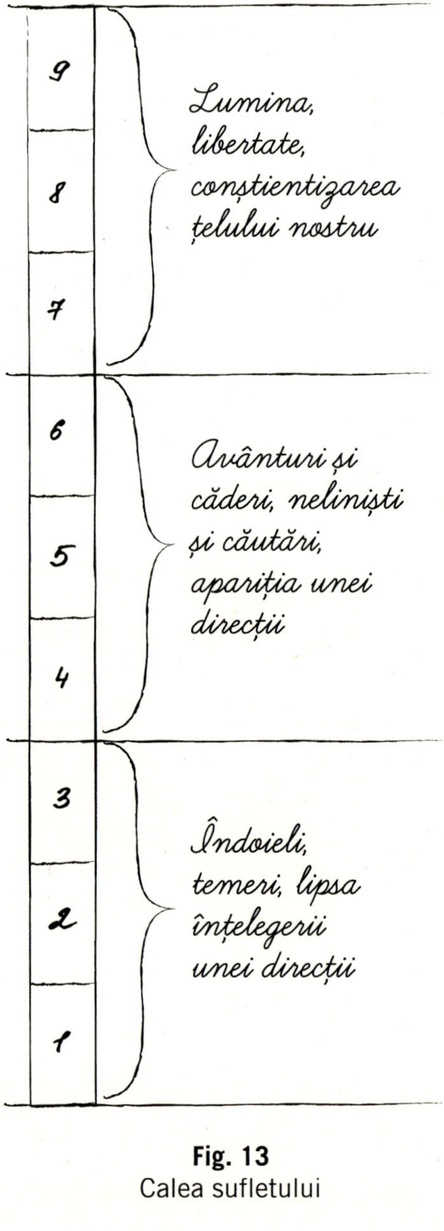

Fig. 13
Calea sufletului

asta nu numai pentru noi, dar şi de dragul altora. Dar procesul îndoielilor şi neliniştilor continuă, iar momentele luminoase alternează cu momente de disperare şi lipsă de credință.

De la 6 la 10 în sfârşit găsim legătura cu Divinitatea care ne conduce pe drumul nostru şi ne permitem să urmăm fără să ne mai luptăm cu noi înşine şi fără să ne mai îndoim. Ne iertăm greşelile, înțelegând acum că fac parte din educația noastră. Începem să prețuim unicitatea noastră şi unicitatea altora. Urmăm cursul vieții, fluxul menirii noastre şi primim tot ce se întâmplă ca un ajutor care ni se oferă pe calea noastră. Simțim o energie colosală Divină care ne pătrunde şi ne dă puteri nelimitate.

Iată criteriile conform cărora puteți determina încotro mergeți:

- ✓ plăcere
- ✓ claritate
- ✓ viteză
- ✓ imagine limpede a țelului
- ✓ evoluția în timp ce urmăm această cale

Iar acum, pentru a înțelege care este etapa în care vă aflați pe drumul vostru, formați din nou perechi. Marcați pe podea scara de la 1 la 10 (puteți pune foi de hârtie). Una dintre voi păşeşte pe scară pas cu pas şi spune ce-i trece prin cap, iar cealaltă notează tot. Scrieți toate cuvintele, sentimentele, gândurile care apar la fiecare pas, fără să le judecați sau să le comentați, fără să puneți întrebări, ci doar înregistrându-le. La începutul drumului încercați să vedeți ce vă aşteaptă la sfârşit, către ce mergeți. Dacă nu vedeți asta sau puneți la îndoială ce ați văzut, imaginați-vă un nor auriu sau o stea strălucitoare. Faceți primul pas și vorbiți. Iar când ajungeți la capăt faceți schimb de locuri cu partenera.

Fetele au format perechi și s-au răspândit în cameră. Fiecare mergea pe drumul ei și se vedea că le e greu să facă primii pași, dar cu fiecare pas umerii li se îndreptau, păreau mai încrezătoare și se mișcau din ce în ce mai repede. Odată cu ultimii pași se producea o metamorfoză magică, parcă în fiecare dintre ele ieșea soarele, le făcea să zâmbească larg, iar ochii le sclipeau de încântare. Ba chiar săltau pe loc, de parcă erau gata să-și ia zborul. Iat lucrurile pe care începuseră să le povestească corespundeau perfect acestei reacții.

– La mine e totul ca în viață, zise Nastia apăsat și arătă foaia pe care era scris cursiv în dreptul fiecărui punct:

Pasul 1. La ce-mi ajută asta?

Pasul 2. Pot să-ncerc, să văd ce iese. Ce-i drept, nimeni nu crede în asta sau în mine. Sunt singură.

Pasul 3. Cei apropiați mă sprijină.

Pasul 4. Caut oameni cu viziuni asemănătoare.

Pasul 5. Îmi iese!

Pasul 6. Și nici nu e greu. Ce mă tot chinuiam așa? Totul îmi iese.

Pasul 7. E interesant și ușor, simt că am sprijin.

Pasul 8. Calmul s-a instaurat, ținta e aproape.

Pasul 9. E ușor, stare de euforie.

Pasul 10. Ura! Super!

– Toate proiectele mele trec prin aceleași etape întotdeauna, adăugă Nastia. Dar în final am fost așa de calmă și totodată atât de extaziată că nu mă mai temeam de nimic. Eram gata pentru orice, numai să simt din nou senzația de exaltare care te cuprinde când îți pui în practică misiunea. Vă tot spuneam de zgârie-nori, dar în sinea mea mă temeam că m-am aruncat prea sus și că n-o să-mi iasă nimic. Dar acum am înțeles şi am simțit cu toate celulele din corp că atunci când mergi pe drumul care trebuie îți apare tot ce trebuie, şi oamenii, şi banii şi forța. Cum spuneai tu, apare un câmp al atracției când există vectorul care arată drumul.

– Ai dreptate, o susținu Jenia. Mie mi-a fost greu să fac fiecare pas, şi n-am fost aşa succintă ca tine, am umplut două foi. Aveam atâtea îndoieli, temeri, neîncredere în forțele proprii şi lipsa cunoştințelor necesare. Iar la început de drum m-am simțit aşa de singură, că mi se strângea inima de mila mea.

– Şi eu la fel, aprobă Alina. Până la pasul al treilea abia puteam să-mi mişc picioarele, îmi venea să renunț şi să fug. În viață aşa şi procedam de obicei, dacă apăreau greutăți, renunțam imediat sau treceam la altceva. Aşa că tot treceam de la un proiect la altul, fără duc nimic până la capăt. Dar acum văd că trebuie să mergem înainte, să nu ne lăsăm şi totul se urneşte din loc.

– Da, chiar aşa şi este, am explicat. La început de drum ne este greu, dar ne luptăm mai ales cu noi înşine, cu temerile noastre, cu îndoielile şi lipsa de încredere în noi. Iar forța şi energia o primim din interior. E vorba de relația pe care o avem cu noi înşine, ce ne este dat, ce trebuie să dezvoltăm pentru a căpăta puteri şi integritate. Am desenat o primă rotire a pâlniei (fig. 14), nivelul „Eu + eu". O să vorbim despre asta atunci când o să vorbim despre starea ce vreau, de ce mă tem, ce-mi iese, ce trebuie să învăț. Trebuie să ştim să ne propunem țeluri, să avem încredere în noi, să ne iubim şi să ne placă ce facem, să avem voință şi să fim decisive. Iar când ne continuăm drumul, ne urmăm steaua călăuzitoare, atunci prindem puteri şi suntem comuniune cu noi înşine, iar apoi devine mai uşor. Apar oamenii care sunt gata să ne sprijine, să creadă în ideile noastre. Apropiații noştri

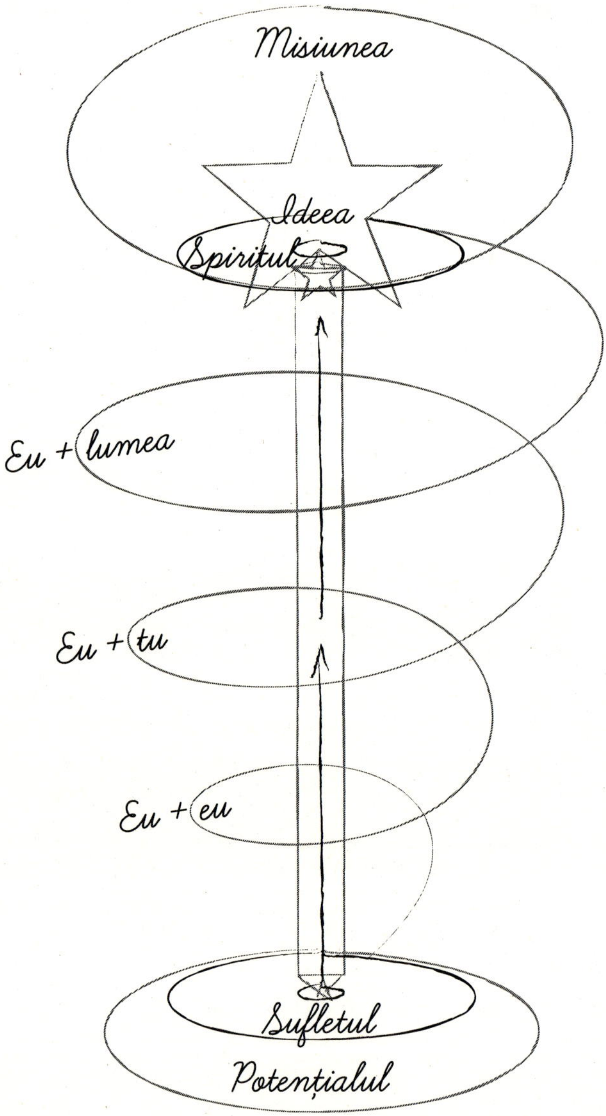

Fig. 14
Pâlnia evoluției

încep şi ei să creadă în noi, iar bărbații deodată încep să ne ajute.

–Da, câtă dreptate ai! mi se alătură Lena. Am observat în jurul meu că angajații erau însuflețiți, bărbatul meu era iubitor, musafirii erau recunoscători, şi toți mă aplaudau. Şi cu toate că au mai rămas în mine nişte gânduri care mă rod şi sentimentul că mai am multe de învățat şi de înțeles, deja apăruse o claritate despre direcția care trebuie urmată şi oamenii cu care se poate face treabă. Aş putea să mă aşez chiar acum şi să scriu planul de acțiune pe etape şi la drum!

– Planul de acțiune îl scriem mai târziu, când vorbim despre Regină. Dar acum spune pe cine ai văzut în rolul bărbatului? Pe Ruslan?

– Ce-i drept, nu m-am uitat prea atent, dar simțeam că e alături.

– Aşa se întâmplă când suntem conectați între noi şi conectați cu lucrul vieții noastre. În noi se aprinde o lumină interioară, am continuat să explic, se trezeşte o energie creatoare care atrage şi alți oameni, mai ales bărbații. Vă amintiți, bărbații urmează energia, iar femeia pasionată e plină de energie. Iar pe urmă se întâmplă aşa. Cam pe la jumătatea drumului începem să ne simțim singure şi începem să formăm relații cu alții. Am desenat al doilea nivel al pâlniei, „Eu + tu". E vorba de relații cu bărbații, dar şi cu părinții, colegii, copiii, cu cercul nostru de apropiați.

Adesea capacitatea noastră de a crea relații, dar nu pentru că depindem de ele, ci pentru că suntem întregi, integri şi avem chiar un surplus pe care putem să-l oferim altora, influențează dacă putem merge mai departe sau nu. Orice relație are un început, o evoluție, păstrare şi încheiere sau trecere în alt nivel al pâlniei. Iar dacă înțelegem ce se petrece cu relațiile în fiecare etapă putem să le facem mai fericite şi reuşite. Dar deocamdată e vorba numai de un cerc restrâns de adepţi!

– Îmi amintesc din şcoală! interveni Lena. „Cercul revoluţionarilor e strâmt şi sunt teribil de departe de popor”*.

– Şi în asta consta tragedia lor, am continuat. Nu ajunge să ajungi la o idee clară, să crezi în tine, să capeţi cunoştinţele necesare şi să înţelegi unde vrei să mergi şi ce vrei să creezi. Contează să prezinţi ideea Universului şi altor oameni, să găseşti pentru ea cuvintele şi imaginile potrivite pentru ca lumea să o accepte şi să o sprijine. Este al treilea nivel al pâlniei, relaţia cu lumea. Am desenat a treia rotirea a pâlniei, „eu + lumea”. Aici ne realizăm creaţia, o prezentăm lumii, ne extindem influenţa. Şi atunci primim totul din partea Universului, şi recunoaştere, şi putere, şi bani, şi dezvoltare.

– O, da! spuse Alina visătoare. Când am făcut ultimii trei paşi aveam senzaţia că deja mă aflu într-un viitor minunat. Şi arăta ca o imagine holografică. Mă aflam într-o lume nouă, iar în mine era o asemenea forţă şi o bucurie calmă!.. Cu cât mergeam mai departe, cu atât creşteam, păream mai mare şi eram înconjurată de mai şi mai mulţi oameni... Deja nu mai pot de fericire că am făcut ce trebuia să fac!

– Da, aşa e, interveni Nastia. Şi pe mine m-a convins. În pofida scepticismului meu, am văzut cum se transformă Pământul, câţi oameni fericiţi şi recunoscători sunt în jur, cum se schimbă şi cum trec prin mine nişte curente în toate culorile curcubeului.

– Şi mai ales îţi vine să le spui şi altora, să le spui tuturor despre ce vezi? se alătură şi Jenia, deschizând braţele. De parcă îţi dăruieşti o parte din suflet, iar el

* Citat din V.I. Lenin, devenit expresie ironică folosită la adresa oricărei clase conducătoare. (N.t.)

crește în loc să scadă... Da, e bine să visăm, dar cum transformăm toate astea în realitate? Și cum facem ca lumina asta aurie care se revarsă peste noi să devină o ploaie de monede de aur, asta e întrebarea!

– Jenia, ce materialistă ești, se amestecă și Alina. Nu toată lumea vrea bani. De exemplu, Perelman* chiar a și refuzat un milion de dolari. Pur și simplu pentru că pentru el a contat mai mult să rezolve problema.

– Dar putem afla ce ne face să ne îndreptăm către țelul nostru, urmându-ne drumul? își rosti Nastia gândurile cu voce tare. În cazul ăsta l-aș putea inspira pe soțul meu să aibă o expoziție, iar eu m-aș apuca și mai repede să învăț cât mai multe despre zgârie-nori.

– Putem afla, am răspuns. Ne motivează dezvoltarea personală, banii, faima, puterea ș.a.m.d., deși dincolo de toate se află dorința noastră de a primi iubire. Iar motivația concretă a fiecăruia depinde de profilul nostru psihologic, de altfel ca și tot ce vrem să obținem în viață. Dacă ar fi clasificăm oamenii pornind de la misiunea lor, am avea patru mari categorii:

cei care vor să lase în urma lor legile și ordinea lor, de obicei vor să creeze imperii;

cei care vor să lase în urmă o descoperire, să creeze ceva nou;

cei care vor să lase o capodoperă în urma lor;

cei care vor să lase o moștenire materială în urmă: case, obiecte de artă, conturi bancare.

La întâlnirea următoare o să vorbim despre profilurile noastre psihologice și cele ale bărbaților noștri,

---

* G. Y. Perelman (n. 1966) – matematician rus, primul care a reușit să demonstreze ipoteza lui Poincaré, considerată una dintre „problemele mileniului". Perelman a refuzat câteva dintre premiile care i s-au acordat, inclusiv premiul Institutului de Matematică Clay (U.S.A.) în valoare de un milion de dolari. (N.red.)

despre ce aspirații avem şi ce ne motivează să ne urmăm drumul.

– Dar există şi oameni care care nu vor să obțină nimic şi nu au nevoie de nimic? întrebă Alina. Mie mi se pare că văd destui în jurul meu.

– Ei pur şi simplu nu şi-au găsit încă steaua fericirii lor. Aşa că noi ne aflăm acum în pragul unor schimbări globale, „de la societatea de consum la societatea aspirațiilor".

Planul pentru întreaga lună

Tema voastră pentru luna asta este să înțelegeți dacă viziunea misiunii voastre e cea corectă, dacă nu este doar o iluzie. Iar pentru asta trebuie să faceți:

1. Dimineața, exercițiul „Firul de aur al evoluției" timp de 21 zile, întrebând Universul care este misiunea voastră.
2. În fiecare zi notați toate semnele care vi se arată legate de întrebarea voastră, iar peste 21 de zile analizați-le.
3. Ajutați-l pe bărbatul vostru să-și vadă misiunea.

– Aştept cu nerăbdare descoperirile şi revelațiile voastre, le-am spus fetelor în încheiere.

LUNA

4

Cine e bărbatul tău?

Motivația lui

– Cum a trecut luna asta? Ați reușit să vedeți misiunea bărbaților voștri?

Fetele veniseră la mine acasă.

– Nu doar că i-am văzut misiunea, dar l-am și întâlnit. Alina nici nu putea să stea pe scaun de nerăbdare, abia aștepta să ne spună ce s-a întâmplat. Țineți minte că v-am spus de băiatul cu agenția de turism? Mi-a scris pe Facebook și ne-am întâlnit. A venit așa obosit, tras la față, în costum închis la culoare, ce să mai spunem, sobru... Iar eu sclipeam, pluteam și inspiram de-a dreptul!.. L-am întrebat în treacăt de vaporul alb de croazieră și aproape a căzut de pe scaun. M-a apucat de mâini și mi-a spus: „Toată viața am visat să călătoresc pe un vapor uriaș, dar nici nu mi-a trecut prin cap să cumpăr unul. Iar acum parcă m-a trăsnit, acum știu ce vreau: un vapor alb și pe tine!" Alina a spus toate astea parcă dintr-o suflare.

– Și tu ce-ai spus? Jenia abia aștepta să afle continuarea.

– Am spus că o să fac costumele, o să decorez interiorul, o să deschid și un studio de dans și o agenție de imagine. Acum ne vedem în fiecare zi și analizăm toate astea. Nici nu mă așteptam ca totul să se întâmple așa de repede.

– Dar el are bani să cumpere vapoare albe? Ca de obicei, Nastia ne întoarse cu picioarele pe pământ.

– Bani are, dădu Alina din umeri, dar nu ajung pentru un vapor deocamdată. Dar acum vreau să-l ajut pe el, dar şi pe mine să ne îndeplinim dorința şi să atragem câteva milioane de dolari pentru proiectul nostru. Încercarea moarte n-are.

– Aici sunt de acord cu tine, o susținu Nastia. Şi eu i-am descris lui Igor frumusețea de proiect cu „Zgârie-nori", şi expozițiile lui personale de fotografie în toată lumea... Aşa e de entuziasmat că deja face planuri pentru un drum la Tokyo şi cumpără obiective noi pentru aparatul foto.

– Despre planuri o să vorbim data viitoare, am calmat un pic entuziasmul Nastiei. Dar e minunat că bărbatul tău deja face planuri. Înseamnă că i-ai văzut corect misiunea şi ai înțeles motivația lui. De asta o să ne şi ocupăm azi.

– Dar pe Serghei al meu se pare că nimic nu-l poate convinge să se ridice de pe canapea, se întristă Jenia. I-am tot spus despre noi descoperiri în construcții, noi metode de renovare, iar el nimic, zice că şi aşa merge. Se pare că la mine e un caz disperat.

– Bărbatul rămâne pe canapea numai în două cazuri. În primul nu are încotro să se îndrepte. Atunci trebuie să-i descriem o imagine cu viitorul luminos care să-l inspire pe el să pornească, dar înțelegând care e motivația lui. Povestea „viitorului" o s-o scriem la cursul despre starea Reginei. Iar a doua cauză pentru care îndrăgeşte canapeaua e energia insuficientă. Despre cum să-i dăm mai multă energie bărbatului o să vorbim la cursul despre starea Iubitei.

– Aşa vreau să vă spun totul într-o clipă! Lena nici ea nu mai avea răbdare, trebuia să ne spună ce s-a întâmplat în decursul lunii trecute. Am vorbit cu Ruslan despre țelurile lui mari, dar în afară de dorința de a lăsa moștenire o casă enormă la malul mării copiilor, care, dacă observați, nu există nici măcar în planuri încă, n-am reușit să scot nimic de la el. Așa că deocamdată nu știu ce să fac, cum să-l inspir?

– Exact în direcția asta, am liniștit-o eu. Când soțul visează să lase o moștenire, asta spune multe. E clar cărui tip psihologic îi aparține.

– Hai să ne uităm odată la tipurile tale psihologice! Abia aștept să aflu unde se încadrează și la ce pot să mă aștept de la el.

– Nu sunt tipurile mele, ci ale lui Jung, am început eu. El a identificat patru funcții psihologice ale omului. Două se referă la cum evaluăm și percepem lumea, iar celelalte două la cum luăm decizii.

Am desenat un cerc pe tablă (fig. 15) pe care l-am văzut la E. S. Filatova, în cartea ei „Personalitatea în oglinda socionică", și l-am completat cu cunoștințele mele.

Primele două funcții, S și N, se referă la cum percepem informația, iar celelalte două, F și T, la cum luăm decizii.

Percepțiile, senzorialul se notează cu S (sensory), iar intuiția cu N (intuition).

Pentru a înțelege care dintre funcții este predominantă încercați să răspundeți la următoarele întrebări:

1. Observați mai degrabă detalii sau vedeți imaginea în întregime?
2. Când învățați pentru examene foloseați un manual sau mai multe? Citiți numai o carte sau mai multe concomitent?
3. Țineți minte nume și parole, recunoașteți fețele oamenilor?
4. Vă place ordinea sau preferați haosul creator?

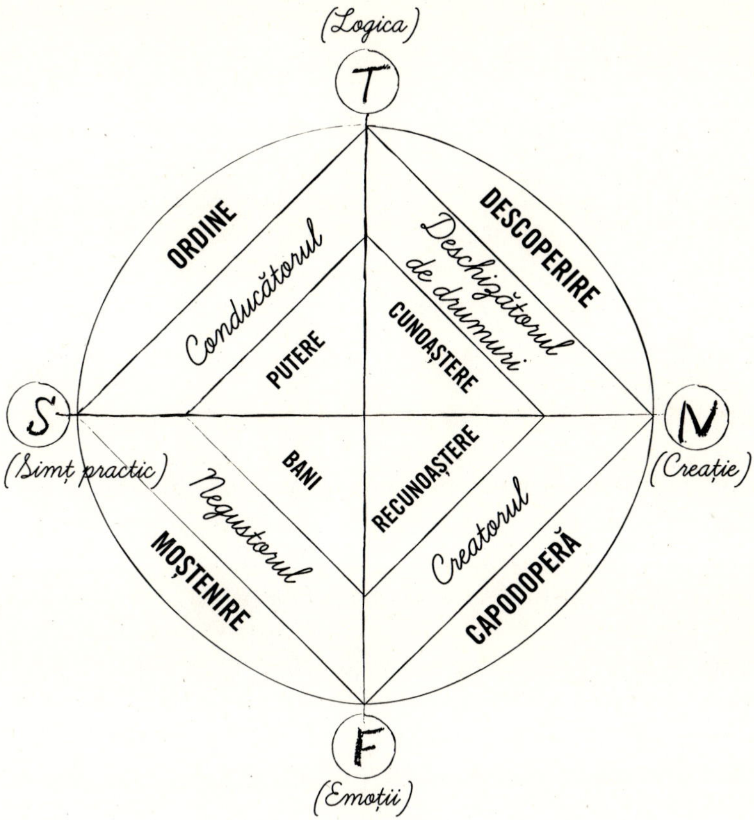

Fig. 15
Tipurile psihologice masculine

5. La întrebare Cât e ceasul răspundeți exact sau aproximativ?

Funcția senzorială (elementul Pământ) conferă simțul practic, talentul de a remarca detalii și a trăi în prezent, în moment. Pentru acești oameni e important cine? unde? când? ce? cât? Oamenii cu o funcție puternică a Pământului preferă să se ocupe de un singur lucru, să citească o singură carte, să se concentreze pe ceva anume. Se țin de cuvânt și au încredere de sine. În conversații preferă să discute un subiect, nu sar de la una la alta. Au mâini de aur, pot să facă orice lucru concret, dar nu le place să viseze cu ochii deschiși. Preferă fapte, cifre și lucruri concrete. Când sunt întrebați cât e ceasul răspund cu precizie: patru și cincisprezece minute. Citesc reviste și cărți începând cu prima pagină. Notează și analizează cheltuielile. Sunt destul de zgârciți. De regulă țin hârtiile și dulapurile în ordine perfectă. Eu mă minunez ce ordonate sunt poșetele femeilor senzoriale. Oricât m-aș strădui, la mine în geantă oricum apar hârtiuțe, monede și diverse mărunțișuri. Mai pot fi recunoscuți pentru că strâng farfuriile după ce mănâncă și spală ceștile, am adăugat.

– Ceștile, asta încă nu-i nimic! interveni Alina. Acum am înțeles ceva despre un fost iubit. Imaginați-vă: noaptea, în toiul pasiunii, îmi smulge rochia de pe mine și... Alina tăcu foarte semnificativ... o întoarce pe față, o împăturește și o pune frumos pe scaun!

– Tipic, am confirmat, în timp ce toate râdeau. Așa că acum puteți afla dacă funcția asta se manifestă la bărbatul vostru și mai ales la voi.

– Da, asta-s eu, oftă Jenia. Ce-i drept, și eu fac dezordine câteodată, dar mă scoate din minți când o face altcineva.

– Da, cam aşa sunt senzorialii. Ştiţi cum se spune, „ce poate face Jupiter, nu are voie taurul”.

– Şi eu, se recunoscu şi Nastia. Mi-am amintit o glumă despre bărbaţi „Cam dezordine aici”. Nici mie nu-mi place când e cam dezordine. Dar acum înţeleg ce e cu şosetele bărbăteşti aruncate prin tot apartamentul. Igor sigur nu e senzorial. La el nu vei vedea ordine şi punctualitate.

– Iar eu nu înţelegeam cum reuşeşti să rămâi aşa de impecabil aranjată cât e ziua de lungă, zise Alina. Acum e clar, nici nu e nevoie să mă uit în geanta ta.

– Dacă vrei, poţi să te uiţi, spuse Nastia. Ştiu precis unde e fiecare lucru.

– Iar noi suntem intuitive? Lena nu mai avea răbdare să afle ce tip este.

– Da, am confirmat eu. **Intuitivii** sunt mai creativi. Intuiţia are legătură cu elementul Foc. Ea îi permite omului să vadă posibilităţile şi imaginea completă. Aceşti oameni sunt atraşi de idei, teorii şi fantezii. Intuitivul citeşte câteva cărţi simultan şi se ocupă de mai multe lucruri concomitent. Are tendinţa să se îndoiască, e distrat şi se afundă în propriile proiecte. În conversaţie sare de la un subiect la altul, pentru că în timpul discuţiei îi vine o idee nouă sau se gândeşte la ceva. Trăieşte mai mult în viitor decât în prezent. La întrebarea cât e ceasul? va spune cinci şi ceva sau e timpul să mergem. Citeşte reviste şi cărţi începând de la orice pagină aleasă la întâmplare. Preferă să planifice unde să investească banii decât să analizeze cum a cheltuit ce-a avut. Intuitivii sunt generoşi.

– De acord, totul mi se potriveşte, exclamă Alina. Iar Vadik e senzorial. Când ne-am întâlnit mi-a amintit cum se numeau toate cafenelele la care mergeam când eram studenţi.

– Nu prea sunt de acord cu tot, strâmbă din nas Lena. Putem fi şi unul, şi celălalt?

– Bineînțeles, avem şi părți senzoriale, şi intuiție, am răspuns, doar că la fiecare dintre noi diferă în ce măsură. Jung spunea că una dintre funcții este totuşi predominantă, iar a doua trebuie dezvoltată în decursul vieții.

Priviți din nou la tabel:

Senzoriali	Intuitivi
Observă detaliile	Văd imaginea completă
Citesc o carte de la început la sfârșit	Citesc câteva cărți concomitent, încep de la orice pagină
Rețin nume, denumiri, date	Rețin fețe și imagini
Ordonați	Preferă dezordinea creatoare
Spun precis cât este ceasul	Spun aproximativ cât e ceasul

– A doua funcție determină cum luăm decizii, dacă ne bazăm pe logică sau pe emoții. T (thinking) semnifică funcția logică, F (feeling), funcția emoțiilor, am continuat. Pentru a înțelege ce funcție predomină încercați să răspundeți la următoarele întrebări.

Când vi se spune ceva auziți ce (informația) sau cum (intonația)?

Când luați decizii contează cum e mai bine să procedați sau faceți cum simțiți?

Când vi se spune să mutați masa ce întrebare vreți să puneți?

Țineți legătura cu mulți oameni (colegi de clasă, de universitate, foști colegi) sau vă vedeți numai cu cei cu care lucrați împreună?

Când povestiți ceva cuiva preferați să spuneți ce ați aflat sau înțeles, sau ce ați simțit?

– Ați răspuns? le-am întrebat pe fete. Ce v-a ieșit?

– Eu sunt logică sută la sută, oricum era clar, răspunse Nastia imediat. Întotdeauna discut în contradictoriu cu directorul nostru financiar. El întreabă cât trebuie să alocăm pentru trainingul angajaților. Eu întreb Cât ar fi corect?, el îmi spune: Dar tu cum simți? Ca o discuție între orbi și surzi.

– Iar eu întotdeauna aud intonațiile, se alătură Alina, și din cauza asta mă supăr de foarte multe ori. Gluma asta e despre mine, o știți? Un tip se duce la chioșc după bere și vede o notiță: Nu avem bere. Începe să spună indignat: Își bat joc! Nu puteau scrie omenește: Nu avem bere, ei scriu Nu avem bee-re, Nu avem bee-re, interpretă Alina rolul tipului revoltat.

Am râs cu toatele.

– Iar eu și acum mă întâlnesc și corespondez cu toată lumea, zâmbi Jenia. Ba chiar am o prietenă de la grădiniță. Rețelele sociale au fost făcute pentru oameni ca noi.

– Iar eu nici acum nu știu unde mă potrivesc, se încruntă Lena. Poate ne dai și informațiile despre logici și emoționali?

– **Funcția logicii...** am intrat în descriere. Când la oameni predomină logica, sau elementul Aer, aceștia tind să caute regulile şi legăturile latente. Le place să sistematizeze informaţiile şi ideile. Pentru a lua o decizie le trebuie date şi bun-simţ. Dacă au argumente în favoarea acţiunii, nu le pasă dacă ofensează pe cineva. Pentru ei contează ce e corect, nu şi dacă face plăcere cuiva. Aud ce se vorbeşte, dar nu şi cum, fără să remarce tonul sau emoţiile. E mai important să rezolve o problemă decât să păstreze o relaţie. Nu fac niciodată complimente nejustificate, îi evaluează obiectiv pe ceilalţi, nu le place să discute viaţa personală a altora.

– Exact aşa, dau pe cineva afară fără să-mi dea lacrimile, căzu Lena de acord, şi mă supăr când mi se se spune cum o să sufere un angajat dacă nu primeşte un bonus. Dar dacă nu şi-a făcut planul la timp, asta nu deranjează pe nimeni. Mereu uit să felicit pe toată lumea cu ocazia zilei de naştere, şi nu mă interesează deloc cine cu cine s-a căsătorit sau de cine a divorţat.

– Da. Unei persoane logice îi este greu să opereze cu emoţiile. Oamenilor li se pare că e dur şi lipsit de suflet, iar lui i se pare că ceilalţi sunt nişte plângăcioşi şi isterici. Dar totul depinde de măsura în care se manifestă.

Funcţia emoţiilor, sau elementul Apă, conferă oamenilor capacitatea emoţională, darul comunicării şi convingerii. Pentru aceşti oameni contează mai mult relaţiile bune decât acţiunile corecte. Adesea iau decizii bazate pe sentimente, simpatii şi antipatii, dar încercând totodată să nu supere pe nimeni. Toate ideile sunt evaluate emoţional, dacă plac sau nu. Pot să simtă perfect toate nuanţele stării de spirit a celor din jur, intuiesc sentimentele şi relaţiile din spatele cuvintelor, ceea ce le permite să se adapteze la oamenii din jur. Întotdeauna sunt gata să susţină, să asculte, să împărtăşească gândurile. Le place să le facă complimente altora.

Răspunsuri

1. Cei care ascultă informația aparțin elementului Aer, cei care sunt atenți la intonație aparțin elementului Apă.

2. „De regulă" - elementul Aer, „cum simt" - elementul Apă.

3. La propunerea de a muta masa logicienii întreabă „De ce?", emoționalii „Unde?" sau „Cu cine?".

4. Emoționalii sunt prieteni cu toată lumea, logicienii numai cu cei care sunt alături în prezent.

5. De obicei oamenii care povestesc despre ce au aflat sunt logicieni, iar cei care povestesc despre ce au simțit sunt emoționali.

Logicieni	Emoționali
Aud informația	Aud intonația
Iau decizii „așa cum e corect"	Iau decizii „așa cum simt"
De obicei întreabă „De ce?"	De obicei întreabă „Unde?" sau „Cu cine?"
Au prieteni numai printre colegi	Mențin legătura cu toți colegii de școală, universitate etc.
Povestesc ce au aflat	Povestesc ce au simțit

– Chiar azi o să-i propun lui Ruslan să mute masa, deşi parcă îl aud cum spune „Unde?”, îşi promise Lena cu voce tare.

– Iar mie tot nu mi-e foarte clar unde se încadrează Serghei, spuse gânditoare Jenia.

– Acum o să vedem cum se îmbină funcţiile şi multe lucruri vor deveni mai limpezi, am explicat. Îmbinarea a două funcţii formează tipul psihologic al omului şi influenţează posibilităţile şi preferinţele lui. Două elemente predominante determină laturile puternice ale omului, potenţialul, sfera lui de interese unde se pot dezvolta talentele în mod optim. Două alte funcţii ne ajută să înţelegem ce alte calităţi mai trebuie să dezvolte pentru a fi complet. Femeii îi este mai uşor să vadă cărui tip psihologic îi aparţine bărbatul ei şi în ce sferă trebuie să-şi aplice talentul.

Tipul psihologic al conducătorilor

Pentru aceşti bărbaţi şi femei lucrul cel mai important e puterea şi ordinea. Sunt parcă făcuţi pentru a conduce, totul li se organizează în cap în structuri bine definite şi algoritmuri. Sentimentele nu îi interesează. Totul trebuie să fie concret, clar şi aplicabil.

Sunt foarte siguri pe ei, de regulă au un corp compact, tunşi scurt sau chiar periuţă. Femeile care aparţin acestui tip psihologic adoră costumele sobre şi o siluetă bine definită. Pentru ele contează mai mult dacă un lucru e impozant, decât preţul lui. De regulă bărbaţii preferă costumele cusute la comandă, cu monogramă, sau uniforma militară. Pot fi recunoscuţi după cămăşile călcate, extrem de curate şi colecția de cravate. Toți bărbații şi femeile care aparțin acestui tip sunt ordonați şi atenți la detalii.

La ei simțul practic se îmbină cu o logică impecabilă. Sunt conducători înnăscuți, lideri, politicieni, militari şi oameni care preferă ierarhia.

– Asta sunt eu, se recunoscu în sfârşit Nastia.

– Da, tu eşti. Iar ca reprezentantă al acestui tip psihologic, poți să ne spui ce contează cel mai mult pentru tine, ce te motivează?

– Puterea! Nastia pronunță cuvântul cu plăcere, apăsat.

– Ai dreptate, oamenii ca tine sunt atraşi de putere mai mult decât de orice altceva, iar de dragul ei sunt gata de orice. Cum vi se pare, ce vor ei să lase în urmă?

Fetele au enumerat diferite variante:

– Regulile şi legile lor proprii. Un imperiu, chiar dacă e la nivel de cătun sau global. Vor să construiască un nou sistem pentru a conduce o uzină sau o armată.

– Exact, spuse Nastia, eu chiar nu înțeleg cum să nu vrei să-ți dai numele unei legi.

– Dar ce personalități istorice aparțin acestui tip psihologic? întrebă Lena.

– Petru cel Mare, Jukov, preşedintele nostru, am răspuns.

– Şi ce fel de femei le trebuie? Alina decise să se înarmeze cu toate informațiile necesare.

– În femei caută emoțiile şi pasiunea, am continuat, au nevoie de gingăşia şi admirația Fetiței şi de inventivitatea şi senzualitatea Iubitei. Dacă vorbim despre stilul lor, e vorba de domnişoare romantice cu părul ondulat, care privesc cu admirație la bărbați, ființe fără apărare, care au nevoie de ajutor. Aceşti bărbați de obicei vă rezolvă problemele şi se fac remarcați prin fapte, nu prin vorbe. Dacă vreți să atrageți un bărbat de acest tip, atunci când sunteți într-o situație dificilă dați-i voie să devină salvatorul vostru. Aceştia sunt bărbați-cuceritori, le place să cucerească noi teritorii, dar şi noi femei.

– Mai multe detalii, te rog, reacționă Alina. Pe mine mă atrag asemenea bărbați. Dar şi Vadim se potriveşte. Bărbați care dețin puterea şi sunt puternici! Dar, după cum se pare, şi afemeiați.

– E un efect secundar, am observat. Ori accepți asta, ori n-ai de ce să te îndrăgosteşti de ei. Faptul că se uită la alte femei nu înseamnă că schimbă soțiile. De obicei sunt foarte conservatori. Chiar dacă au amante, sunt foarte discreți. Sunt nişte agenți secreți înnăscuți, nimeni nu va şti nimic.

– Hm, m-ai liniştit! zise Alina. Dar fără amante nu se poate?

– Se poate dacă le menții mereu interesul şi păstrezi prospețimea relației, am spus.

– Dar o să-mi fie oare bine cu un astfel de bărbat? Dacă îmi manifest creativitatea şi emoțiile? nu se putea opri Alina.

– Da, o să înveți de la el cum să acorzi atenție detaliilor şi să iei decizii. Mai exact, îi vei permite bărbatului să aibă grijă de tine şi să-ți rezolve problemele, să planifice şi să organizeze viața voastră, iar tu nu ai decât să pluteşti şi să străluceşti.

– Bine, se milostivi Alina, o să-i dau lui Vadim o şansă să mă cucerească, şi pe urmă văd eu.

– În asta şi constă înțelepciunea găsirii jumătății noastre, am explicat. În cineva se manifestă exact ce lipseşte altuia. Când doi asemenea oameni se întâlnesc şi încep să trăiască împreună, devin mai puternici, se învață şi se dezvoltă reciproc. Ne arătăm unul altuia direcția în care trebuie să ne dezvoltăm. Opusurile se atrag şi formează un nou întreg. Putem să nu fim de acord cu asta, să nu acceptăm sau să irite, dar dacă aveți noroc și întâlniți persoana care vă completează, energia voastră va crește de sute de ori. Și acest lucru se va reflecta imediat la nivelul venitului vostru. O cunoscută de-a mea mi-a spus că înainte de a-l întâlni pe bărbatul ei câștiga în jur de 1.000 dolari pe lună și el era cam tot pe-acolo. Dar după șase luni de idilă pasională și fulgerătoare venitul ei a atins până la 100.000 dolari pe lună. Și al lui la fel!

– Ce povestești tu e cam greu de crezut, oftă Jenia. S-au întâlnit și imediat s-a schimbat totul.

– E o poveste adevărată, așa funcționează legea conservării energiei. Am spus doar că banii sunt o energie a schimbului. Dacă devii mai puternică energetic când îl întâlnești pe bărbatul vieții tale, consecința este că ai și mai mulți bani. Există un film minunat, „Fata de pe pod"*, unde se vorbește exact despre asta. Atunci când oamenii sunt dintr-odată împreună, se întâmplă o minune și fiecare dintre ei poate mult mai mult decât atunci când este singur. Dragostea adevărată și relațiile potrivite ajută oamenii să își dezvăluie potențialul la maxim, să se apropie de Eul lor ideal, de realizarea talentului și calităților care sunt în stare incipientă. Mai târziu vom vorbi despre asta, despre cum ne putem extinde toate granițele, ale noastre și ale bărbatului nostru, la nivel sexual, emoțional, fizic și intelectual.

– Dar eu m-am identificat pe mine, se bucură Nastia. Ce bărbat îmi trebuie mie, dacă eu aparțin acestui tip psihologic? Unul ca Alina? se îngrozi ea.

– Da, îți trebuie un creator, și nu e nimic de speriat în asta. Numai cu el poți rămâne pentru posteritate ca fiind muza lui. Amintește-ți de Gala, soția lui Salvador Dali.

---

* Franța, 1999, regia Patrice Leconte, cu Vanessa Paradis, Daniel Auteuil. (N.t.)

Tipul psihologic al creatorilor

Tipul psihologic al creatorilor este o combinație între creație (elementul Foc) şi sentimente (elementul Apă).

Pentru ei lucrurile cele mai importante în viață sunt faima şi recunoaşterea, şi în asta constă motivația lor. De aceea au şi creat atâtea premii diferite, Oscarurile, Grammy, Masca de aur ş.a.m.d. Cel mai mare vis al creatorilor este să intre în istorie, să-şi imortalizeze numele, să creeze o capodoperă care să supraviețuiască trecerii secolelor.

Pentru ei adesea nu contează în ce domeniu se afirmă, dar cel mai bine reuşesc în literatură, actorie, show-business, muzică, artă. Pentru ei contează mult să creeze imagini. Concepția vieții lor este obținerea popularității cu orice preț. Visul lor neprețuit este să-şi vadă numele pe prima pagină a revistelor.

Bărbaților-creatori le plac pantalonii largi şi îmbrăcămintea extravagantă, pantofii albaştri şi fularele vaporoase, le place să poarte părul strâns în coadă sau codițe în stil dread.

– A, da, spuse Lena imediat, pentru mine bărbații ăştia sunt „papagali care au căzut în găleata cu sclipici".

– De acord, am zâmbit eu auzind comparația. După cum am mai spus, femeile care aparțin acestui tip preferă stilul romantic. Iar bărbaților de acest tip le plac femeile-lideri.

Caută femei care să îmbine severitatea Reginei şi grija Gospodinei (Stăpâna casei). Le place ca ea să fie producătorul lor şi totodată soția: să gătească bine, să negocieze onorarii, să redacteze manuscrise şi să negocieze turnee. Ca aparențe le plac femeile care poartă părul prins sau cu coafuri înalte, în costume severe de afaceri.

Din partea creatorilor nu trebuie să ne aşteptăm la atenţie sau generozitate. Ei cred sincer că toate femeile visează să le stea alături şi nu trebuie decât să mişte un singur deget şi vor alerga la ei. Deşi creatorii pot să dăruiască iubitei un cântec sau un tablou, să-i dedice o carte. Aveţi şi şansa de primi în dar un portret, dar va fi al lui. Dacă sunteţi pregătită să acceptaţi aceste lucruri puteţi spera să rămâneţi în istorie alături de el. Urmaşii vă vor pomeni ca muză a marelui om, iar temperamentul lui capricios, uşuratic şi imprevizibil va fi pus pe seama geniului.

Dar nu e simplu să devii muză. Pentru ca un creator să vă acorde atenţie va trebui să-i descrieţi imaginea succesului în viitor cu lux de amănunte. E important ca din când în când să-i dăruiţi ceva solid şi material, de exemplu, o maşină, un apartament sau ceva necesar creaţiei lui, pentru ca el să se dedice liniştit capodoperelor lui şi să vi le dedice. Trebuie să afirmaţi neîncetat tuturor, inclusiv lui, că este genial, până când toată lumea va crede acest lucru.

– Eu sunt de acord, susţinu Alina. Ca femeie aparţinând acestui tip şi mie îmi plac diamantele şi maşinile. Ce-i drept, nu prea văd cum pot fi dăruite bărbaţilor.

– Nu-i nimic, tu nici n-ai de ce să o faci, o linişti Nastia pe Alina, dar se pare că eu trebuie totuşi să cumpăr studioul şi aparatura foto, şi să organizez expoziţia lui Igor. Altfel o să rămână designer plătit cu 1.000 dolari toată viaţa.

– Numai nu uita să pui pe numele tău orice tranzacţie imobiliară, o sfătui Jenia. E mai bine aşa.

– Probabil ai dreptate, căzu Nastia de acord. O să fac un plan de acţiune. Dar tu, Jenia, sigur nu eşti o creatoare.

– Jenia face parte din tipul psihologic al comercianților, am intervenit. În ea se manifestă senzorialitatea și emoțiile.

Tipul psihologic al comercianților

Pentru femeile şi bărbații care aparțin acestui tip psihologic lucrul cel mai important sunt banii, iar ceea ce vor să lase în urma lor este o moştenire considerabilă. Ei sunt cei care construiesc reşedințe de familie şi îi preocupă câți bani le vor lăsa copiilor. Deşi banii le aduc bucurie în sine. Sunt convinşi că totul se poate cumpăra, chiar şi dragostea! Bărbații-comercianți vă vor pune la picioare blănuri prețioase şi buchete imense de flori. Le plac gesturile extravagante, chiar dacă în traiul cotidian sunt destul de zgârciți şi chibzuiți. De obicei se remarcă prin gustul lor impecabil şi pasiunea pentru lux, le place să se îngrijească şi să se răsfețe. Îi interesează tot ce este ultimul răcnet în colecțiile mărcilor celebre, iar cosmeticele bărbăteşti scumpe îi pasionează la fel de mult ca şi prețul acțiunilor la bursă. Se pricep la fel de bine la vinuri de colecție şi la parfumuri exclusive. Sunt acei bărbați foarte îngrijiți şi dichisiți care sunt preocupați de frumusețea unghiilor lor şi merg regulat la manichiură. Se tund la cei mai buni stilişti şi adoră încălțămintea scumpă, care este mereu impecabil de curată.

Stăpânesc arta conversației, intuiesc starea de spirit a interlocutorului şi dorințele lui şi prind chiar şi cele mai subtile nuanțe ale intonației.

Ştiu să vândă orice lucru sub soare. Procesul vânzării în sine îi fascinează, sunt ideali ca vânzători, producători, proprietari de magazin, restaurant, hotel. Datorită gustului lor ireproşabil şi celor cinci simţuri foarte bine dezvoltate pot să fie bucătari excepţionali, stilişti, designeri, arhitecţi. Tot ce fac trebuie să fie util şi vandabil, altfel se plictisesc. Nu-şi pierd timpul construind castele de nisip.

În femei aceşti bărbaţi caută o combinaţie de minte (elementul Aer) şi senzualitate (elementul Foc), răceala calculată şi inaccesibilitatea Reginei şi ardoarea, aventurismul şi pasiunea Iubitei. Dacă femeia se găseşte în centrul atenţiei şi se simte ca o vedetă, imediat o vor remarca şi vor începe să-i cumpere cadouri scumpe pentru a o impresiona. Dar pentru ca relaţiile lor să continue, femeia trebuie să rămână inabordabilă şi strălucitoare, fatală şi scumpă, îmbrăcată sofisticat şi provocator, într-un mod care epatează. În modă acest stil se numeşte „dramatic”.

– Seamănă cu Lena noastră, observă Alina.

– Da, ea aparţine tipului pisihologic al deschizătorilor de drumuri, am confirmat.

– Adică mie îmi trebuie un bărbat-deschizător de drumuri? vru Jenia să precizeze. Iar Ruslan al Lenei înseamnă că este tipul comerciantului?

– Chiar este, căzu Lena de acord după ce se gândi un pic. Când şi-a scos agenda Louis Vuitton să-şi noteze numărul meu de telefon, era să cad pe jos când am văzut ce mâini manichiurate are. Ne întâlnisem la o petrecere de firmă, eu eram aşa o vedetă, toţi ochii erau pe mine. Toţi se învârteau în jurul meu, aşa că nici nu i-am acordat atenţie. A venit la mine şi mi-a propus să ne întâlnim, eu am strâmbat din nas şi am refuzat. A doua zi mi-a trimis la birou un buchet imens, vreo 50 de crizanteme, şi o invitaţie la o prezentare exclusivă a colecţiei Trussardi. Cu cât îl ignoram, cu atât devenea mai insistent. Mi-aduc aminte cum mi-a declarat odată: „Toate femeile se îndrăgostesc de mine”, iar eu i-am răspuns: „Iar toţi bărbaţii vor să se însoare cu mine”. După asta a început să fie mai modest. Dar să vedeţi ce-i plac cadourile de marcă! Dacă te uiţi la borcănelele din baia lui poţi să înveţi anatomie, are ceva pentru toate părţile: picioare, păr, gât, corp, ochi, faţă ş.a.m.d.

– Tot ce-i mai bun pentru el, am rezumat monologul Lenei despre Ruslan.

– Exact. Şi ce să mă fac cu el?

– Să rămâi liberă şi independentă, şi atunci o să vrea să te cucerească mereu. Şi lasă-l să cheltuie bani pentru tine. De obicei bărbaţii de acest tip gândesc aşa: „Am investit atâţia bani în ea, m-a costat o avere, nici nu-mi mai vine să mă despart”.

– Libertatea însă o preţuiesc mult prea mult, spuse Lena.

– Da, oamenii de tipul tău iubesc libertatea şi sunt pasionaţi de viaţă.

Tipul psihologic al deschizătorilor de drum

Sunt o combinaţie între logică (elementul Aer) şi creativitate (elementul Foc). Pentru aceşti oameni lucrurile cele mai importante în viaţă sunt ideile şi evoluţia, să creeze ceva nou. Pentru ei e important să găsească, să păstreze şi să transmită cunoştinţe. Noi concepte, tipuri de afaceri, direcţii, descoperiri ştiinţifice, programe de soft, îi atrage tot ce nu s-a mai făcut. Vor să lase în urmă descoperiri, indiferent în ce domeniu ar fi.

Pe bărbații acestui tip psihologic e ușor să-i recunoaștem, preferă să poarte blugi și pulovere, jachete de stofă și pantaloni mototoliți. Au părul vâlvoi și sunt distrați. Seamănă cu savanții tipici sau cu geologii, sunt mereu preocupați de planuri mărețe pentru viitor, chiar dacă cifra de afaceri a companiei lor depășește câteva milioane de dolari. De regulă printre ei se numără mulți proprietari de companii care sunt conduse de lideri.

Nu știu să curteze femeile. Pe ei se poate conta cel mult să invite la un congres sau o conferință care îl interesează. În același timp, deschizătorii de drumuri, bărbați sau femei, adoră să educe pe toată lumea și să împărtășească ce știu și altora. Pentru a atrage un astfel de bărbat trebuie să i se ceară sfatul, și va găsi mii de metode pentru a rezolva problema. Dar femeia trebuie să facă primul pas. Întâi să remarce în treacăt că bărbatul în cauză a cucerit-o și că e gata să se lase în mâinile cuceritorului. Însă imediat să ia inițiativa, fără să aștepte ca el să înceapă să cântărească posibilele consecințe.

– Exact! își aminti Jenia. Singură l-am luat, singură m-am descurcat. Când fiica noastră împlinea un an i-am făcut scandal lui Serghei și i-am zis că e timpul să ne căsătorim. Chiar s-a bucurat că m-am hotărât și am avut grijă de tot.

– Da, am adăugat, de la acești bărbați poți să tot aștepți să ia inițiativa, dar se bucură când o preia altcineva.

Visează o femeie care combină Stăpâna casei (elementul Pământ) și Fetița (elementul Apă). Pământul conferă acestei femei capacitatea de a organiza traiul cotidian, de a crea condițiile și confortul necesar pentru ca ideile geniale ale iubitului să fie puse în practică, să-i planifice întâlnirile și să se ocupe de sănătatea și conturile lui. Cu ea bărbații care aparțin acestui tip pot să se relaxeze, să muncească zile în şir şi să reuşească foarte multe lucruri, ca, de exemplu, Henry Ford, Steve Jobs, Richard Branson sau alții.

– Dar ce cadouri le putem face şi ce anume dăruiesc ei? se interesă Jenia. Că mie Serghei nu-mi dă nimic. Zice să iau bani şi să-mi cumpăr singură ce vreau.

– Tipic, am oftat. Aşa şi este, nu le place să dea cadouri, dar sunt generoşi, aşa că poți să cheltuieşti banii cum vrei. Cel mai bine e să alegi un cadou în magazin, să-l aduci pe iubit şi să-l laşi să plătească. Iar lui poți să-i iei diverse gadget-uri, o să se bucure ca un copil, sau nişte cărți interesante.

– Cu asta sunt de acord, aprobă Lena. Chiar şi eu sar de bucurie când mi se dă o carte interesantă. Cartea e cel mai bun cadou.

– Da, deschizătorii de drumuri au o atracție de neoprit pentru cunoaştere. Însă pot să muncească de dragul unei idei, fără să aştepte bani sau răsplată. De aceea au nevoie de neveste care să se ocupe de tot, să le facă de mâncare şi să le numere banii.

– Interesant cum ne-am găsit unii pe alții, observă Alina. Chiar şi eu am atras un bărbat de tip potrivit. Dar dacă bărbatul şi femeia nu se potrivesc?

– De fapt tipul de bărbat pe care îl atragem ne face să înțelegem mai bine propriul nostru tip psihologic. Unele fete se întâlnesc numai cu tipul comerciantului, iar altele au noroc numai de „artişti sărmani". Când ne cunoaştem tipul psihologic propriu şi pe cel al bărbatului nostru, atunci înțelegem la ce se aşteaptă el de la noi şi ce vrem noi de la el. Dacă v-ați îndrăgostit de un bărbat care nu este de tipul potrivit, acceptați acest lucru ca fiind ceva util evoluției voastre şi nu pretindeți ca relația cu el să vă dea ce nu vă poate da niciodată.

Viktor Gulenko definește cele patru tipuri psihologice în felul următor:

✓ Șefii (tipul psihologic al conducătorilor) care se pricep să conducă bine nu doar companii și procese, ci și mașini sau mecanisme. Sunt meșteri și șoferi, militari și politicieni foarte buni.

✓ Umanitarii (tipul psihologic al creatorilor) se afirmă în domeniul artelor sau în sfera lingvistică. Sunt pictori și fotografi, poeți și scriitori, ghizi și profesori, ziariști și redactori, lucrează în muzee, edituri, teatre. Se regăsesc în medicină și psihologie, în profesorat și consultanță.

✓ Socialii (tipul psihologic al comercianților) au grijă de alții și sunt posesorii unui gust estetic impecabil. Sunt cei mai buni vânzători, organizatori de evenimente și spectacole, producători. Majoritatea creatorilor de modă, stiliștilor, maseurilor, cosmetologilor, grădinarilor, designerilor și celor mai buni bucătari aparțin acestui tip.

✓ Cercetătorii (tipul psihologic al deschizătorilor de drumuri) inventează noi proiecte, creează tehnologii, organizează noi structuri, descoperă noi legi. Pot fi întâlniți în laboratoare de cercetare și departamente financiare, în propriile lor companii sau în IT.

– Tema pentru acasă este să îi observați pe bărbații voștri ca să determinați cărui tip aparțin. Evaluați dacă tipul psihologic al bărbatului vostru se potrivește cu ocupația lui actuală. Femeia trebuie să înțeleagă unde se poate afirma mai bine bărbatul ei, ce își dorește el să lase în urmă și care este motivația lui.

De exemplu, bărbatul vrea să aibă un business sau să se ocupe de cercetare științifică, pentru că face parte din clanul deschizătorilor de drumuri, dar soției lui i se pare să mai bine ar lucra într-o bancă sau într-o mare corporație. Și îi face scandal mereu. Sau dimpotrivă, bărbatul e gata să renunțe la munca pentru o corporație în schimbul unui salariu minuscul ca ajutor de deputat pentru că îl atrage politica, iar soția crede că decizia e catastrofală.

Femeia trebuie să susțină direcția în care se poate afirma soțul ei. Pentru femei în această privință e mai ușor, sunt mai mobile și predispuse să schimbe sfera de activitate mai des.

Împarte-ți energia

– Dar care este legătura dintre tipurile psihologice și corpul nostru? Nastia trebuia să afle toate detaliile.

– Pentru a înțelege legătura, haideți să facem meditația „Întâlnire cu preotesele elementelor naturii".

MEDITAȚIA „ÎNTÂLNIRE CU PREOTESELE ELEMENTELOR NATURII"

Închideți ochii, inspirați și, în timp ce expirați, transportați-vă la marginea unei păduri. Vedeți cărarea care duce către mijlocul pădurii, o urmați și ajungeți într-o poiană. Un foc mare e aprins acolo, iar în fața lui dansează o femeie în rochie roșie. Pieptul i se mișcă în ritmul dansului, părul negru e despletit, are șolduri mari și buzele întredeschise. E toată numai dorință și pasiune. Vă contopiți cu ea și deveniți și voi o femeie în roșu, care dansează în pădurea nepătrunsă. Simțiți cum e să pierdeți controlul, să vă supuneți numai vocii dorinței, să fiți neînfrânată și pasională, fără inhibiții și senzuală, să simțiți că fiecare clipă a vieții vă face plăcere. Ascultați ce parte a corpului vostru rezonează cu această energie. După ce-i mulțumiți femeii în roșu redeveniți voi înșivă și mergeți mai departe în pădure.

Cărarea vă duce în altă poiană. Acolo dansează o femeie în rochie galbenă. Mișcările ei sunt sigure, e calmă și liniștită. Vă contopiți cu ea și deveniți o femeie în galben care dansează în pădurea nepătrunsă. Simțiți cum e să fiți caldă și grijulie, preocupată de casă și răbdătoare, să vă știți drepturile și să prețuiți ce vă aparține. Ascultați ce parte a corpului vostru rezonează cu această energie. După ce-i mulțumiți femeii în galben redeveniți voi înșivă și mergeți mai departe în pădure.

Cărarea vă duce la a treia poiană, unde dansează o tânără, aproape o fetiță, în rochie vaporoasă verde. Se bucură de sine și de lume, e ușoară, neîmpovărată de griji, plutește prin poiană dansând cu bucurie. Contopiți-vă cu ea și simțiți-vă ca o fetiță care dansează în poiana însorită. Simțiți cum e să fiți deschisă și sinceră, iubitoare și înțelegătoare. Ascultați unde rezonează această energie în corpul vostru. Mulțumiți-i fetei în verde, redeveniți voi înșivă și mergeți mai departe pe cărare prin pădure.

Cărarea vă duce la ultima poiană, iar acolo dansează o amazoană cutezătoare în rochie de culoarea cerului. E liberă și independentă, știe ce vrea și cum să obțină asta. Contopiți-vă cu ea și simțiți cum e să fiți o amazoană care dansează în pădurea nepătrunsă. Simțiți cum e să fiți hotărâtă și independentă, să vă prețuiți pe voi înșine și pe ceilalți, să știți să vedeți lucrurile nevăzute și să aflați lucrurile neștiute. Simțiți cum rezonează această energie în corpul vostru. Mulțumiți-i amazoanei, redeveniți voi înșivă și reveniți la marginea pădurii.

Inspirați, iar când expirați reveniți la realitate.

– Ați reușit să simțiți ceva? le-am întrebat pe fete când au deschis ochii.

– O, da! răspunse pentru toate Alina. Niște impresii de neuitat, mai ales femeia în roșu. Uterul pulsa așa de tare că am crezut că o să am un orgasm.

– Ai dreptate, am spus și le-am desenat pe tablă o siluetă feminină și una masculină. Elementul Foc, sau starea Iubitei, rezonează în zona uterului, patru degete mai jos de buric, sau cum se mai numește acest punct, a doua chakră. Am desenat o pâlnie orizontală, care unea al doilea centru al femeii cu al doilea centru al bărbatului. Este centrul plăcerii și creației. Se mai numește și centrul sexual. Cum vi se pare, în acest centru femeia dă sau primește energie?

– Cred că dă, murmură Lena unduindu-se toată.

– Da, femeia oferă energia plăcerii, a bucuriei vieții, energia creației. De aceea bărbații au grijă să le facă plăcere femeilor, pentru că altfel nu au cum să primească această energie și nici să realizeze ceva. Este energia care îi pune în mișcare și care îi determină să facă fapte remarcabile.

– Dar de ce după ce facem sex bărbatul doarme, iar eu mă învârt de parcă sunt băgată în priză? se minună Lena.

– Pentru că bărbatul ne oferă energia vieții și protecția din primul centru. Iar după o partidă bună de sex bărbatul e epuizat și relaxat, iar femeia e plină de energie. Nu întâmplător înainte de competiții importante bărbaților li se interzice să facă sex, iar femeilor chiar li se recomandă.

– Excelent, chiar nu știam ce să cred, el doarme și eu nu pot să mă opresc, zise Nastia.

– Partea cea mai importantă, rețineți, funcția principală a femeii e să recepteze plăcerea.

– Şi să o dăruiască bărbatului, dădu Jenia aprobator din cap. Ce-mi place...

– Dar dacă nu putem primi plăcere? oftă din greu Nastia. Eu n-am reuşit să mă contopesc cu femeia în roşu.

– În principiu era de aşteptat, nu e starea ta predominantă. La tine predomină senzorialul şi logica. Receptarea plăcerii e blocată de ruşine şi interdicția plăcerii, ca atunci când copiii sunt pedepsiți în copilărie pentru demonstrarea sexualității. Iar primirea energiei vitale este blocată de teamă.

– Da, în copilărie bunica mă lovea peste mâini dacă le aveam sub pătură, chiar dacă nu făceam nimic, se plânse Nastia. Iar acum toți se miră de ce semăn cu un robot.

– Nu-i nimic, o să revenim la tema plăcerii când o să vorbim despre starea Iubitei.

– Mai repede, dacă se poate, altfel poate mor fără să ştiu ce înseamnă să ai un orgasm de plăcere numai pentru că trăiesc, spuse rugătoare Nastia. Mie mi-a fost uşor să mă contopesc cu femeia în galben.

– Şi mie, adăugă Jenia. Mi s-a părut aşa de reconfortantă, dar şi de amenințătoare în acelaşi timp. Se vedea cum controlează tot.

– Şi unde a rezonat această stare? am întrebat.

– La mine în plexul solar, răspunse Jenia.

– Iar la mine în picioare, mărturisi Lena.

– Se poate şi aşa, şi aşa. Am desenat al treilea centru şi o pâlnie orizontală îndreptată de la femeie spre bărbat la nivelul plexului solar. În centrul de aici noi primim sau oferim?

– Cred că primim, presupuse Alina.

– Da, al treilea centru este de primire. În acesta bărbatul oferă bani, statut social şi cadouri, acționează şi realizează lucruri, iar femeia primeşte şi multiplică totul.

– Dar dacă femeia îi dă bărbatului bani şi cadouri? se interesă Nastia.

– Atunci la ea acest centru este blocat sau funcționează ca la bărbați. Poate fi blocat de vinovăție şi de teamă.

– Da, mama mereu îmi spunea că nu e bine să accepți cadouri, se întristă Alina. Şi cum se poate debloca?

– O să ne lămurim când vorbim de starea Stăpânei casei sau a Fetiței, dar deocamdată putem folosi acest centru pentru respirație, şi o să vă arăt cum se poate folosi respirația chakrelor.

– Măcar inima mea e deschisă! Când ne-am contopit cu fata în verde, mi-au dat şi lacrimile de bucurie şi înduioşare, iar inima mi-a bătut foarte tare dintr-odată... Şi aşa de tare am vrut să ofer dragostea mea cuiva...

– În al patrulea centru femeia îi oferă bărbatului iubire şi poftă de viață. Dar problema femeilor moderne este că au inima închisă şi nu ştiu să ofere dragoste.

– De parcă poți să-ți deschizi inima după ce treci prin atâtea suferințe... se încruntă Lena.

– Durerea blochează chakra inimii, şi nu mai putem primi iubire. E important să păstrăm iubirea şi bucuria, dar nu vă concentrați pe un singur bărbat până când nu vă cucereşte, până când nu depune efort, timp şi bani în relația voastră, oricât ar suna de parcă ați avea numai un interes material. Când femeia îl copleşeşte pe bărbat cu dragostea ei îl descurajează şi nu-i mai dă ocazia să facă anumite lucruri. Iar apoi suferă pentru că şi-a oferit dragostea, dar nu fost apreciată. Şi atunci se închide, şi rămâne fără iubire şi ea, dar şi lumea din jurul ei, pentru că îşi interzice să simtă şi să aibă încredere.

– Povestea vieţii mele, aprobă Lena. Acum aleg numai cu capul, fără nici un fel de sentiment.

– O să ne deschidem inima în starea Fetiţei, am promis, şi o să învăţăm să credem în noi, să ne iubim şi totodată să avem încredere şi să ne acceptăm bărbaţii. Încă nu am vorbit despre al cincilea centru, care se află în gaura jugulară, mai este numit şi centrul decizional. Aici primim deciziile bărbatului.

– O, nu, gemu Nastia, mai bine să nu decidă, că tot eu trag pe urmă.

– Tocmai asta e! Dacă nu-l laşi pe bărbatul tău să decidă îi preiei toată responsabilitatea şi duci povara ei. Şi prin asta arăţi că nu-i accepţi şi nu-i respecţi pe bărbaţi.

– Dar de ce să-i respectăm? dădu Nastia din umeri. Că ne fac numai probleme şi neplăceri...

– Nastia, pentru tine am un exerciţiu special. În fiecare bărbat pe care îl întâlneşti încearcă să găseşti trei calităţi pentru care poţi să-l respecţi. De exemplu, pe unul poţi să-l respecţi pentru că ştie să facă un raport aşa cum trebuie, pe altul pentru că are mare grijă de soţia lui, pe al treilea pentru că-i merge mintea. Aşa poţi să dezvolţi respectul pentru bărbaţi şi să te simţi în sfârşit femeie. Dacă nu faci asta şi dacă nu îi redai responsabilitatea bărbatului tău o să-ţi fie foarte greu să schimbi ceva în relaţia voastră. O să continui aşa până la bătrâneţe. O să iei toate deciziile singură, o să câştigi toţi banii, totodată o să-l dispreţuieşti din ce în ce mai mult pe soţul tău, nu-l vei mai dori şi o să devii o femeie cu ochii stinşi, de vârstă incertă.

– Da, se pare că programul nostru e foarte cuprinzător, se bucură Nastia. Pentru mine cel mai mult contează să ştiu ce urmează şi atunci sunt gata de orice.

– Amazoană tipică, am comentat. Cunoaşterea şi logica mai presus de toate.

– Şi libertatea, adăugă Lena.

– Da, de asta ultima dansatoare a fost amazoana. Unde aţi simţit energia ei? am întrebat.

– În cap. Al treilea ochi începuse să pulseze aşa de tare că deja sunt convinsă că există, mărturisi Jenia.

– Aşa e, prin al şaselea centru îi oferim bărbatului viziunea, îi arătăm încotro să meargă, de parcă îi luminăm drumul cu un proiector, dar îi dăm şi cunoştinţele şi intuiţia noastră.

– Dacă înţeleg bine, nu eu sunt cea care decid încotro trebuie să meargă bărbatul, ci pur şi simplu transmit informaţiile pe care le primesc de la Divinitate? încerca Alina să înţeleagă.

– Corect, tu eşti cea care formulează şi dă voce ideilor pe care bărbatul le are, le primeşte de la Divinitate, dar nu poate să le recunoască mereu. Unii bărbaţi sunt capabili să audă chemarea singuri. Dar majoritatea se leapădă de ea şi o consideră o fantezie neroadă sau o ambiţie prostească, nu au încredere în vocea lor lăuntrică, în dorinţele lor, prin urmare preferă să ducă o existenţă cenuşie.

– Deci în centrul şapte primim energie de la Univers şi de la Divinitate, iar bărbatul o oferă? trase Nastia concluzia.

– Da, bărbatul are patru centre care oferă şi trei care primesc de la femeie, cel sexual, al inimii şi cel mental. Iar femeia are patru care primesc şi trei care oferă, de aceea de la bun început femeia e mai independentă de bărbat şi plină de energie (fig. 16).

Bărbatul îi oferă femeii:

✓ protecţie prin primul centru;

✓ bani şi statut social prin al treilea centru;

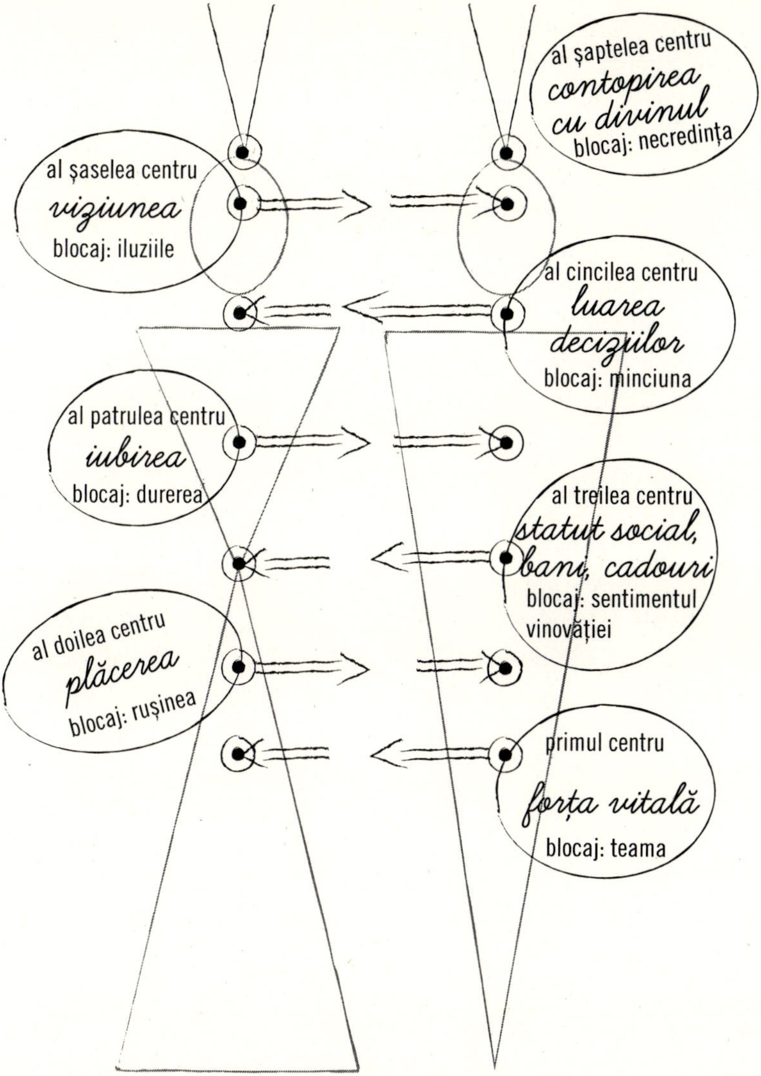

Fig. 16
Schimbul de energie dintre bărbat și femeie

✓ deciziile şi leadershipul prin al cincilea centru;

✓ creațiile dedicate femeii sau creațiile inspirate de ea, prin al şaptelea centru.

Am arătat din nou desenul:

– Dacă toate centrele voastre sunt setate corect veți atrage un bărbat adevărat, care este capabil să-şi manifeste toate calitățile masculine, sau bărbatul vostru va începe să se schimbe. Iar când toate detaliile acestui puzzle se potrivesc, atunci abia atunci ia naştere acel întreg şi acea sinergie care se amplifică reciproc, lucrul pe care îl căutăm cu toții, pentru că înțelegem că singuri nu putem să facem decât o mică parte din ce ne este dat.

Dacă urmărim acest drum, atunci vedem că bărbatul are o idee remarcabilă pe care trebuie să o pună în practică în această viață, al şaptelea centru. Femeia captează această idee în al şaptelea centru şi o transmite bărbatului. Bărbatul ia decizia cum să pună în practică ideea în al cincilea centru. Femeia îl umple de încredere şi iubire în al patrulea centru, primeşte de la el bani şi cadouri în al treilea centru, dar şi rezultatele activității lui, pentru că bărbatul acționează la nivelul celui de-al treilea centru. În al doilea centru femeia îi dăruieşte plăcere şi satisfacție, îl lasă să se relaxeze după toate bătăliile avute, îl face să se dizolve în starea de relaxare, pentru ca în final să poată oferi lumii marea lui creație.

– Da, ai pictat o imagine care ne taie respirația, oftă Lena. Mai rămâne să vedem cum să facem ca toate centrele să fie deschise şi să lucreze cum trebuie.

– De aceea vom face exercițiul „Respirația chakrelor", pentru ca şi corpul vostru să rețină cum trebuie să circule energia. Puteți să sporiți energia acasă şi concomitent să eliberați centrele de toate blocajele.

Teama blochează primul centru.

Ruşinea şi interdicţia plăcerii blochează al doilea centru.

Sentimentul vinovăţiei blochează al treilea centru.

Durerea blochează al patrulea centru.

Minciuna blochează al cincilea centru.

Iluziile blochează al şaselea centru.

Necredinţa în Divinitate blochează al şaptelea centru.

– Este un exerciţiu al lui Osho, dar modificat şi adaptat. O să facem patru cicluri de câte cincisprezece minute.

În primul ciclu veți respira conform tipului feminin.

În primul centru imaginați-vă o pâlnie verticală de culoare roșie care intră în voi, iar în timp ce inspirați primiți energia vieții și tot ce vă oferă Pământul, inspirați puterea pe care v-o dă neamul vostru.

În al doilea centru imaginați-vă o pâlnie orizontală de culoare portocalie, iar când inspirați oferiți lumii și bărbaților un flux de energie, plăcere și relaxare.

În al treilea centru imaginați-vă o pâlnie orizontală de culoare galben-aurie, iar când inspirați acceptați toți banii și cadourile lumii și ale bărbaților, primindu-le cu recunoștință și respect.

În al patrulea centru imaginați-vă o pâlnie orizontală de culoare smarald și când expirați oferiți iubire și bucurie lumii și bărbaților.

În al cincilea centru imaginați-vă o pâlnie orizontală de culoare turcoaz. Când inspirați primiți recunoștința lumii și deciziile bărbaților. Atrageți caracteristicile masculine ale lumii și respectul pentru bărbați, repetând în sinea voastră: „Tu ești bărbatul, tu conduci, eu sunt femeia și merg după tine”.

În al șaselea centru imaginați-vă o pâlnie orizontală de culoare albastră, iar când ispirați oferiți cunoștințele voastre și viziunea voastră lumii și bărbaților.

În al șaptelea centru imaginați-vă o pâlnie verticală violetă care intră în creștetul capului și vă umple de energie Divină și înțelepciune și dați voie energiei să coboare.

În timpul celui de-al doilea ciclu formați perechi. Una dintre voi devine bărbatul, iar cealaltă rămâne în energia feminină, pentru a simți interacțiunea energiilor și să înțeleagă ce anume e blocat și perturbat în bărbatul vostru interior.

– De aici încolo dă-ne mai multe detalii, mă rugă Alina. N-am înțeles ce e cu bărbatul interior şi respirația mea.

– Când intri în rolul bărbatului intri totodată şi în rolul bărbatului tău interior. Asta permite să simți unde ai blocaje, în care dintre centre. De exemplu, dacă ți-e greu să primeşti energia iubirii în centrul inimii înseamnă că inima ta e închisă. Asta poate să însemne că bărbatul tău interior nu e capabil să primească iubire, iar în viața ta atragi bărbați care nu sunt pregătiți să primească iubire, indiferent câtă iubire le oferi tu. Relațiile noastre cu bărbatul interior adesea reflectă relațiile cu bărbații reali şi ne ajută să înțelegem ce se petrece şi de ce.

Rețineți:

În primul centru bărbatul oferă energie vitală, femeia primește.

În al doilea centru femeia oferă plăcere, iar bărbatul primește.

În al treilea centru bărbatul oferă bani și statut social, iar femeia primește.

În al patrulea centru oferă iubire și bucurie, iar bărbatul primește.

În al cincilea centru bărbatul oferă deciziile lui, iar femeia le primește.

În al șaselea centru femeia oferă viziunea și cunoștințele ei și bărbatul le primește.

În al șaptelea centru bărbatul oferă înțelepciunea și ideile lui, iar femeia le primește.

După aceea permiteți energiei să coboare și faceți schimb de locuri, chiar și fizic. Cea care a fost femeie devine bărbat, iar cea care a fost bărbat ocupă locul femeii și faceți încă un ciclul de respirații.

În final ajungem și la al patrulea ciclu. 15 minute stați culcate pe podea, relaxate, și permiteți energiei să se liniștească.

– Deocamdată cel mai mult mă inspiră al patrulea ciclu. Jenia se ridică fără chef şi se întinse.

– O să vedem ce spui după exercițiu, am zâmbit. Iar acum, pe pozițiii! Laba piciorului întoarsă puțin spre interior, genunchii puțin îndoiți, când expirați pelvisul se mişcă puțin în spate, când expirați, în față, ajutați mişcarea cu mâinile. Mişcările corpului se repetă. Se schimbă numai poziția mâinilor, corelată cu fiecare centru. Gata? Începem! am comandat şi am dat drumul CD-ului cu „Respirația chakrelor" al lui Osho.

Peste o oră fetele erau de nerecunoscut, se simțea cum sunt pline de energie interioară, deşi arătau relaxate şi puțin somnoroase după cele cincisprezece minute de odihnă din ultima fază.

Femeia interioară și bărbatul interior

– Dar cu bărbații pot face exercițiul de respirație? Lena mereu dorea să încerce toate exercițiile şi cu Ruslan.

– Pot şi chiar trebuie să-l facă. O să-i ajute să înlăture blocajele, iar sexul după respirația chakrelor e absolut incredibil.

– M-ai convins. Abia aştept să încerc. Mâine-seară o să fac exercițiul şi vreau să văd dacă senzațiile mele vor fi diferite de cele pe care le-am simțit cu Jenia. Când am avut rolul femeii mă râcâia ceva pe gât şi m-a apucat tusea. Iar când am avut rolul bărbatului n-am simțit deloc energia sexuală, deşi Jenia o trimitea.

– Asta înseamnă mai degrabă că tu ca femeie nu eşti gata să te supui deciziilor lui, iar el ca bărbat nu simte dorința ta.

– Chiar aşa! gemu Lena. Şi cum să corectăm situația?

– Treptat. Repetă fraza magică „Tu eşti bărbatul, tu conduci, eu sunt femeia şi merg după tine” şi scapă de blocajul centrului sexual.

– Orice răspuns nou dă naştere unei noi întrebări, constată Lena. Cum înlăturăm blocajul centrului sexual?

– O să facem asta din stare Iubitei. Deşi chiar acum putem face exercițiul „Bărbatul interior şi femeia interioară” şi putem aduce nişte schimbări, am spus eu. Atunci vom vedea ce vă împiedică să atingeți armonia. Nu putem schimba bărbatul care vă stă alături, dar ne putem schimba pe noi şi atunci cei din jurul nostru se vor schimba la rândul lor. De cele mai multe ori relațiile noastre cu bărbați reali reflectă ce se petrece în interiorul nostru, cum interacționează energia feminină şi cea masculină, care se manifestă în femeia interioară şi în bărbatul interior. Şi invers, felul cum bărbatul nostru interior reacționează la femeia interioară se manifestă în relațiile noastre cu bărbații reali. Lumea seamănă cu o lupă: dacă avem o trăsătură care ne împiedică să fim fericite şi armonioase, atunci apare în bărbații pe care îi întâlnim, dar amplificată. De exemplu, poți fi un pic zgârcită, dar bărbatul pe care îl vei întâlni va fi extrem de zgârcit.

– Interesant, observă Jenia. Poți să ne dai un exemplu?

– Sigur, am aprobat. Îmi amintesc un caz cu una dintre studentele noastre. Când am făcut exercițiul bărbatul ei interior se ascunsese după canapea. La început se jena să spună, dar pe urmă a recunoscut că soțul ei evită să vină acasă pentru că îi făcuse nervii ferfeniță.

– Şi după exercițiu ce s-a întâmplat?

– A văzut că nu-l lasă pe bărbatul ei să-i facă declarații de iubire pentru că avea prea multe supărări pe care le pusese la inimă. Şi când a înlăturat durerea din inimă şi a admis valoarea bărbatului ei în sfârşit acesta a ieşit de după canapea şi s-a aruncat în brațele ei.

– Iar în viața reală? se interesă Alina.

– Când s-a dus acasă soțul o aştepta cu un buchet de flori. Bineînțeles, schimbările nu sunt mereu la fel de fulgerătoare, dar se petrec, pentru că realitatea noastră interioară influențează viața noastră.

– Abia aştept să văd cum o duc bărbatul meu şi femeia mea din interior, Lena sări de pe scaun.

– Minunat! Atunci alege cine va fi bărbatul tău interior, şi cine femeia interioară şi numeşte-le.

– Jenia poate fi femeia mea interioară, iar Nastia bărbatul meu interior, alese Lena. Dar cum să le dau rolul?

– Le pui mâna în palme şi spui: „Nu eşti Lena, eşti femeia mea interioară”, iar Nastiei: „Nu eşti Nastia, eşti bărbatul meu interior”. Pe urmă le laşi puţin să aştepte şi să vadă cum vor să se aşeze faţă de celălalt.

– Dar dacă bărbatul meu fuge după canapea? se nelinişti Lena.

– Numeşte-le şi vom vedea! Energia nu minte!

– În timpul acestui proces nu schimbăm nimic la bărbatul nostru interior. Ne trebuie mai mult ca referinţă. O să aflăm şi o să înţelegem ce trebuie să schimbe femeia interioară şi vom vedea cum reacţionează bărbatul interior la aceste schimbări. Toate acţiunile principale le vom face cu ajutorul femeii. Mai exact doar două acţiuni: vom înlătura blocajele şi vom adăuga ce lipseşte, am explicat.

– Dar cum aflu ce lipseşte şi ce să adaug? nu înţelegea Lena.

– Nu te îngrijora, îţi spun ei tot ce trebuie, femeia interioară şi bărbatul interior.

Cât am explicat eu ce se petrece, Nastia (bărbatul interior al Lenei) şi Jenia (femeia interioară a Lenei) deja trecuseră la locurile lor. Femeia interioară a Lenei se uita pe geam în depărtare cu interes, cu spatele la bărbat, iar bărbatul se uita la spatele ei cam pierdut şi trist.

– Cum eşti tu? m-am adresat Jeniei.

– Sunt super tare, mă atrage viaţa, cu toate perspectivele, orizonturile noi. Totul e interesant, captivant, şi sunt aşa de mare, nu ca dimensiuni, ci energetic...

– Da, interveni bărbatul-Nastia, chiar mă apasă. Văd că nu are nevoie de mine, nu o interesez deloc. De aceea mă simt în plus, ca un om de nimic, deşi sunt un bărbat puternic şi încrezător.

– Uluitor! gesticulă Lena. Chiar ieri mi-a spus Ruslan același lucru: „Tu nu ești deloc interesată de mine, nu ai nevoie de mine”.

– De regulă bărbatul nostru interior redă foarte bine ce se petrece înlăuntrul nostru. De aceea am și spus că atunci când ne lămurim cu bărbatul interior și femeia interioară, adică, mai pe șleau, cu noi înșine, atunci și bărbatul exterior se va schimba.

– Știi, când vezi cu ochii tăi e cu totul altceva decât atunci când doar ți se spune ceva. Se vedea că Lena nu poate să-și revină din șoc. Și ce putem face?

– Schimbăm situația, am liniștit-o eu. Chiar acum. Mai întâi trebuie să întrebăm bărbatul interior ce ar vrea să vadă și să simtă la femeia lui.

– Recunoaștere! spuse Nastia cu disperarea tuturor bărbaților pe care femeile nu-i respectă.

– Lena, recunoașterea și respectul față de bărbați are legătură cu al cincilea centru, care la tine pare a fi blocat. Ca să-l cureți, cu mâna dreaptă fă mișcări circulare împotriva acelor de ceasornic la nivelul gâtului femeii tale interioare și, expirând, aruncă la pământ ce scoți cu iubire și recunoștință.

– Curăță mai repede, se rugă Jenia, că am impresia că-mi stă ceva în gât.

– Este supărarea pe bărbați. Poate pe tata, am presupus. Deși exercițiul e foarte bun, mai ales pentru că nu e nevoie să aflăm cauzele problemei, ci pur și simplu să o înlăturăm la nivel energetic.

Lena începu să curețe și să tușească. Jenia tuși și ea, repetând cuvintele lui Hellinger: „Tu ești bărbatul, tu conduci, iar eu te urmez”. Cu fiecare cuvânt care străbătea printre accese de tuse bărbatul-Nastia se apropia din ce în ce mai mult.

– Parcă mi se îndreaptă umerii, comentă Nastia în rolul ei de bărbat interior. Ce interesant e să mă simt bărbat, persoana cea mai importantă. Imediat se schimbă postura, se îndreaptă umerii, parcă m-am şi înălţat.

– Şi mi se pari mult mai interesant acum, aprobă Lenia, se întoarse către bărbat şi chiar îl privi cu cochetărie.

– Te uiţi tu la mine, dar inima tot închisă îţi este. Dacă ai avea mai multă bucurie şi dragoste totul ar fi bine, îşi exprimă dorinţa bărbatul.

– Dar cum să-mi deschid inima şi să o umplu de iubire? întrebă Lena.

– Tot aşa. Întâi scapă de durere. Pe urmă ridică mâinile la cer când expiri, când inspiri ia energie, du-o la inimă şi când expiri dăruieşte-o femeii interioare, ca să se umple de dragoste şi bucurie, până când bărbatul simte că ajunge. O să vorbim mai pe larg în starea Fetiţei.

– Gata, ajunge, Nastia în rolul bărbatului o îmbrăţişă pe Lena şi puse un braţ în jurul ei. Putem încheia? se întoarse ea către mine.

– Nu, am răspuns. Bărbatul e la stânga ta, în locul femeii, iar tu eşti la dreapta, în locul bărbatului.

– Şi ce înseamnă asta?

– Că ţi-ai asumat rolul bărbatului, de a lua decizii, de a întreţine şi face cadouri, iar bărbatul se manifestă mai mult ca o femeie. Până când nu le inversezi locurile din punct de vedere energetic, nimic nu se va schimba.

– Dar ei nu pot pur şi simplu să facă schimb de locuri şi gata? Lena încercă să o mişte pe Nastia, dar Nastia parcă era lipită de podea.

– Nu, cu forţa nu se poate. Va trebui să mai repeţi de câteva ori fraza magică a lui Hellinger: „Tu eşti bărbatul, eu sunt femeia" până când bărbatul va trece singur în dreapta.

– Sunt gata să o repet şi zile în şir, numai ca să mă simt feminină din nou, nu ca un comandant în costum Chanel, oftă Lena.

– Atunci repetă, am susținut-o.

– Tu eşti bărbatul, eu sunt femeia, Jenia începu şi ea să repete în rolul ei de femeie interioară.

În final minunea se produse şi bărbatul trecu în dreapta. Toate oftară uşurate şi Lena le îmbrățişă pe fete, punând la inimă imaginea perechii ideale.

– Mă simt de parcă m-am născut a doua oară, zâmbi Lena, de parcă m-au pus în priză.

– Oricât ar fi de ciudat, şi eu mă simt plină de energie, mărturisi Jenia.

– Chiar şi eu, spuse Nastia.

– Aşa şi trebuie. Când jucăm aceste roluri pentru altcineva întotdeauna ne rezolvăm şi problemele noastre, găsim răspunsuri la întrebările noastre. Iar acum cel mai important lucru e să le scoatem pe fete din rol, ca să revină din nou cine sunt. Pune mâinile în palmele Jeniei şi spune: „Nu eşti femeia mea interioară, eşti Jenia". Iar Jenia repetă: „Nu sunt femeia ta interioară, sunt Jenia". La fel şi cu Nastia, îi spui: „Nu eşti bărbatul meu interior, eşti Nastia", iar Nastia repetă: „Nu sunt bărbatul tău interior, sunt Nastia". Scuturați-vă, ca să eliminați surplusul de energie.

Iar acum procedăm la fel pentru fiecare dintre voi, ca să vedem ce vă împiedică să aveți relații ideale cu bărbații şi cum să le îmbunătățim, am propus.

M-am plimbat prin sală şi am ajutat-o pe Alina să acumuleze energia încrederii în sine, să alunge teama din plexul solar şi să primească energie de jos, de la Pământ, de fiecare dată când inspira, iar când expira o trimitea în plexul solar al femeii interioare Alina. Am ajutat-o pe Jenia să intensifice energia pasiunii înlăturând interdicțiile centrului sexual şi trimițând energie de jos în sus când inspira, iar când expira umplând centrul sexual cu un flux de foc. Nastia trebuia să-şi umple şi ea la rândul ei femeia interioară cu iubire şi bucurie. Şi de fiecare dată erau uimite cât de exact se reflecta realitatea în cum vorbeau şi se purtau femeia interioară şi bărbatului interior al fiecăreia.

– Ei bine, cred că pentru astăzi ajunge, am avut destule revelații, am conchis. În încheiere vom face un exercițiu de armonizare a energiei masculine şi feminine.

ARMONIZAREA ENERGIEI MASCULINE ȘI FEMININE

Puneți palmele în zona ovarului stâng, întâi stânga, iar deasupra dreapta și făcând cercuri împotriva acelor de ceasornic spuneți „Le iert pe toate femeile din viața mea. Mă iert pe mine ca femeie, ca victimă și ca răufăcătoare în viața asta și în toate încarnările mele precedente. Mă iert și accept energia feminină din mine".

Iar acum puneți palmele în zona ovarului drept, dreapta jos, stânga deasupra, și făcând cercuri în sensul acelor de ceasornic spuneți: „Îi iert pe toți bărbații din viața mea. Mă iert ca bărbat în toate încarnările mele precedente, ca victimă și ca răufăcător. Mă iert și primesc energia masculină din mine".

– Şi cât timp trebuie să facem exercițiul?

– O puteți face în decursul acestei luni în fiecare seară înainte de culcare. Iar dimineața, cât încă mai sunteți în starea de vis, înainte de a vă scula, puneți palma dreaptă pe sânul drept, iar stânga în partea de jos a stomacului şi mai stați aşa trei-cinci minute.

– E atât de simplu? se miră Nastia. Iar din pat se ridică o femeie gingaşă care se întinde grațios, în loc de un bărbat turbat în cămaşă de mătase? Îmi place!

– Planul pentru luna asta cred că îl ştiți deja.

Planul pentru întreaga lună

1. Respirația chakrelor, o oră timp de 21 zile (la orice oră). Important e să o faceți în fiecare zi, fără să săriți nicio zi.
2. Acceptarea laturilor masculine și feminine (seara), 10 minute.
3. Armonizarea energiilor masculine și feminine (dimineața), 10 minute.

– Iar bărbatul iubit ce poate să facă? Nastia nu se putea abține.

– Respirația chakrelor e un exercițiu şi pentru bărbați, şi pentru femei. Puteți să faceți asta împreună. Nimic nu ajută mai mult unei relații ca exercițiile făcute împreună. Totodată, vă şi setați unul pentru altul. Puteți face trei cicluri fiecare în energia voastră: bărbatul conform tipului lui masculin, iar voi conform energiei voastre feminine. Iar pentru un ciclu puteți face schimb: el poate să prelucreze latura feminină, iar voi pe cea masculină.

– Dar dacă fac singură? Cred că-l sperii pe admiratorul meu dacă îi propun din senin să facem respirația chakrelor, se nelinişti Alina.

– Atunci pur şi simplu practică respiraţia chakrelor, inspiră şi respiră fără să te gândeşti conform cărui tip respiri, iar corpul o să facă totul singur.

– Totuşi, eu m-am zăpăcit. Cu ce încep, unde să merg, de ce mă apuc mai întâi? zise Nastia. Îmi trebuie un plan clar de acţiune, cu etape definite.

– Nici o grijă! Totul deja merge conform planului. În patru luni aţi învăţat despre energia banilor şi ce poate să o blocheze, v-aţi găsit talentul şi aţi văzut ce misiunea aveţi voi şi bărbatul vostru, aţi aflat ce tip psihologic aveţi voi, dar şi bărbaţii voştri. Acum aveţi suficiente informaţii fundamentale pentru a trece la următoarea etapă: să-l ajutaţi pe soţul vostru să devină milionar.

Cum se face un milionar

Planul pe opt luni

PRIMA ETAPĂ

Prima lună. În decurs de o lună vă conectați la valorile voastre și înțelegeți în ce constă unicitatea și valoarea bărbatului vostru. Îi transferați responsabilitatea, îi recunoașteți leadershipul și îl lăsați să ia decizii. Vă creați o nouă legendă despre bărbatul vostru, îi regândiți poziția și poate vă creați și voi o legendă nouă. Extindeți imaginea pe care o are despre sine, spuneți-i cum poate să fie în versiunea lui cea mai bună. Fiecare bărbat poartă în suflet imaginea lui ideală, persoana care poate să devină, dacă ar fi întrunite toate condițiile. Dacă femeia știe să vadă aceste calități și să le scoată la lumină, să susțină manifestarea lor, atunci bărbatul poate să se întreacă pe sine!

A doua lună. Când bărbatul în sfârșit crede în forțele lui, își cunoaște potențialul, simte unicitatea sa, îl ajutați să stabilească noi țeluri pline de ambiție, care să ducă la realizarea misiunii lui. Înțelegeți talentul și posibilitățile lui, îl ajutați să învețe lucruri noi și îi faceți cunoștință cu oamenii necesari.

A DOUA ETAPĂ

Vă umpleți de energie și îl umpleți și pe el cu energia creației și plăcerii.

Prima lună. Pur și simplu, acumulați energie sexuală cu ajutorul unor exerciții. După cum știți, energia sexuală este sursa principală a energiei financiare. Dacă voi sau bărbații voștri nu dețineți suficientă energie, e greu să creați ceva, să atrageți în viața voastră noi posibilități și să treceți la un alt nivel. De aceea trebuie să acumulați o anumită cantitate de energie și să extindeți viziunea bărbatului, arătându-i noi orizonturi. Învățați să primiți cu plăcere tot ce se petrece, creați o atmosferă de plăcere pentru bărbat și ajutați-l să intre în starea necesară creației.

A doua lună. Vă extindeți posibilitățile, ale voastre proprii și ale bărbatului, vă descoperiți noi aspecte ale sexualității, învățați ceva extraordinar pentru voi și aduceți ca aport la relație energia pe care ați acumulat-o și ce ați descoperit nou.

A TREIA ETAPĂ

Intrați în starea Fetiței (nivelul emoțional) și vă umpleți de iubire de sine, iar el îi dăruiți noi emoții și încredere de sine.

Prima lună. Vă umpleți de iubire de sine și vă afundați în starea de completă bucurie. Vă răsfățați cât puteți de mult și învățați să acceptați tot ce vă dăruiește lumea și bărbatul. În gânduri și fapte îl lăsați pe bărbat să se afirme, îi acceptați deciziile și sunteți de acord cu toate propunerile lui.

– Sună groaznic, mai rău decât să încerci să cânți la flautul fermecat, gemu Nastia. O să strice tot! Totul va fi distrus!

– Credința în bărbatul tău face minuni, iar credința în minuni e starea firească a Fetiței, am continuat. Aşa că lăsați-vă înconjurate de bucurie şi iubire. Răsfățați-vă şi învățați să acceptați tot ce vă oferă universul şi bărbatul vostru.

A doua lună. Vă umpleți de iubire și credință în bărbatul vostru, îi organizați sărbători și surprize, îi treziți noi emoții.

A PATRA ETAPĂ

Ca o adevărată Stăpână a casei, obțineți rezultate, păstrați și multiplicați tot ce ați creat în această perioadă!

Prima lună. Învățați să faceți ordine în tot: hârtii, casă, finanțe. Exersați forța de a reține și păstra ce ați creat.

A doua lună. Vă extindeți zona de confort, înnoiți sau schimbați spațiul, cumpărați un apartament nou, construiți o casă, umpleți-o cu lucruri mai scumpe. Folosiți banii pentru investiții, călătorii, dezvoltare personală, caritate. Ajutați bărbatul să atingă rezultatele dorite și bucurați-vă de ele, iar apoi luați-o de la capăt.

– Da, cu programul ăsta nu prea ai cum să te relaxezi! observă Jenia. Mă duc să aflu ce tip psihologic are soțul meu, ca să înțeleg ce-l poate inspira.

LUNA

5

Regina îl face pe rege

Cum transformăm neajunsurile în avantaje

Peste o lună toate fetele au sosit însuflețite de descoperirile făcute.

– Ați reușit să observați și să înțelegeți tipul psihologic al bărbatului vostru? Abia așteptam să aflu dacă observațiile lor îmi confirmaseră ipotezele.

– De o lună mă uit la soțul meu cu alți ochi, mărturisi Jenia. Acum pot să-l iert pentru șosetele aruncate și toate mărunțișurile împrăștiate, pentru că sunt doar o manifestare a naturii lui creative. Am început să ascult cu mai multă atenție când vorbește despre planurile lui de a începe o afacere și chiar îl susțin. Mi-e oarecum groază, la serviciu are un salariu mic, dar stabil. Iar dacă afacerea nu merge, cu ce o să hrănim trei copii?

– Nimeni nu spune să renunțe la tot imediat. Poate să înceapă afacerea, să o crească, continuând să lucreze în paralel și numai pe urmă să ia o decizie, am liniștit-o eu. Dar până atunci trebuie să-i dai energie maximă.

– Haideți atunci să vorbim cu lux de amănunte cum putem să-i dăm energie bărbatului. Nastia cerea instrucțiuni concrete, ca întotdeauna.

– Nastia, începem imediat. Numai că la început fiecare o să povestească despre ce a observat la bărbatul din viața ei. Tu ce ai descoperit?

– Am conştientizat că dacă vreau să rămân în istorie ca soţie a unui mare designer trebuie să preiau iniţiativa. Să organizez tot ce ţine de PR, o expoziţie, să tipăresc broşuri, să-mi fac noi relaţii şi să-l promovez pe geniul meu nerecunoscut, pentru ca în sfârşit să devină cunoscut şi plătit pe măsură pentru genialitate.

– Aproape că ai descris tot ce trebuie să facă o femeie la nivel mental când se află în starea Reginei. Gala a făcut la fel [cu Dali]. Am observat că atunci când înţelegi tipul psihologic al bărbatului defectele lui se transformă în calităţi, şi începi să-l preţuieşti pentru ele!

– Ba bine că nu! mă susţinu Lena. Înainte mă enervam că Ruslan e obsedat de bani, dar acum înţeleg că e un adevărat comerciant. L-am întrebat de ce-i place să pescuiască. Ştiţi ce mi-a spus? Că-i place să vândă momeala peştilor! Dacă muşcă înseamnă că au bătut palma. Când am auzit asta, am înţeles că viitorul lui e în vânzări. Dacă poate să vândă momeală la peşti.

– Iar în viitorul tău te aşteaptă o vilă de familie şi capital considerabil. Toţi negustorii ruşi celebri făceau parte din clanul comercianţilor şi pentru ei era foarte important să lase o moştenire copiilor şi nepoţilor. De aceea dacă susţii dorinţa lui de câştiga şi de a investi o să poţi să te bucuri mulţi ani de acum înainte de luxul oferit de el şi de dorinţa lui de a-ţi purta de grijă.

– Dar cât timp trebuie să mai aştept până plouă cu aur? mieună Lena şi se întinse leneşă pe covor. Probabil deja se vedea stăpână pe un conac.

– Depinde de tine şi de energia ta. Cu cât investeşti mai multă energie, cu atât se întâmplă mai repede. Dacă ne gândim la bicicletă şi avion, deţinătorii resursei mai mari de energie pot să atingă ţelul mai repede.

– Dar eu încă nu mi-am găsit bărbatul, se văită Alina. Măcar am început să-i recunosc. Înseamnă că eu nu pot să fac nimic deocamdată?

– Dimpotrivă, trebuie să te concentrezi să atragi bani şi independenţă financiară. Una e când te măriţi şi ai deja zestre, alta când bărbatului i se pare că te interesează numai banii lui. Când femeia are capitalul ei se simte independentă şi invulnerabilă. Dar şi bărbatul îşi respectă mai mult soţia şi ţine cont de ea. O astfel de femeie poate să-şi ia oricând capitalul şi să plece. Pentru o femeie fără zestre e mult mai greu să aleagă sau să aibă pretenţii. Mie chiar mi se pare că ar trebui să ne întoarcem la tradiţia zestrei pentru fiicele noastre, pentru ca ele să nu rămână sărace lipite pământului dacă nu găsesc un soţ potrivit. De aceea tot ce vom discuta te priveşte şi pe tine, acelaşi plan de acţiune, dar care ţi se aplică ţie, nu unui bărbat.

– Şi eu vreau tot aşa, declară Jenia, altfel depun toate eforturile în favoarea soţului, şi pentru mine ce fac?

– Nu te îngrijora! Când faci ceva pentru altul de fapt faci pentru tine.

Nivelul mental al Reginei

– Începem cu starea Reginei, cu nivelul mental, am spus. Se spune că facem parte din rasa a cincea, care dirijează gândurile şi cunoştinţele. Gândurile noastre ne formează realitatea. Dacă vreţi să ştiţi de ce se întâmplă asta citiţi cartea „Psihologia cuantică" a lui Robert Wilson. Dar lucrul cel mai important e să acceptaţi acest lucru şi să vă folosiţi de el.

– Ce înseamnă starea Reginei, mai exact?

– Este un anumit nivel de energie, o anumită calitate, starea necesară pentru luarea deciziilor, conștientizarea valorilor și înțelegerea țelurilor noastre. Arhetipul Reginei răspunde de capacitatea privirii în perspectivă, de stabilirea țelurilor și de alegerea strategiei pentru a le atinge. Dacă vorbim despre tipuri psihologice, la Jung îi corespunde funcția T (gânditorul), logica. În Antichitate acest arhetip e legat de elementul Aer. Aerul simbolizează energia mentală, nestatornicia și irealizibilitatea, sinceritatea și nemărginirea. Aerul este cel care răspândește informațiile în tot Universul. Putem să tot vorbim despre asta, dar eu propun să ne contopim cu acest element și să-i simțim vibrațiile.

CONTOPIREA CU ELEMENTUL AER

Ridicați-vă în picioare și închideți ochii. Inspirați și când expirați imaginați-vă că sunteți pe vârful unui munte, înconjurată de spațiile nemărginite acoperite de zăpada care sclipește în bătaia soarelui. Vedeți alături vârfurile altor munți care se îndreaptă către cer. Sunteți în vârful lumii și lumea se află la picioarele voastre.

Ridicați brațele și dăruiți-vă jocului cu elementul Aer. Simțiți cum bate vântul. Vă atinge obrajii, se joacă cu părul vostru, intră pe sub haine. Invocați elementul Aer, repetând mantra Aerului de șapte ori:

– OM SHRI VAYA RADJAS!
– OM SHRI VAYA RADJAS!
– OM SHRI VAYA RADJAS!

– OM SHRI VAYA RADJAS!
– OM SHRI VAYA RADJAS!
– OM SHRI VAYA RADJAS!
– OM SHRI VAYA RADJAS!

Vântul se întețește, voi vă transformați într-un uragan care nu cunoaște limite, care pătrunde pretutindeni și schimbă tot, liber și înnoitor. Cu fiecare secundă forța voastră crește și cu fiecare clipă vă este tot mai clar unde trebuie să mergeți. Pentru voi nu există obstacole, sunteți unde vreți să fiți, acolo unde nimeni nu se așteaptă să fiți și acolo unde vi se dorește prezența. Sunteți Aerul, respirația Universului; sunteți Aerul, fluxul de informații; sunteți Aerul, vocea care răsună în tot Universul. Muzica vântului și zgomotul uraganului, șoapta frunzelor și răgetele maligne ale tornadei. Sunteți ce vă doriți să fiți, ce puteți deveni, fără îndoieli și așteptări, fără condiții, vă regăsiți adevărată, liberă ca vântul, imprevizibilă și imposibil de capturat, mereu nouă și mereu voi înșivă. Repetați mantra Aerului de încă trei ori:

– OM SHRI VAYA RADJAS!
– OM SHRI VAYA RADJAS!
– OM SHRI VAYA RADJAS!

Vântul se potolește și sunteți voi înșivă din nou. Rugați Aerul să vă dăruiască atributele care vă sunt necesare.

Notați-vă aceste atribute în caiet.

– Ce ați simțit când v-ați contopit cu elementul Aer? Ce atribute v-a dăruit? Cum vă simțiți? le-am întrebat pe fete. Spuneți, iar eu le scriu pe tablă.

Şi am început să scriu pe tablă însuşirile Reginei:

✓ Suficientă
✓ Se preţuieşte pe sine

✓ Independentă
✓ Are ţinută
✓ Măreaţă
✓ Calmă
✓ Cu simţul demnităţii de sine
✓ Hotărâtă
✓ Educată
✓ Aranjată
✓ Fidelă ţelurilor sale
✓ Imprevizibilă
✓ Inaccesibilă
✓ Reţinută
✓ Mândră
✓ Pretenţioasă

– Dar eu chiar aşa şi sunt! Lena se uită la listă. O adevărată Regină, anunţă ea.

– Şi eu am multe dintre însuşirile din listă, ce-i drept, nu toate. Dar remarcabil e că din lista mea lipseşte complet preţuirea de sine, oricât ar fi de ciudat, dădu Nastia din umeri.

– Fireşte, am aprobat eu. Amândouă aveţi caracteristicile arhetipului Reginei. La Lena e mai puternic, la Nastia mai puţin, dar asta este starea voastră naturală. Reţineţi, când vorbim despre tipuri psihologice analizăm nivelul mental, aflăm ce predomină la voi, logica sau emoţiile.

– Iar pentru mine toate însuşirile din listă sunt ceva imposibil de atins, oftă Alina. Niciodată n-o să fiu aşa.

– Nici eu! Oricât mi-aş propune să am mai multă grijă de mine, tot nu apuc. Ba copiii, ba soţul, ba treburile casei, susţinu şi Jenia.

– Nu e cazul să vă faceţi griji, le-am liniştit. Deoarece voi nu aveţi trăsături ale arhetipului Reginei, trebuie doar să-i acordați mai multă atenție pentru a dezvolta aceste însuşiri şi să intrați în această stare. Dar nu aveți cum să vă schimbați dacă mai întâi nu recunoaşteți că sunteți aşa cum sunteți, unice şi irepetabile, până când nu vă acceptați pe voi înşivă cu toate lipsurile şi cu toate calitățile. Pentru că lucrul cel mai important la Regină este prețuirea de sine. Voi enumera cinci factori care ajută la menținerea acestei stări.

Cinci factori ai prețuirii de sine:
1. Conştientizarea unicității voastre
2. Evaluarea succeselor şi ambiția
3. Abilitatea de a alege şi persista în urmărirea intereselor şi valorilor
4. Independența
5. Noblețe sufletească şi demnitate înnăscută

– Începem să ne readucem în starea Reginei cu un exercițiu simplu (redactat de N. Rimskaia). Luați o foaie de hârtie şi împărțiți-l în două coloane.

În prima coloană scrieți 10 calități care vă plac la voi înşivă, cu care vă mândriți. Ați scris?

– Da! Sunt un adevărat înger. De ce nu şi-a dat nimeni seama până acum, nu înțeleg! Ce-i drept, n-am găsit însuşirile regale în listă.

Şi Alina începu să-şi citească lista:

✓ Bună la suflet
✓ Înțelegătoare
✓ Săritoare
✓ Susținătoare
✓ Admiratoare
✓ Activă
✓ Gingaşă
✓ Educată

✓ Plină de bucurie

✓ Generoasă

– În asta constă secretul, am zâmbit. Eşti prea bună la suflet, şi nimeni nu preţuieşte asta. Bunica spunea: „Nu fi prea dulce, că te vor linge, nu fi prea amară, că te vor scuipa". Iar tu nu te preţuieşti pe sine, pentru că nu permiţi ca şi însuşirile opuse să se manifeste. Oamenii ne preţuiesc când suntem diferite, îngâmfate şi deschise, înfocate şi indiferente, când respingem şi atragem. Cum spunea Evghenia Saş: „Când suntem prea bune, când spunem numai lucruri pozitive despre noi înşine, devenim prea anoste, prea albe şi pufoase, ca un fluture alb. Nu veţi lăsa nici o amintire în urma voastră dacă sunteţi prea sterile".

De aceea acum în coloana a doua scrieţi însuşirile opuse.

– Acum a ieşit un mostruleţ, Alina se uită pierdută la lista ei. Vă aduceţi aminte de filmul „Soacra mea e o scorpie"? Aşa şi eu. Deşi în listă acum apar mai multe însuşiri regale.

✓ Rece

✓ Neînţelegătoare

✓ Pretinde sprijin

✓ Criticantă

✓ Gata să împungă cu vorba

✓ Procrastinatoare

✓ Scorpie

✓ Needucată

✓ Reţinută

✓ Zgârcită

– Da, asta e cealaltă latură a ta, am răspuns. Sunt însuşiri pe care le ai, dar pe care nu le accepţi. Uneori mai sunt numite umbra noastră. Cu cât le negăm şi le reprimăm mai tare, cu atât ne consumă mai multă forțe şi se manifestă mai mult în oamenii pe care îi întâlnim. Iar acum uitați-vă la prima listă şi imaginați-vă unde locuieşte prima fată şi unde locuieşte a doua.

– Uluitor! exclamă Nastia. Nu ştiu de ce la mine prima locuieşte într-un apartament la comun, iar a doua într-o vilă luxoasă.

– Da, şi pe mine m-a mirat când am făcut exercițiul pentru prima oară, am spus. „Cine cere mult, primeşte mult". Când te accepți în totalitate, atunci simți o adevărată plăcere şi nu te mai temi să spui ceva care-i şochează pe alții. Tocmai atunci devii imprevizibilă şi misterioasă. Nu mai ai însuşiri reprimate, nu le mai arăți numai când ai crize de isterie, ci rămâi calmă şi reținută în orice situație. În loc să faci scandal, ridici doar o sprânceană.

– Aş vrea să fiu aşa, spuse Jenia visătoare, în loc să urlu la toți că iar n-au spălat vasele şi au luat note mici.

– Atunci prima temă este următoarea. Începeți să vă manifestați şi însuşirile negative, învățați să le acceptați. Iar ca să nu-i speriați pe ceilalți şi pe voi înşivă, începeți să faceți asta cu oameni necunoscuți, acolo unde nu vă cunoaşte nimeni, dar nu la putere maximă, ci doar cu intensitate de 20%.

ALGORITMUL ACCEPTĂRII ÎNSUȘIRILOR NEGATIVE (redactat de G. Tomgorova):

1. Observați o însușire negativă pe care o aveți și spuneți-vă: „Da, așa sunt și mă iubesc pentru asta".
2. Găsiți aspectele pozitive pe care le are.
3. Dați-vă dreptul să fiți așa atât timp cât este necesar, permiteți-vă să exersați însușirea la intensitate de 20%

cu oameni mai puțin cunoscuți și în locuri necunoscute, jucați-vă cu această însușire.

Puteți alege între una şi trei însuşiri şi să le exersați timp de 21 zile.

– Bine, la mine pot să accept asta, dar nu la bărbatul meu! Nu vreau! se revoltă Lena. De ce ar trebui să rabd faptul că nu e punctual sau zgârcenia lui?

– Lena, e acelaşi lucru. Tot ce nu accepți la alții există şi în tine, în asta constă unicitatea ta.

ȘI ÎNCĂ UN EXERCIȚIU MINUNAT (redactat de G. Tomgorova)

Împărțiți o foaie în două coloane și scieți în stânga ce vă irită la bărbați, iar în dreapta ce vă inspiră. Poate vor fi însușiri opuse, dar se poate să nu fie.

Ce mă irită?	*Ce mă inspiră?*

– Ce v-a ieşit? m-am interesat după zece minute.

– La soțul meu mă irită, începu Nastia, faptul că:

✓ nu se ține de cuvânt,
✓ nu câştigă bani,
✓ e leneş,
✓ e egoist şi obsedat de propria persoană,
✓ slăbiciunea de caracter,
✓ iresponsabilitatea,
✓ indecizia,
✓ nu ştie să se impună,
✓ când depune eforturi e inutil, nu obține nici un rezultat.

Iar la alți bărbați admir:
✓ capacitatea de a se ține de cuvânt,
✓ abilitatea de a face bani,
✓ capacitatea de a fi activ şi puterea de muncă,
✓ grija şi atenția acordată celorlalți,
✓ un nucleu interior puternic,
✓ abilitatea de prelua responsabilitatea,
✓ capacitatea de a se afirma şi de a-şi susține opiniile,
✓ abilitatea de a obține rezultate.

– Nastia, interveni Lena, când ai enumerat ce te irită la bărbați ai făcut portretul bărbatului contemporan tipic, şi nu numai al bărbatului rus.

– Da, chiar aşa, se întristă Nastia. Dar ce obținem cu asta? Şi pentru ce să-i prețuim?

– Haideți să ne uităm la listele noastre, am propus, şi să ne gândim ce înseamnă de fapt. În dreapta am scris ce avem din plin, dar nu prețuim la noi, sau nu folosim suficient, nu putem să ne bazăm pe aceste însuşiri.

În stânga avem ce nu acceptăm, ce respingem la noi înşine, nu doar la bărbați. În faptele bărbaților se reflectă convingerile noastre ascunse, însuşirile noastre pe care le reprimăm. Adesea le negăm cu atât mai mult cu cât lumea ne confruntă cu ele când ne trimite oameni în care însuşirile se manifestă atât de pronunțat încât nu putem să le ignorăm. Când îmi spun: nu are legătură cu mine, resping o parte din mine, dar în viața mea apare un om care întruchipează exact aceste însuşiri.

– Exact, oftă Jenia cu tristețe. Şi ce ne facem?

– Acceptăm, am răspuns.

– Uşor de spus, greu de făcut, observă Lena. Cum acceptăm?

– Lena, cu dedicație pentru tine avem un exercițiu splendid pentru acceptare. Se numeşte „Oglinda".

OGLINDA

Alegeți trei însușiri care vă irită cel mai tare la bărbați, la alți oameni. Formați perechi.

Exercițiul are trei etape.

În prima etapă una dintre voi întreabă:

– Ce te enervează la bărbatul tău?

Cealaltă răspunde:

– Mă enervează lenea.

Atunci prima răspunde ca în oglindă:

– La bărbatul tău te enervează lenea.

Facem asta de trei ori.

A doua etapă. Acum trebuie să recunoașteți că aveți și voi aceeași însușire. Nu e întotdeauna ușor și de cele mai multe ori provoacă o reacție de împotrivire și furie, însoțită de tuse, căci acceptarea are legătură cu a cincea chakră (centrul gâtului, despre care vom vorbi mai târziu). Acceptați această însușire la voi spunând:

– La mine mă enervează lenea mea.

Oglinda repetă:

– La tine te enervează lenea ta.

Facem asta de trei ori sau chiar de mai multe ori, observând reacțiile corpului vostru. Dacă ați nimerit cu precizie, atunci totul se va ridica dinăuntru și poate să provoace nu doar tuse, ci chiar și vomă. Permiteți ca acest lucru să iasă din voi. Apoi treceți la a treia etapă.

A treia etapă. Este acceptarea faptului că sunteți așa cum sunteți. Spuneți:

– Sunt leneșă.

Oglinda repetă:

– Ești leneșă.

Facem asta de trei ori și pronunțăm în încheiere:

– Sunt leneșă și mă accept așa cum sunt.

– Cum vă simțiți?

– Mai liniştită, răspunse Lena. Nu e dracul chiar aşa de negru. Şi toate defectele bărbaților nu mă mai enervează la fel de tare.

– Înțelepciunea populară spune: „Dacă eşti urâtă nu da vina pe oglindă", zise Nastia. Dacă înțeleg bine, timp de o lună ne notăm tot ce ne irită şi le sunăm pe prietenele ca să facem exercițiul cu „Oglinda".

– Da, am confirmat, după ce treci prin toate însuşirile şi le accepți imediat, o să-ți fie mai uşor, mai bine. Şi o să descoperi o mulțime de lucruri frumoase la tine şi la alți oameni, pe care nici nu le bănuiai.

– Clar, dar şi o mulțime de lucruri urâte la mine pe care nici nu le bănuiam, spuse Lena.

– Partea importantă e să zici: Da, aşa sunt şi mă iubesc pentru asta, aminti Alina.

– Toate avem multe lucruri pentru care trebuie să ne preţuim şi să ne iubim, am continuat, doar că uneori uităm de ele. Uităm de talent, de însuşiri pozitive, de realizări, succes, uităm că am reuşim deja să facem foarte multe lucruri. Pentru a ne aminti toate astea o să facem exerciţiul lui Jeannie G. Scott.

EXERCIȚIU

Luați o foaie de hârtie și împărțiți-o în trei coloane. Intitulați-le: Însușirile mele pozitive, Unde pot să mă afirm, Ce am realizat.

Acum închideți ochii și concentrați-vă asupra fiecărui titlu câte 1-2 minute. Ce vă vine în minte? Nu analizați și nu cercetați, pur și simplu rețineți. Deschideți ochii și cât puteți de repede notați-vă însușirile pozitive, talentele și realizările. Notați orice gânduri care vă trec prin cap. Iar acum aruncați o privire de ansamblu mentală la întreg tabloul talentelor, calităților și realizărilor.

– Mie mi se pare că bărbaţii uită şi mai repede de succesele lor decât noi, spuse Jenia.

– Da, de aceea şi ei trebuie să-şi reamintească. Una dintre studentele mele a făcut pentru ziua de naştere a soţului ei un colaj cu toate realizările lui, talentele şi calităţile. Când soţul ei a văzut colajul nu mai putea de fericire. E foarte important ca femeia să-i amintească bărbatului despre victoriile lui şi să nu uite despre aportul pe care ea l-a adus în obţinerea acestui succes. După cum îi spunea Galina Vişniovskaia lui Rostropovici: Mulţumesc mie, că tu mă ai.

– Doamne, ce-mi place de mine, oftă Nastia. Ce bestială sunt!

– Nastia, exercițiul următor este exact despre asta. Acum, după ce fiecare dintre voi a văzut şi însuşirile pozitive, dar şi cele negative, pe care nu le acceptați, trebuie să scrieți pe o foaie „Cum sunt eu". Scrieți tot ce vă trece prin cap, tot ce ați conştientizat şi ați văzut acum. Iar sus adăugați „Universul mă iubeşte pentru că sunt aşa cum sunt".

– Bun, de citit în fiecare seară înainte de culcare pentru bună dispoziție! declară Alina fluturând foaia.

– Ar trebui să-i fac şi soțului o listă şi să i-o citesc seara în loc de basm de adormit, se strâmbă Nastia.

– De ce nu, interveni Jenia, o să fac o listă şi pentru copii, ca să le-o citesc la culcare. Aşa n-o să mai trebuiască să se chinuie cândva la bătrânețe să afle ce le stă în cale.

– Minunat, dar cel mai bine e să o citiți dimineața, ca să mergeți în lume cu aprobarea că puteți fi cum sunteți, conştientizând că sunteți unice.

EXERCIȚIUL „TIJA"

Există și varianta feminină a acestui exercițiu, am zâmbit. Vă dau petale de flori, iar voi scrieți pe ele însușirile pe care le-ați amintit deja, și cele pozitive, și cele negative. Pe fiecare petală puneți o însușire.

Acum luați o foaie curată de hârtie și puneți-o în centru. Asta sunteți voi. Așezați în jurul ei petalele și stați în centrul acestei flori minunate. Închideți ochii și simțiți toate aceste însușiri, imaginați-le în voi. Iar acum spuneți-vă:

– Eu sunt toate acestea. Accept totul. Tot ce am în mine merită iubire și recunoaștere. Sunt unică, sunt naturală. Numai eu sunt așa. Da, sunt așa cum sunt și mă prețuiesc pentru asta. Îmi accept unicitatea și mulțumesc Divinului, lui Dumnezeu, că m-a făcut așa. M-a făcut pentru ca eu să creez pe lume ce n-a mai existat niciodată, ca să-mi îndeplinesc misiunea și menirea.

Simțiți cum de sus, prin creștetul capului, pătrunde raza Universului, energia Divină, energia misiunii voastre. Trece prin coloana voastră vertebrală și se duce în jos, în adâncul pământului. Raza vă umple de știință, viziune, sens și energie Divină.

Simțiți cum din pământ se ridică un flux dens de energie a Universului. Fluxul se încolăcește în jurul razei de lumină, în jurul coloanei voastre vertebrale și o face mai elastică, mai puternică, mai trainică. Toate ideile voastre, semnificațiile pe care le-ați primit din Univers, toate țelurile voastre capătă o realizare din lumea materială a Pământului. Simțiți cum coloana voastră e puternică, e o tijă care vă susține structural și vă determină valoarea. Simțiți puterea care emană din tijă și vă umple toate celulele și corpul. Deveniți mai sigură pe sine, curajoasă și infinit de puternică.

– A, înțeleg! exclamă Alina deschizând ochii. Ne conştientizăm valoarea când înțelegem că Universul ne prețuieşte. Când înțelegem că fiecare dintre noi a venit pe lume exact aşa cum este, ca să realizeze ceva unic în lume.

– Da, în mare aşa este, când conştientizăm că suntem unici şi irepetabili din naştere şi datorită acestui lucru putem crea ceva unic. Numai atunci începem să ne înțelegem valoarea şi dreptul de a fi aşa cum suntem.

PARABOLA ACCEPTĂRII DE SINE

Un rege a intrat odată în grădina lui și a observat că toți copacii, tufișurile și florile se ofileau văzând cu ochii. Stejarul spuse că moare pentru că nu e la fel de înalt ca pinul. Pinul, pentru că nu poate să rodească struguri, iar vița-de-vie, pentru că nu putea să înflorească la fel de frumos ca trandafirul. Numai o singură floare, panseluța, era la fel de proaspătă și înflorea ca și înainte. Regele se interesă de ce înflorea de parcă nimic nu se întâmplase. Floricica răspunse:

– Când m-ai sădit ai vrut să ai în grădină panseluțe. Eu am luat asta ca de la sine înțeles. Dacă ai fi vrut să ai numai stejarul, vița de vie sau trandafirul, ai fi plantat numai asta. Dar eu, pentru că nu pot să fiu decât ceea ce sunt, o să mă străduiesc să arăt cât pot de bine.

– Ei bine, cred că putem încheia aici, cu convorbirea asta despre unicitatea noastră, am spus. Iar acum planul pentru acasă.

Planul pentru două săptămâni

1. Dimineața citiți cu voce tare lista „Cum sunt eu" și adăugați la final: „Mă iubesc pentru asta, și bărbatul meu mă iubește pentru asta" și pășiți în mijlocul florii voastre. Dacă nu faceți floarea, atunci doar poziționați-vă în mijlocul camerei.
2. Faceți meditația „Tija" timp de 5 minute.

Pentru bărbat:

1. Scrieți lista cu însușirile lui pozitive și negative „Cum este el" (dacă nu aveți un bărbat în viața voastră, faceți o listă de însușiri dorite, dar nu uitați nici de cele negative.
2. În fiecare zi alegeți între 1-3 însușiri, fără să le neglijați pe cele negative, și spuneți-i că îl prețuiți pentru asta. Pentru cele care nu au bărbat, admirați însușirile la alți bărbați, cu voce tare sau în sinea voastră.

– Vă aştept cu noi poveşti şi schimbări, le-am condus eu pe fete şi am admirat umerii lor drepți şi capetele ridicate.

Prețuiește-te pe tine!

– Ce ați aflat nou despre voi înşivă şi despre bărbații voştri? le-am întâmpinat pe fete.

– Mă uit la Serghei cu alți ochi, mărturisi Jenia. Am descoperit o mulțime de calități pe care nu le observasem înainte. Şi mi-am spus, dacă le văd acum, înseamnă că le am şi eu. Pentru că întotdeauna observăm la alții numai ce avem şi noi. Dacă am înțeles corect.

– Da, corect. Cu cât te concentrezi asupra defectelor altora, cu atât negi aceste defecte la tine însăți. Iar când începi să prețuieşti la alții ceva bun, imediat accepți aceste lucruri bune la tine.

– Da, viața e mai frumoasă, spuse şi Nastia. Am înțeles acum că atunci când Igor lenevește pur şi simplu îşi adună puterile pentru noi proiecte. I-am şi spus când l-am văzut întins pe canapea cu ochii în tavan. I-am zis:

„Dragule, lenevește, e foarte bine, o să găsești inspirația pentru noi realizări".

– Și cum a reacționat Igor? întrebă Alina.

– A sărit de pe canapea de mirare. Pe cuvânt, bărbații sunt ca niște copii, dacă le dai voie să facă ceva, imediat nu mai vor. Dar partea cea mai interesantă e că mi-am dat mie voie să lenevesc cât mi-a dorit inima.

– Îmi închipui, râse Lena. Nastia a setat timerul o oră, și-a zis: „Gata, acum lenevesc", și a lenevit fix un ceas.

– Păi da, chiar așa a și fost, spuse Nastia jenată. Dar nu-i deloc ușor să nu faci nimic o oră întreagă. A trebuit să mă forțez să fac asta.

– Da, asta-i ca bancul cu rusul nou îmbogățit care se întâlnește cu un fost coleg de clasă, acum fără adăpost, care i se plânge că n-a mâncat de trei zile. Iar bogătașul îi spune milos: „Trebuie să te forțezi să mănânci, chiar dacă nu-ți vine", povesti Lena.

– Alina, tu ce ai reușit să faci cu Vadik?

– Pentru mine lucrul cel mai greu a fost să accept că sunt așa cum sunt, și că cineva chiar are nevoie de mine așa cum sunt. Când mă gândesc la asta mă apucă plânsul. Din copilărie mi s-a tot spus că dacă nu reușesc ceva în viață, nimeni n-o să vrea să aibă nimic de-a face cu mine. Și acum, să-mi imaginez că am valoare numai pentru că exist, că sunt ca o floare care înflorește și bucură lumea cu frumusețea ei, mi-a fost extrem de greu! Așa că la finalul exercițiului „Tija" îmi spun că sunt valoroasă așa cum sunt și lumea are nevoie de mine așa cum sunt. Că sunt importantă pe lumea asta numai pentru că exist! La începutul săptămânii mi-a fost foarte greu să rostesc cuvintele astea, dar acum e din ce în ce mai ușor.

– Da, se întâmplă destul de des, am continuat subiectul. Oamenii nu se prețuiesc pe sine și unicitatea lor, pentru că li se pare că nimeni nu are nevoie de ei așa cum sunt. Și dacă nu fac nimic, nu realizează nimic, sunt inutili. Mai ales bărbații cred asta, că nimeni nu are nevoie de ei pur și simplu. Nu pot să creadă că pot fi iubiți și prețuiți doar pentru că sunt, și că nu are nici o importanță ce sunt și că de fapt nu trebuie să dovedească nimănui nimic.

– Dar în cazul ăsta o să se relaxeze atât de tare că n-o să mai facă nimic. Lena nu era de acord.

– În asta constă paradoxul, că atunci când fac ceva din dorința de a demonstra ceva, se pierd pe sine. Dar când te relaxezi și înțelegi că nu trebuie să demonstrezi nimic nimănui, tot ce faci vine din sentimentul de forță interioară, conștientizând propria valoare.

– Una e să simți că ai valoare, și alta e să o manifești în viața reală. Deocamdată îmi spun că sunt unică și că mă prețuiesc, și e bine, se văită Alina, dar cum merg undeva și încep să vorbesc cu oamenii imediat pierd sentimentul ăsta.

– Despre asta vom și vorbi în continuare, am liniștit-o eu. Dar întâi facem un mic test, să vedem cum stăm cu evaluarea de sine și cum o proiectați.

Desenați-vă sub formă de bijuterie, le-am rugat pe fete și le-am împărțit foi și creioane. Acum uitați-vă la desenul vostru. Dacă v-ați desenat ca o bijuterie modestă sau dacă v-ați blocat, probabil că vă subestimați. Dacă, dimpotrivă, ați desenat o bijuterie exclusivistă și foarte scumpă, cu o piatră prețioasă cum nu mai există pe lume, atunci vă supraevaluați. Dacă evaluarea voastră e conformă cu realitatea, ați desenat o bijuterie frumoasă, dar care nu sare în ochi.

– Dar ce-i rău în asta, dacă bijuteria mea e prea neobişnuită? se revoltă Lena uitându-se la desenul ei.

– Când ne preţuim din cale afară, intrăm mereu în competiţie cu noi înşine şi cu alţii, încercând să demonstrăm că suntem cei mai buni. Ne comparăm cu alţii, nu acceptăm că suntem unici şi prin urmare nu acceptăm nici că ei sunt unici. Facem asta automat, când intrăm într-o încăpere şi cântărim toate persoanele prezente. Parcă atragem situaţii din care trebuie să rezulte că eu sunt cea mai bună, pentru că m-au ales pe mine (el a rămas cu mine) sau că altcineva e mai bun, pentru că a fost ales. Şi ne deprimăm, pentru că încercăm să înţelegem de ce e mai bun decât noi. În relaţiile personale, când concurăm cu cineva, bărbaţii încep să ne compare cu alte femei. Iar noi la fel, când bărbatul nu se preţuieşte, începem să-l comparăm cu alţii.

– Exact, susţinu Lena. Când bărbatul nu se preţuieşte suficient tot timpul parcă vrei să ai o aventură, dar când eşti cu cineva care n-are probleme de genul ăsta nici măcar nu-ţi trece prin cap.

– Dar ce simt cei care se subevaluează? se interesă Alina privind tristă la desenul ei.

– Când nu ne preţuim suficient, de obicei suntem geloşi, îi invidiem pe ceilalţi. Nu avem încredere în noi, aşa că ne temem să atragem atenţia, dar în acelaşi timp suferim pentru că nimeni nu ne bagă în seamă, nu preţuieşte ce facem, sau nu ascultă ce spunem. Aceşti oameni trăiesc de parcă se aşteaptă să fie înşelaţi, trădaţi sau trataţi cu indiferenţă. Sunt gata să se umilească în faţa altora, să li se supună orbeşte, le este greu să ia decizii.

– Nici nu m-am aşteptat măcar ca la mine să fie totul în regulă cu evaluarea de sine, observă Nastia. Bijuteria mea nu iese în evidenţă, sunt nişte mărgele de lemn obişnuite.

– Iar la mine nu e clar ce este, nu prea are formă. Dar ce anume influențează felul cum ne evaluăm? se interesă Jenia.

– Evaluarea de sine se formează încă din copilărie, până la şapte ani. Până şi faptul dacă copilul e dorit sau nu poate influența cum se simte pe lume. Dacă a fost înconjurat de grijă, iubire, admirație, tot restul vieții o să aibă sentimentul că viața e neprețuită în sine. Dacă nimeni nu avea nevoie de el, dacă era certat des şi comparat cu alții, mai ales de către mamă şi tată, atunci toată viața o să simtă că nu are nici o valoare, chiar dacă obține multe realizări.

– Da, îmi amintesc cum mama spunea: Uită-te cum arăți! îşi aminti Alina. Toate fetițele sunt aranjate, numai tu eşti mereu lălâie. Mamei îi plăcea mai ales una dintre fetițele de la grădiniță, care era foarte îngrijită, cu o coadă groasă până la brâu, care recita mereu poezii la serbări... Oricât m-aş fi străduit nu puteam să arăt la fel de îngrijită şi deşteaptă, iar din părul meu subțire nici vorbă de coadă până la brâu.

– Şi pe mine mă tot certau în copilărie, că nu-s cum trebuie. Prea ies în evidență, prea vreau multe, oftă Nastia.

– Iar pe mine, dimpotrivă, mereu m-au lăudat şi m-au ales în rolurile principale în spectacole. Lena strălucea amintindu-şi. Mama îi spunea mereu lui tata că trebuie să fiu lăudată. Conform principiului: „Dacă tata o convinge pe fetiță că e Regină, ea la rândul ei poate convinge întreaga lume că e adevărat".

– Bine a procedat mama ta! o admiră Jenia. Nu-i de mirare că te prețuieşti aşa.

– Se pare că nici când te prețuieşti din cale afară nu-i bine, dădu Lena din umeri.

– Pentru cele care n-au avut noroc cu părinții sau au avut prea mult noroc, am întrerupt amintirile fetelor, o să facem un exercițiu de restabilire a evaluării de sine.

PROCESUL DE RESTABILIRE A PROPRIEI VALORI

Faceți perechi și stați alături. Una dintre voi stă cu brațele atârnate lângă corp; cealaltă la stânga ei, cu mâna dreaptă deasupra omoplatului, iar stânga mai sus de piept. Se spune că acolo sălășluiește sufletul, valoarea noastră. Cea care stă cu brațele pe lângă corp închide ochii, inspiră, iar când expiră se transportă în copilărie.

Vă vedeți la o vârstă cuprinsă între 7 și 12 ani. Amintiți-vă ce învățați, ce vă reușea, sau ce nu vă ieșea, pentru ce erați lăudată și admirată și de ce se râdea de voi.

Iar acum începeți să respirați împreună, lent. A doua, cea care dă energie, trebuie să se adapteze la respirația primeia. Simțiți cum între mâinile voastre curge energia către prietena voastră și cum valoarea pătrunde în ea. Vorbiți încet cu ea, și adresați-vă familiar, spuneți-i așa: „Așa de mult te-am așteptat, suntem fericite că ești cu noi, ești așa de minunată, de nemaipomenită, de frumoasă, de dorită. Te prețuim foarte mult. Ești foarte importantă pentru lume așa cum ești”. Spuneți tot ce vă trece prin cap, fără să vă gândiți prea mult. Rămâneți așa cam 7-10 minute. După trecerea intervalului spuneți „Îmi dezlipesc mâna, dar resursele tale rămân”. Îndepărtați mâna încet și faceți schimb de locuri.

– Cum vă simțiți, m-am adresat fetelor, după toate exercițiile de elevare a autoevaluării de sine?

– Mai specială, observă Nastia.

– Exact, susţinu şi Alina, am devenit mai specială. Dar cine o să-mi adauge energie acasă?

– Acasă poţi să rogi o prietenă, o rudă sau poţi face singură asta timp de o săptămână, ba chiar şi o lună.

– Dar cum?

– Setezi un timer pentru 10 minute şi te imaginezi cum stai în picioare, cu braţele pe lângă corp. Treci în partea cealaltă, întinzi mâinile, dreapta din spate, stânga în faţă şi completezi imaginea cu un flux de recunoaştere a calităţilor tale, le admiri şi te simţi mândră de succesele tale. Îţi spui cu voce tare ce ai vrea să auzi de la alţii, nu contează dacă în copilărie sau acum, te adresezi cu „tu" şi îţi spui pe nume. Peste 10 minute desprinzi mâinile şi când inspiri te reuneşti cu tine.

– Putem face exerciţiul şi cu un copil? Jenia, ca o mamă grijulie, îşi aminti şi de copii.

– Nu doar că se poate, chiar trebuie, e obligatoriu, mai ales cu adolescenţii. Iar când certaţi copiii pentru că au făcut o boacănă, alegeţi cuvintele cu grijă, ca să nu le influenţaţi consideraţia de sine şi să nu le puneţi etichete.

– De exemplu? nu se liniştea Jenia.

– De exemplu să spuneţi „Iar n-ai făcut curat în cameră", în loc de „Eşti dezordonat"; „Nu ţi-ai făcut temele", în loc de „Eşti leneş". Când le punem etichete copiilor le provocăm un sentiment exacerbat de ruşine, iar pe urmă e foarte greu să înlăturăm consecinţele. Iar când vorbim despre greşeli, mai degrabă ia naştere un sentiment de vină, iar cu asta se rezolvă mai uşor, se poate schimba şi corecta. Când spunem „tu eşti aşa" nu-i dăm nici o şansă să se schimbe, îi dăm o sentinţă care nu se discută. Iar când vorbim despre fapte, îi dăm o şansă să îndrepte situaţia. Astfel îl ajutăm pe copil să se autoevalueze şi să nu cadă în cele două extreme, o considerație de sine scăzută şi dependența de alții sau o considerație de sine prea ridicată şi concurența continuă cu alții.

– Dar cu iubitul putem face asta? se interesă Nastia. Poate trebuie să fac exercițiul cu Igor ca să creadă în sfârşit că este foarte talentat ca fotograf?

– Sigur, fă-o şi pe urmă spune-ne cum s-a schimbat situația, am zis. Şi ca să încheiem procesul cu autoevaluarea o să facem o meditație.

MEDITAȚIE
(redactată de G. Tomgorova)

Draga mea creație, ești beatitudinea lui Dumnezeu

Închideți ochii, relaxați-vă, inspirați, iar când expirați transferați-vă în locul în care vă simțiți cel mai bine. Poate că ați mai fost acolo sau doar vi l-ați imaginat în visele voastre. Uitați-vă în jur, ascultați sunetele, mirosiți parfumul locului. Simțiți cât este de bine, de liniște.

Vă vine în întâmpinare un om cu straie lungi, cu o geantă uriașă. Din geantă scoate o carte enormă și începe să citească:

„Draga mea creație, ești beatitudinea lui Dumnezeu. Ești perfectă și irepetabilă, frumoasă și minunată. Ai dreptul la punctul tău de vedere, ai dreptul să greșești de câte ori vrei. Ai dreptul să nu înțelegi sau să nu știi ceva, să fii ilogică în fapte, să ai sentimente și să le exprimi când vrei. Poți să-ți judeci comportamentul și să îți asumi responsabilitatea când dorești. Îți dau dreptul să alegi ce vrei să faci, și dau acest drept și celorlalți. În fine, ai dreptul să faci ce vrei, când vrei. Ai dreptul să fii așa cum ești! Ține minte, te găsești pe planeta asta de dragul tău".

Străinul termină de citit, zâmbește, se uită la voi cu ochi plini de iubire și pune cartea în geantă. Îi mulțumiți și vă luați rămas-bun. Când pleacă inspirați, iar când expirați reveniți la realitate și deschideți ochii.

– În continuarea acestei meditații puteți face încă un exercițiu înainte de culcare, am adăugat, privind fețele relaxate şi calme ale prietenelor mele. Se numeşte „Sunt beatitudinea lui Dumnezeu". Are mai multe variante, dar o prefer pe asta. Începem cu mâna stângă. Apucați cu degetele de la mâna dreaptă degetele de la mâna stângă, în afară de degetul mare, şi trageți degetele în sus rostind „Sunt beatitudinea lui Dumnezeu", un cuvânt pentru fiecare deget. Repetați propoziția de cinci ori. Apoi procedați la fel cu degetele de la mâna dreaptă.

Alege-te pe tine

– Ce meditație minunată, şopti Alina printre lacrimi. Uneori mi-e aşa de greu să înțeleg cum să aleg ce am nevoie într-un anumit moment. Tot timpul am senzația că toată lumea profită de mine. Când îmi spun că merg la sală, mă sună cineva şi plec în altă parte. Cu bărbatul e şi mai rău, dacă mă sună las totul baltă şi alerg la el, şi mă cert pentru asta, dar oricum alerg.

– Eu pot să-i spun bărbatului de ce am eu nevoie, mărturisi Nastia, dar cu angajații e altă poveste. Mi se pare că dacă nu-i ajut în clipa aceea, totul se năruie, cade cerul şi compania dă faliment.

– La mine e şi mai rău, interveni Jenia. Cum mă pregătesc să fac ceva pentru mine, să-mi pun o mască, să citesc sau să fac exercițiile noastre, cum mă cheamă copiii că le trebuie ceva. Şi sar imediat să văd despre ce e vorba.

– Sunteți ciudate, dădu Lena din umeri. Dacă eu am ceva planificat pentru mine, poate să înceapă şi războiul, nimic nu-mi stă în cale. Ca în reclamă, „Lumea poate să mai aştepte", ca să nu mai vorbim de bărbat.

– De aia scorpiile ca tine sunt iubite de bărbați, pentru că vă puneți pe primul loc, observă Alina.

– Aşa e făcută lumea, sunt prețuiți cei care se prețuiesc pe sine, am spus. Când sunteți în acord cu valoarea voastră şi recunoaşteți valoarea altora înțelegeți că aveți dreptul să alegeți şi să fiți alese, ba chiar să nu fiți alese. Aveți dreptul să fiți voi înşivă şi alții au şi ei dreptul la rândul lor. Astfel deveniți centrul vieții voastre.

Haideți să facem un exercițiu ca să vedem cine se află în centrul vieții voastre, cine stă pe primul loc.

Luați niște plastilină și faceți câteva biluțe: voi înșivă, bărbatul (cine are), copiii, prietenii, părinții, angajații și cine mai vreți (parteneri, cunoștințe ș.a.m.d.) Lăsați-vă în voia simțurilor și folosiți câtă plastilină vreți pentru fiecare biluță, fără să analizați și să evaluați. Încercați să alegeți culori diferite pentru fiecare, ca să înțelegeți cine unde se află. Și așezați-le pe foaia de hârtie cum simțiți.

Fetele se afundară în lucru. Peste 10 minute totul era gata.

– Acum să vedem ce-a ieşit. Cine se găseşte în centrul vieții voastre? Cum se deosebesc biluțele voastre ca mărime? Care este cea mai mare şi care este cea mai mică?

– La mine biluța „angajaților" e de trei ori mai mare decât mine, se plânse Nastia, şi ei sunt în centru. Şi înțelegeam că nu vreau să-i pun acolo, dar n-am putut să mă păcălesc singură.

– La mine copii sunt enormi şi în centru, Jenia nici măcar nu părea mirată, aşa cum mă şi aşteptam.

– Iar la mine bărbatul e în centru, mărturisi Alina, deşi în realitate practic nu există, dar oricum e cel mai mare şi pe primul loc.

– Iar la mine sunt Eu, se lăudă Lena. Slavă Domnului, sunt în centru şi cea mai mare.

– Nu pot spune că e foarte bine că eşti cea mai mare, am observat. După cum v-ați dat seama, poziția biluțelor arată cine se află pentru voi pe primul loc, iar mărimea indică un dezechilibru de energie. Dacă biluța e mult mai mare decât a voastră înseamnă că investiți în om mai multă energie decât trebuie, mai multă decât primiți. Iar biluțele care sunt mult mai mici decât voi prea puțină energie de la voi. Lena, dacă adaugi puțină energie bărbatului tău o să aibă mai multă putere să facă acte de vitejie pentru tine.

– Dar bărbatul trebuie să fie de aceeaşi dimensiune ca şi mine? se interesă Lena.

– Tu poți fi mai mare, şi atunci o să vrea să investească în tine, am răspuns.

– Dar eu n-o să-l reprim în felul ăsta? se nelinişti Alina imediat.

– Nu, dacă eşti doar un pic mai mare! După cum spune Nadejda Rimskaia, „Cel care are mai multă energie e cel care conduce", am zâmbit. E lumea ta, iar acolo tu eşti cea mai importantă şi mai mare.

Acum vom restabili echilibrul energiei, dar şi al poziţionării.

Luaţi din plastilina biluţelor mai mari decât voi şi pentru început lipiţi bucăţelele la biluţa voastră, spunându-vă în gând: „Îmi înapoiez ce-mi aparţine şi-ţi las ce-ţi aparţine". Apoi adăugaţi plastilina la biluţele care sunt prea mici. Toate trebuie să fie în final aproximativ la fel, numai copiii pot să fie un pic mai mici decât voi ca mărime, pentru că întotdeauna oferim copiilor şi e greu să le cerem restabilirea echilibrului. Faceţi totul încet, simţind cum cu fiecare bucăţică de plastilină vă revine o parte din energia risipită.

Iar acum distribuiţi totul în ordinea cuvenită: voi în centrul lumii, alături bărbatul vostru, apoi copiii, iar apoi în ordine părinţii, prietenii, angajaţii şi partenerii de afaceri. Anastasia Nekrasova ilustrează asta foarte bine (fig. 17).

Acum simţiţi cum staţi pe un piedestal şi lumea se învârte în jurul vostru, iar voi sunteţi în centrul lumii, în centrul Universului. Puteţi să vă urcaţi pe un scaun sau pur şi simplu pe o treaptă, ca să simţiţi şi mai bine. Nu degeaba tronul unei Regine era întotdeauna pus în vârful unor trepte, ca să sublinieze superioritatea ei. Conştientizaţi că aveţi dreptul să afirmaţi ce aveţi nevoie, să vă dedicaţi un anumit timp numai vouă, să fiţi aşa cum sunteţi, că puteţi să fiţi pe un piedestal numai pentru că sunteţi Femeie.

– Mi-e cam frică să stau pe piedestal, dacă rămân singură acolo? se agită Jenia şi sări repede jos de pe scaun.

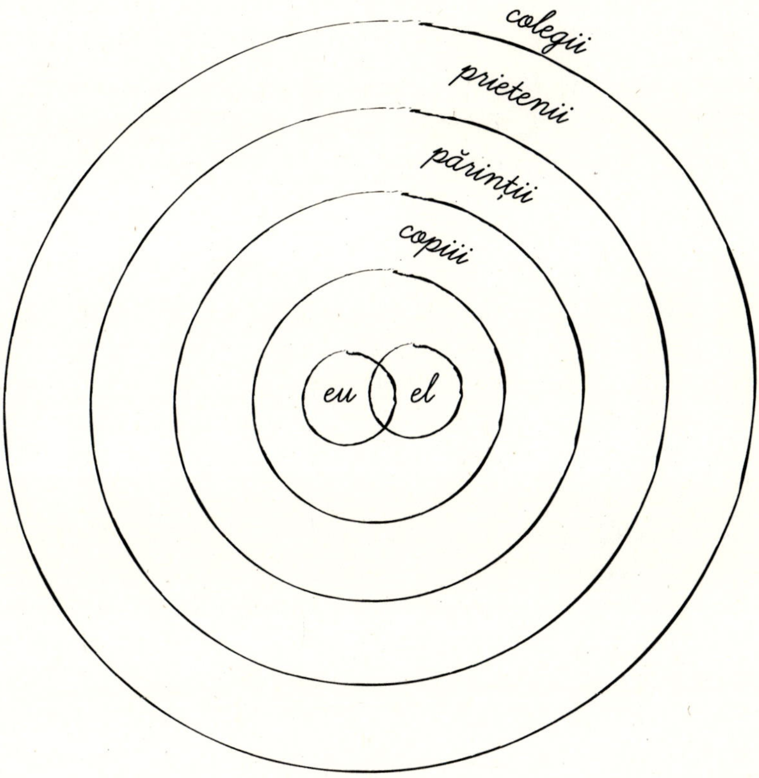

Fig. 17
Lumea din jurul nostru

– Tocmai teama asta de a rămâne singură ne face să-i alegem pe alții în loc să ne alegem pe noi, am început să explic.

Ne temem că nu vom mai fi necesare și indispensabile. Teama ne face să le spunem oamenilor „da" chiar și când vrem să spunem „nu". De asta și există expresia: „Când le spuneți altora «da», nu vă spuneți vouă înșivă «nu»".

Această teamă și dorința de a fi buni ne privează de libertate. Devenim prizonierii așteptărilor altora. Ne temem că ne vom trezi într-o pustietate unde nimeni nu are nevoie de noi. Dar important e că noi avem nevoie de noi. Încercați să vă imaginați ce-ar fi dacă toți v-ar întoarce spatele și ar pleca. Vă veți pierde pe voi înșivă, capacitatea de a fi voi înșivă, de a face ce vă place? Când vă alegeți pe voi înșivă înseamnă că acceptați consecințele deciziilor voastre, oricare ar fi ele. Iar asta înseamnă adevărata libertate.

– Ce legătură are asta cu autoevaluarea? întrebă Jenia după ce ascultă ce am spus.

– Are o legătură directă. Când nu îți prețuiești îndeajuns viața, începi să exagerezi valoarea vieții altora. În tine parcă spune cineva: „Eu pot să aștept, să-mi amân treburile, să-mi schimb programul numai ca altora să le fie bine". Pe neobservate te transformi într-o victimă care oferă mai mult decât primește, iar pe urmă îi acuză că profită de ea. Îmi aduce aminte de vorba aceea cu „cine cară devine animal de povară".

Pe de altă parte, dorința noastră de a fi buni cu toată lumea are și o latură negativă. Ce facem pentru alții și ne dăunează nouă poate fi închipuit ca o piatră de moară. De fiecare dată când vă sacrificați dați piatra de moară altuia. Nu-i de mirare că oamenilor nu le place când de dragul lor se sacrifică ceva. La nivel energetic e un lucru greu de digerat.

– Şi ce să facem? se rugă Jenia. Nu mai vreau să fiu o victimă.

– Formăm din nou perechi, iar partenera noastră va fi partea aceea din noi care se teme să fie refuzată, e îngrozită de singurătate şi pustietate, care vrea atât de mult să fie de folos altora că e gata să le intre în voie chiar dacă contravine valorilor pe care le are.

Dacă vă asumați riscul că toți vă vor părăsi şi veți rămâne singură, atunci sunteți gata să transformați pustietatea din voi într-o resursă, în nevoia de voi înşivă, în abilitatea de a fi voi înşivă, în independență. Începem? m-am adresat fetelor.

– Da, răspunse Alina pentru toate, de parcă mergea la eşafod. Mi-e frică, dar se vede că a venit vremea că mă despart de latura asta a mea sau să o transform în ceva mai prețios.

EXERCIȚIU DE ACCEPTARE A FRICII

Exercițiul îl facem urmând același model. Vă puneți mâinile în palmele partenerei și spuneți: „Nu ești Nastia, ești acea parte din mine care mă împiedică să fiu centrul vieții mele și să mă aleg pe mine". Cealaltă răspunde: „Nu sunt Nastia, sunt acea parte din tine care te împiedică să fii centrul vieții tale și să te alegi pe tine". Acum priviți această parte a voastră și întrebați-o: „Ce ești tu?". Dacă vrea să vă spună ceva, să spună. Dacă nu, nici o problemă, important e să o vedeți și să recunoașteți că există. Mulțumiți-i că există, spuneți: „Te văd. Sunt recunoscătoare că exiști" și întrebați: „Ce mă înveți?" Ascultați ce vă spune, acceptați din inimă și rugați-o să devină o resursă. Atunci partea voastră trece în spatele vostru, vă pune mâinile pe umeri și începe să respire și să vă dea energie. Astfel transformați ce vă stătea în cale în ceva util.

Toate s-au răspândit prin cameră şi au început să se lămurească cum stă treaba cu părțile lor. Jenia în rolul părții Alinei a spus că o învață pe Alina să se accepte şi să aibă încredere de sine. Lena în rolul părții Nastiei a zis că o deranjează principiile şi setările ei interioare: „întâi alții, pe urmă eu". Nastia în rolul părții Lenei o convingea că are dreptul să facă tot ce vrea, să atragă atenția şi nimeni nu o va certa.

– Sunt acea parte din tine care se teme groaznic să fie respinsă, se teme de singurătate şi pustietate, am auzit vocea Alinei în rolul părții Jeniei. Sunt acea parte din tine care vrea să fie de folos altora, să le intre în voie şi să-i aleagă pe alții, chiar dacă asta contravine valorilor şi dorințelor tale. Te învăț să identifici dorințele tale, să nu uiți de tine. Când te alegi pe tine nu mai eşti stresată, nu te mai agiți şi te enervezi şi ai timp să faci tot ce-ai propus. Şi nimeni n-o să te părăsească.

– Îți sunt recunoscătoare, te văd, te aud şi te înțeleg. Fii, te rog, sursa mea! o rugă Jenia cu lacrimi în ochi. Alina trecu în spatele Jeniei şi, punându-i mâinile pe umeri, începu să respire şi să-i transmită Jeniei valoarea ei.

– Cum vă simțiți? le-am întrebat după ce toate au făcut exercițiul.

– Mai unitară, răspunse Alina. Dar de unde ştiu că acum mă voi alege pe mine şi n-o să mai alerg, ca de obicei, la orice chemare a altora?

– Luna asta încercă, de fiecare dată când trebuie să alegi, să te întrebi ce e mai important pentru mine? Ce e mai bine pentru mine? Ce vreau eu de fapt? Nu răspunde imediat la orice propunere. Spune: „O să mă gândesc" şi fă o mică pauză.

– Chiar dacă sună telefonul? Nastia îşi închipuia probabil cum angajații ei nerăbdători sună întruna.

– Dacă sună telefonul, faci ceva pentru tine: un exercițiu, o meditație, te concentrezi pe munca ta, dar nu răspunde imediat la telefon. Conectează-te cu tine însuți, termină ce ai de făcut şi numai pe urmă sună tu. Crede-mă, nu cade cerul dacă dai telefon mai târziu. Veți observa cum lumea începe să se adapteze la voi. Îmi amintesc cum odată am fost invitată la o filmare la Moscova exact în ziua când aveam planificat un training foarte important. I-am rugat să mă sune peste o oră şi am început să mă gândesc cu febrilitate ce să fac. Pe de o parte, participarea la emisiune era un mare avantaj pentru mine şi pentru companie, pe de altă parte, îmi doream foarte mult să ajung la training. Mă oprisem în mijlocul străzii şi nu ştiam ce să aleg. Dar deodată m-am întrebat: ce vreau de fapt, ce e mai important pentru mine? Şi răspunsul pe care l-am primit a fost: acum e mai important să merg la training.

– Şi n-ai mai mers la emisiune? întrebă Alina îngrozită. Doar nu te cheamă în fiecare zi la emisiune pe Canalul 1.

– Lucrul cel mai uimitor a fost că imediat după ce am decis ce fac, cei de la emisiune m-au sunat din nou şi mi-au spus că filmările se amână pentru altă zi. În ziua cu pricina nu aveam training, aşa că am reuşit să fac ambele lucruri.

Dar a existat o situație când nu m-am ales pe mine şi Universul m-a pedepsit imediat. Eram acasă, lucram la o carte şi eram totul afundată în lucru. Scrisul curgea foarte bine, dar deodată m-au sunat de la birou şi m-au implorat să fac o consultație cu una dintre studentele noastre peste trei ore. Am decis că trebuie să o ajut şi să las treburile mele baltă. Am întrerupt lucrul important pentru mine şi am început să mă pregătesc. Până m-am machiat, îmbrăcat şi ajuns la birou, mi-a luat cam trei ore.

– Şi?

– Când deja eram la birou fata a sunat, era blocată în trafic, se răzgândise şi se dusese înapoi acasă. Aproape m-a pufnit plânsul. Îmi lăsasem munca la carte baltă, pierdusem inspirația, mă repezisem la birou, şi pentru ce?

– Unii oameni! se revoltă Nastia.

– Nu e cazul să dăm vina pe fată, i-am luat apărarea studentei mele. Dacă m-aş fi ales pe mine nu s-ar fi întâmplat nimic.

– Da, însă există şi situații când trebuie să facem ceva, dacă am promis? reacționă Jenia.

– Da, dacă ai promis trebuie să te ții de cuvânt. Cel mai greu e să nu promiți lucruri pe care nu vrei să le faci. De aceea e mai bine să schimbi „trebuie” cu „vreau”. Există un tabel minunat cu traininguri de dezvoltare personală (fig. 18).

EXERCIȚIU

Completați tabelul.

Când nu vrem ceva, dar facem asta, motivul este sentimentul de vină și mila. Ca la mine în situația cu fata, mi-a fost milă de ea și am uitat de mine. Am auzit cândva că „mila și sentimentul de vină sunt manifestări ale trufiei, pentru că ne

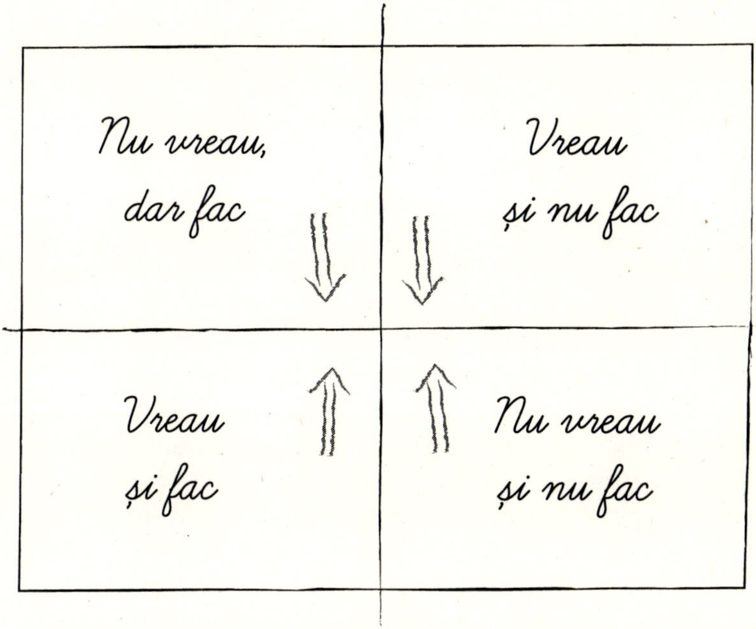

Fig. 18
Pierderea și acumulare de energie

purtăm de parcă hotărâm pentru cineva ce e mai bine pentru el sau ea și ne simțim ca niște Dumnezei". Lucrul acesta iese în evidență mai ales când ne este milă de bărbați, pentru că astfel îi facem mai slabi. Când nu vrem să facem ceva, dar totuși facem, 90% din puterile noastre sunt irosite în împotrivire. De aceea trebuie ori să refuzăm aceste obligații, ori să ne spunem da, o să fac asta. Și să încetăm să ne împotrivim și să ne irosim forțele în lupta noastră lăuntrică.

– Adică ori trebuia să refuzi să te întâlneşti cu fata, ori să decizi că e mai importantă decât cartea ta şi să nu mai suferi, rezumă Nastia.

– Desigur, să nu mai suferi, asta e partea cea mai grea, am spus. E cel mai greu să renunți la asta.

– Păi aşa putem duce raționamentul foarte departe, se încruntă Jenia. Că doar de multe ori trebuie să facem ceva, chiar dacă nu vrem. De exemplu, să facem mâncare la copii, să verificăm temele, să facem curat ş.a.m.d.

– Da, însă e important ce simțim când facem toate astea. Dacă facem numai pentru că „e datoria mea", ajungem la starea de victimă. Ne e ciudă şi suferim când îi lăsăm pe alții să profite de timpul nostru, de banii noştri, de sentimentele noastre şi mai ales de viața noastră. Nimeni nu devine mai fericit în situația asta, pentru că cei pentru care facem încep să sufere, pentru că e imposibil să ne dea înapoi ce le-am dăruit. În loc de recunoştință la ei apare agresivitatea. Iar când faci ceva din proprie inițiativă, atunci nu te aştepți la recunoştință, eşti gata să accepți ce va fi, nu te superi, pentru că nu ai nici un fel de aşteptare. Supărarea e cauzată de aşteptări neîmplinite. Chiar şi cancerul e cauzat de supărări. Prin urmare, totul depinde de alegerea noastră. Avem două opțiuni, ori să încetăm să procedăm aşa, ori să hotărâm pentru noi că facem asta, și să facem cu bucurie și satisfacție, pentru noi înșine, nu pentru alții. De exemplu poți să gătești mâncarea simțind cum te roade ciuda, sau poți să gătești pentru tine, cu plăcere și încercând rețete noi. Și atunci vei face asta cu totul altfel, simțind că evoluezi, nu că te sacrifici.

– Și dacă nu le plac experimentele mele? nu renunță Jenia.

– Dacă nu le plac, treaba lor. Dar nu te va mai răni sau supăra așa de tare, pentru că le-ai făcut pentru tine. Aici revenim la libertate și acceptarea consecințelor care apar dacă ne alegem pe noi. Dar libertatea îi sperie pe mulți oameni. Evident, multe femei preferă sclavia lăuntrică din această cauză. Aleg de bunăvoie dependența de bărbat, și cea materială, dar și cea emoțională, și rămân la acest stadiu. Există trei stadii de evoluție a relațiilor:

✓ dependența (alții decid în locul nostru, iar noi le dăm dreptul să aleagă);

✓ independența (avem dreptul de a alege și decidem pentru noi);

✓ parteneriatul (avem dreptul de a alege, recunoaștem că și alții au același drept și suntem gata să găsim o soluție comună).

Numai atunci când ajungem la independență suntem gata de parteneriat. Multe femei din Rusia se găsesc în starea de dependență și țin cu dinții de bărbați care nu le prețuiesc, iar adesea chiar le umilesc și le jignesc. Sunt pregătite să se împace cu situația, numai ca să păstreze iluzia securității, firimiturile de bani și iubire care le sunt date de bărbat. Și nici măcar nu observă că se trădează pe ele însele, interesele și visurile lor, pentru că se raportează numai la ce spune sau crede bărbatul lor. Treptat, se pierd, devin ca o umbră a bărbatului și-i permit să decidă pentru ele. Numai când devenim independente putem să ne permitem să nu fim de acord cu mai puțin decât ni se cuvine și să alegem ce e mai bine pentru noi.

– Poți să angajezi pe cineva să vină și să gătească, îi propuse Lena Jeniei, după ce ascultă discursul meu înflăcărat despre libertate. Un bucătar costă cam 500 ruble pe oră. Iar asta înseamnă libertate!

– Da, și atunci o să primești energie, conform situației „nu vreau și nu fac”, am spus. Cu cât vei acorda mai multă atenție acelor aspecte unde ai de ales dacă să faci sau nu, cu atât mai multă energie vei primi.

– Uite eu, de exemplu, nu vreau să merg cu metroul și nu merg, și sunt foarte mulțumită! exclamă Lena.

– Iar eu nu vreau să mănânc prăjituri și nu mănânc. Am cu ce să mă laud! bătu Alina din palme.

– Iar eu nu vreau s-o sun pe soacra mea și n-o sun. Înainte mă blamam pentru asta, dar acum înțeleg că e doar alegerea mea, ne împărtăși Nastia revelația ei.

– Da, când facem sau nu facem ceva pentru că așa am hotărât noi, devenim mai puternice. E mai greu când vrem ceva și nu facem. În spatele acestui lucru se poate ascunde teama sau faptul că nu dorim cu adevărat să facem asta. În această situație irosim o mulțime de forțe și energie, de aceea e mai bine să renunțăm la aceste dorințe sau să le transferăm în categoria „vreau și fac”.

Când vrem și facem, suntem pline de inspirație și de dorința de a continua, avem putere să înaintăm. Și tocmai aici se manifestă libertatea noastră și faptul că ne alegem pe noi înșine! Pe mulți oameni îi sperie libertatea pentru că oamenilor le este mai ușor să accepte alegerea făcută de alții decât să facă o alegere. Radislav Gandapas spune că lipsa unei alegeri face viața omului mai simplă, căci „alegerea este lucrul care consumă cea mai mare cantitate de energie”. Samuraii trebuie să ia o decizie şi să acționeze în timpul pe care trag aer în piept de şapte ori. Dacă nu reuşeşc să ia o decizie în timpul alocat, trebuie să-şi scoată din cap această problemă.

– Eu nu sunt un samurai, se plânse Jenia, iar câteodată numărul de variante posibile mă sfâşie şi mă omoară, începând cu chestii stupide, ce să fac la cină, ce pantofi să cumpăr...

– Şi cu cine să mă mărit, o susținu Lena, amintindu-şi de Ruslan.

– Adevărat, cea mai mare durere a oamenilor este durerea pe care o provoacă o posibilitate ratată, am confirmat.

– Exact, pot să sufăr luni întregi pentru că n-am cumpărat nu ştiu ce rochie sau că n-am făcut ceva, se lamentă Alina.

– În asemenea cazuri pe mine mă ajută exercițiul „Balanța alegerii", am mărturisit. Nu e pentru situații serioase, se potriveşte mai ales când trebuie să luăm o decizie fără să cântărim nişte consecințe majore.

– Haideți să învățăm cum facem, ca să putem lua decizii mai repede, se rugă Lena.

– Bine, m-am îndurat eu. Vă prezint exercițiul „Balanța alegerii".

EXERCIȚIUL „BALANȚA ALEGERII"

Îndreptați-vă alegerea către centrul frunții, unde se găsește al treilea ochi. Imaginați-vă că trupul vostru este punctul de sprijin al balanței, iar palmele sunt talerele. Uniți-vă cu centrul vostru și întrebați-vă: „Care este alegerea cea mai bună pentru bine? Ce e mai bine să fac?" și puneți una dintre opțiuni pe unul dintre talere, iar a doua în celălalt taler. Palma care coboară este decizia care atârnă mai greu. Corpul știe viitorul, de aceea puteți avea încredere în simțurile voastre.

– Din experiența mea, viața devine mult mai simplă aşa, am adăugat. Iar apoi nu regreți ce faci sau nu faci. N-ai cumpărat pantofii, foarte bine. Înseamnă că n-ai nevoie de ei, sau că vei găsi alții, mult mai potriviți.

– La mine problema nu e să mă aleg pe mine, ci cum să aleg ce îmi este necesar în acel moment. Ce proiect să fac, unde să merg, cu ce să mă ocup, cu cine să mă întâlnesc, în fine, „unde să merg, cu cine să vorbesc", oftă Lena.

– „Pe cine să găsesc, cui să mă dăruiesc", încheie Alina, amintindu-şi de o rimă veche din timpul şcolii.

– Acum e timpul să trecem la subiectul valorilor noastre, despre care vom vorbi data viitoare. Iar acum să recapitulăm ce facem pentru noi şi pentru el.

Planul pentru două săptămâni

Pentru sine:

1. Ne ridicăm nivelul energiei valorii noastre, exerciții cu imaginea. După aceea ne imaginăm că stăm pe un piedestal.
2. Meditația „Ești beatitudinea lui Dumnezeu" sau exercițiul degetelor.
3. Ne alegem pe noi înșine de câte ori avem ocazia și exercițiul „Balanța alegerii".

Pentru el:

1. Sporirea energiei valorii lui.

LUNA

6

Programul regal

Tu ești Regina

– Cum a fost? m-am interesat de ceea ce au realizat fetele.

– Pe zi ce trece e mai ușor să te alegi pe tine, mărturisi Alina. Nu mai e de speriat să refuz o întâlnire cu un bărbat dacă nu-mi convine ziua sau dacă vreau să fac altceva. Și Vadik a început imediat să fie mai interesat.

– Da, bărbații simt asta, am observat. Lipsa ta de interes îi face să fie și mai interesați.

– O, la mine e invers. Am început să fiu atentă nu doar la ce vreau eu, dar și ce vor alții, și să-i acord mai multă atenție lui Ruslan. În orice caz, am început să-l ascult pe el, în loc să vorbesc numai despre mine! spuse Lena. Și cu cât tac mai mult, cu atât devine mai vorbăreț. Săptămâna trecută am aflat mai multe lucruri despre el decât în șase luni de când ne cunoaștem. Și mi se pare că s-a îndrăgostit și mai tare de mine.

– Minunat, ce bine că ai observat, m-am bucurat eu pentru Lena. Înseamnă că prețuirea ta de sine foarte ridicată devine mai adecvată și nu mai simți nevoia să le spui tuturor, mai ales bărbaților, despre succesele tale. Nu mai ai nevoie să atragi atenția asupra ta atât de mult. Adevărata Regină își păstrează tainele și ascultă mai mult decât vorbește.

– Iar eu am început să gătesc cu plăcere, se lăudă Jenia, şi nu mă mai supăr dacă cineva nu termină tot din farfurie sau dacă nu laudă ce am gătit. Cum nu le-am mai reproşat că stau toată ziua la aragaz, iar ei nici nu vor să guste, cum au început să mănânce cu poftă. Iar dacă nu vreau să gătesc trei ore, le comand pizza. Soţul cârcoteşte, dar urmăreşte cu interes ce mai inventez. Iar mie îmi place că dispoziţia mea nu mai depinde de evaluările altora şi de aşteptările lor.

– E un mare progres, am spus, că fericirea ta nu depinde de alţii sau de ce ai. Când nu-ţi mai spui: „O să fiu fericită când o să am asta şi asta, când o să fiu lăudată şi admirată" (este o fericire condiţională). Dar când eşti fericită pur şi simplu, în jurul tău se formează un spaţiu special al fericirii. Şi toţi simt asta şi vor să fie acolo, toţi vor să rămână.

– Aşa e, aprobă Jenia. Iar eu mă miram: ce tot vin toţi la bucătărie şi se înghesuie lângă mine? N-au camerele lor? Dar îmi place.

– Iar eu mi-am stabilit program de primire pentru angajaţi şi imediat au început să se rezolve toate lucrurile de la sine. Nimeni nu mă mai deranjează pentru orice fleac. E super, să te poţi ocupa de lucrurile care contează pentru tine la momentul respectiv. Acum am timp şi pentru mine, şi pentru alţii. Minunat sentiment!

Nastia arăta mai calmă şi mai concentrată.

Autosuficienţă pentru tine, aripi pentru el

Când ne alegem pe noi începem să ne simţim autosuficiente. Încetăm să mai depindem de starea de spirit a altora, de aşteptările şi părerile lor, nu mai aşteptăm deciziile lor, nu mai suntem la mila altora. Deodată înțelegem că deja avem tot ce ne trebuie pentru a fi împliniți, că asta nu depinde de factori exteriori, ci numai de starea noastră. Autosuficiența apare când ştii că deja ai tot ce este necesar vieții. Când începi să-ți clădeşti viața conform valorilor tale şi alegi numai ce este cu adevărat important. Şi când toată energia ta, toată atenția este îndreptată către tine, atunci ai atâta forță că poți să le dai şi altora, dar nu mai vrei tu. Totul se construieşte în baza abundenței, nu a vinovăției, milei sau fricii. Cred că putem să notăm cele 10 caracteristici ale autosuficienței.

10 caracteristici ale autosuficienței

1. Te alegi pe tine şi ştii să decizi în mod independent.
2. Dispoziția şi starea ta nu depind de cei din jur.
3. Te ocupi de lucrurile care îți fac plăcere.
4. Mereu ai ceva de făcut, lucruri care te interesează, pasiuni, treburi pe care nu eşti gata să le abandonezi de dragul lui.
5. Ai cercul tău propriu, prieteni şi admiratori.
6. Nu-ți dezvălui toate tainele şi problemele, nu le povesteşti tuturor despre trecutul tău.
7. Nu permiți nimănui să te neglijeze, să râdă de tine, să nu te respecte.
8. Eşti îngrijită, bine îmbrăcată, educată.
9. Nu faci scandal din orice.
10. Alegi tot ce e mai bun pentru tine şi nu accepți compromisuri.

– Înțeleg. Când eşti autosuficientă poți să alegi tot ce e mai bun pentru tine, iar în asta constă libertatea.

Când ți-e bine deja, n-o să te arunci în brațele primului bărbat, o să refuzi liniștită tot ce nu-ți place sau ce ți se pare sub demnitatea ta, rezumă Nastia.

– Dar dacă deja am permis de o sută de ori să fiu neglijată? se întristă Alina.

– Tocmai am ajuns la definiția demnității de sine. Ce alegem pentru noi? Dar și ce nu vreau să îndur din partea altora și ce nu voi alege niciodată pentru mine (așa se și spune, e sub demnitatea mea).

– Da, de exemplu, e sub demnitatea mea să aștept un bărbat două ore, afirmă Lena.

– Sau să-i permit să înjure în prezența mea, spuse Nastia.

– Sau să mă jignească și să râdă de mine. Nu aș accepta nici o clipă! interveni și Jenia.

– Sau să mă culc imediat cu un bărbat și să port lucruri ieftine, adăugă Lena. Și asta, nu?

– Lucrurile ieftine se încadrează și ele, am aprobat.

– Dar dacă deja am dat-o în bară și am făcut multe lucruri pe care nu ar fi trebuit să le fac? Și eu îmi promit că nu mă culc cu nici un bărbat imediat, dar... Ce fac atunci? Alina aștepta răspunsul plină de tensiune.

– Atunci luați o foaie de hârtie și scrieți: „Ce lucruri ați făcut și vă pare rău?" Iar a doua listă: „Ce NU ați făcut și acum vă pare rău?" Fiecare face lista ei; e important să știți ce e acceptabil pentru voi, și ce nu este acceptabil și nu faceți compromisuri. Dar dacă ceva deja s-a întâmplat, iertați-vă. Alina, ești gata să citești lista ta?

Alina începu să citească cu o voce sepulcrală:

– Regret că mă culc cu bărbații la prima întâlnire, că îi caut, îi sun, că îi las să mă neglijeze, că nu-i las să mă cucerească și să facă lucruri de dragul meu.

– Bine, iar acum „Ce NU ați făcut și acum vă pare rău?" Cine vrea să citească?

Jenia răspunse la apel şi citi cu o voce la fel de tristă:

– Îmi pare rău că n-am pretins nici un ban de la primul soț la divorț şi că nu l-am trimis unde merita imediat pe unul dintre admiratorii mei.

– Iar acum deasupra acestor liste scrieți: „Mă iert pentru toate acestea”. Mai puteți scrie: „În numele Domnului, în numele îngerului meu păzitor, eu. roaba lui Dumnezeu, îmi cer iertare şi mă iert. Amin”. Iar listei trebuie să-i dați foc la miezul nopții.

– Cum vă simțiți?

– De parcă m-am născut a doua oară. Ştii, parcă am început să simt că acum merit tot ce e mai bun! declară Alina.

– Aşa şi este! am susținut-o pe Alina. Când eşti autosuficientă, când nu alergi nicăieri şi nu alergi după nimeni poți să alegi tot ce e mai bun: mâncare, îmbrăcăminte, vacanțe, bărbați. Înlăuntrul tău apare siguranța că poți să-ți permiți asta. Şi lucrul cel mai important e că ceilalți, şi mai ales bărbații, imediat consideră că meritați. Cineva mi-a povestit cum un tânăr îşi dădea întâlnire cu fetele într-un mall enorm şi îşi dădea seama imediat unde să le invite, la McDonalds sau un restaurant franțuzesc de fițe.

– Şi cum îşi dădea seama? În funcție de cum arătau? ridică Nastia o sprânceană.

– Şi de asta, am zâmbit. Dar mai mult în funcție de postura lor, de îmbrăcăminte, de comportament şi mai ales de felul cum proiectau că ştiu ce valoare au, ce merită şi ce sunt gata să accepte.

– Pe mine mă uimeşte întotdeauna că sunt persoane pentru care bărbații sunt gata să lase tot la pământ şi se aruncă să-i ajute, dar pentru altele nu mişcă un deget.

– Da, cunosc o fată despre care l-am întrebat pe un cunoscut de-al nostru: „Te-ai culcat deja cu ea?” Iar el mi-a răspuns: „Bineînțeles că nu, ea nu e aşa! Pur şi simplu, sunt fericit că-i sunt prieten, că pot să o ajut! Cu o fată ca ea trebuie să te însori", îşi aminti Nastia.

– Unora li se fac cadou vile, iar altora nici măcar nu li se cumpără o cafea, observă Lena.

– Dar eu mă tem să primesc cadouri scumpe, mi se pare tot timpul că rămân datoare din cauza lor, spuse Alina.

– De exemplu? întrebă Nastia.

– Dacă un bărbat îmi face un cadou scump, se intimidă Alina, atunci trebuie să mă culc cu el.

– Şi eu mă simt datoare, dar nu cu sex, ci cu bani, mărturisi Nastia. De exemplu, când cineva face ceva pentru mine, aparent dezinteresat, iar pe urmă se dovedeşte că trebuie să-i plătesc. Dar pentru că inițial părea că face asta de dragul meu, nu discutăm deloc prețul la început. Iar când îşi trimite nota de plată mă îngrozesc. Şi nu mai e nimic de făcut, pentru că serviciul a fost deja făcut, aşa că trebuie să plătesc. Nu înțeleg de ce altora li se face un plan de afaceri sau se fac campanii pe rețelele sociale, iar eu trebuie să plătesc pentru orice. De parcă oamenii sunt gata să-mi îndeplinească orice dorință, iar pe urmă îmi cer bani pentru asta. Iar alții sunt ajutați dezinteresat. Oamenii sunt fericiți să-i fie alături, să învețe ceva de ea, sau, după cum se spune, să respire acelaşi aer şi să-i facă o favoare.

Demnitatea și luxul dau ritmul bogăției

– Din fericire sau din păcate, am început eu, asta nu depinde de alții, ci de tine, de lucrurile pe care tu eşti gata să le accepți fără să simți o obligație, poți fi recunoscătoare, dar nu să ai o obligație. Nu trebuie să ceri să se facă ceva pentru tine, şi să aştepți liniştită să ți se ofere şi să ți se dăruiască. Primim exact cât suntem gata să acceptăm. Şi nu e vorba numai de cadouri, dar şi de recunoaştere, succes, ajutor, dorința de fi ajutați de alții, de a învăța ceva, de a ne oferi din timpul lor.

Scrieți numele celor din jurul vostru şi ce primiți de la ei (conform lui Jeannie Scott).

Numele persoanei	*Ce vreau de la ea*	*Ce primesc de fapt*

– Ați completat?

– Da, se pare eu dau foarte mult, dar nu cer aproape nimic, se uită Alina cu mirare la listă.

– Dar ce putem cere de fapt? Lena se uita şi ea tristă la tabelul ei.

– Putem să ne gândim la tipurile psihologice şi să ne notăm ce oameni ne pot da anumite lucruri. O să înțelegem mai bine la ce ne putem aştepta de la ei şi să nu fim dezamăgite dacă nu primim ce ne dorim de la ei (fig. 19).

Iar acum o să facem o meditație ca să învățăm să acceptăm ce ni se oferă, dar şi faptul că poate nu vi se va propune sau dărui nimic, dar acest lucru nu vă va pricinui tristețe.

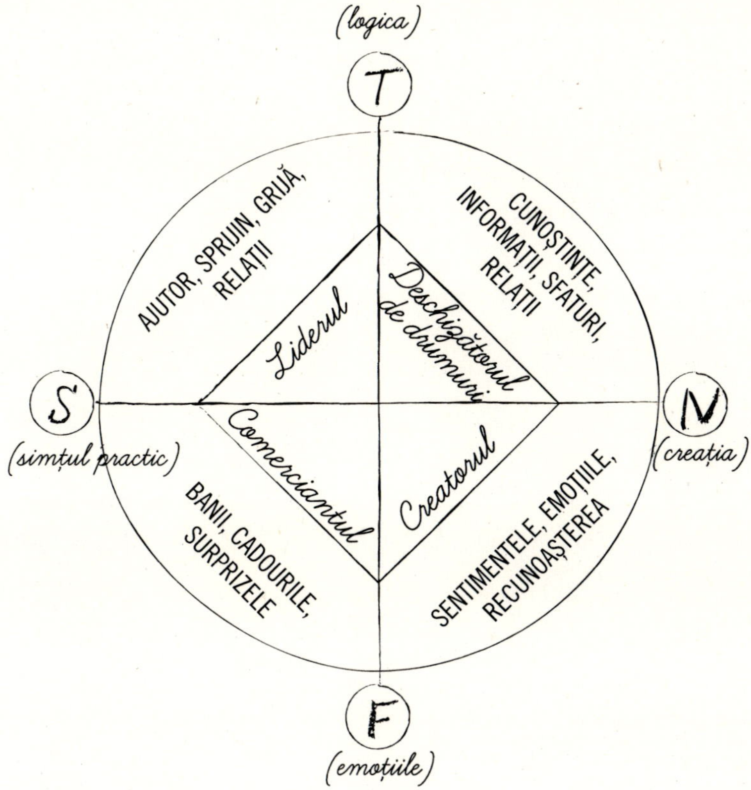

Fig. 19
Ce primim din partea celor patru tipuri psihologice

MEDITAȚIA „MULȚUMESC, ACCEPT"

Închideți ochii și imaginați-vă că stați pe un tron și vă simțiți ca o Regină. Sunteți liniștită, relaxată și gata de orice. Se deschide ușa și în sală intră niște oameni care aduc cutii de cadouri legate cu panglici. Toate cutiile seamănă una cu alta. Fiecare dintre ei vă oferă cadourile. Dezlegați panglicile, deschideți cutiile și găsiți tot felul de lucruri: obiecte, cunoștințe, idei, servicii, ajutor, recunoaștere, posibilități și șanse, relații, călătorii și multe altele. Unele cadouri vi le doreați de mult, de altele aveați nevoie, la unele nu vă așteptați. Dar deschideți fiecare cutie cu sentimentul că primiți tot ce se găsește în ea și-i spuneți persoanei care o oferă „Mulțumesc, accept. Merit asta și nu mă simt datoare". Persoana pleacă, iar voi primiți cadoul următor. Și tot așa până ce toți termină să vă ofere ce au adus și pleacă.

– M-a apucat o tuse atât de puternică, de nu mai pot! Când deschise ochii Alina încă tuşea. Ce înseamnă asta?

– Că nu eşti gata să primeşti ce-ți dăruieşte Universul, de aceea Universul nici nu te răsfață cu cadouri. Al cincilea centru, al gâtului, este cel responsabil de acceptarea recunoaşterii, bărbaților, evenimentelor care se petrec în viața ta, admirației oamenilor şi dorinței lor de a face ceva pentru tine.

– Doamne, ce greu e să primeşti, nici nu mă aşteptam, ne spuse Nastia noua ei descoperire. Se pare că e mult mai uşor să oferi! Nici nu bănuiam că sunt aşa de generoasă.

– Câteodată e chiar generozitate, dar cel mai adesea e un dezechilibru. Dăm mai mult decât primim. Ca să înțelegi dacă în viața ta există un echilibru, putem compara cât primeşti şi cât dai. Ne referim la timp, emoții, bani, cunoştințe.

– Dar dacă deja ştiu că există un dezechilibru, ce fac? se alătură Alina.

– Atunci trebuie să-l restabileşti şi să-ți sporeşti treptat valoarea.

RESTABILIREA ECHILIBRULUI (redactat de G. Tomgorova)

1. Cum verificăm echilibrul. Evaluați cât timp, bani, emoții, cunoștințe investiți în alții și comparați cu ce investiți în voi înșivă. Aici intră îngrijirea noastră, dezvoltarea personală, pasiunile. Ideal ar trebui să trăim conform idealului lui Platon: 4 ore de muncă, 4 de dezvoltare personală, 4 pentru noi, pentru ce ne face plăcere, 4 pentru alții.
2. Cum restabilim echilibrul. Dacă nu există un echilibru, începeți treptat să micșorați ce oferiți altora și oferiți-vă vouă. Dăruiți-vă timp, bani, emoții, cunoștințe. Străduiți-vă să faceți pentru alții la fel de mult ca și pentru voi. Și invers, dacă faceți prea mult pentru voi, încercați să le acordați mai mult timp altora. Acordați deosebită atenție relațiilor cu bărbatul vostru: cât vă dă el, și dați-i la fel de mult timp, emoții, bani, cunoștințe. Dacă nu face ceva pentru voi, încetați să faceți acel lucru pentru el.
3. Cum ne mărim valoarea. Numai când simțiți că balanța a fost restabilită începeți să sporiți valoarea. Permiteți-vă să investiți mai mult în voi: cumpărați lucruri mai scumpe, cheltuiți mai mult pentru îngrijire, pasiuni și plăceri. Lăsați-i pe alții să investească mai mult în voi, să vă dăruiască lucruri

mai prețioase, să vă invite în călătorii mai scumpe, să vă plătească mai bine pentru munca voastră.

– Poate că o să fiu învinuită că sunt profitoare, dar mă deranjează când bărbații îmi fac un cadou ieftin. Am impresia că mă devalorizează, observă Lena.

– Dupa cum am mai spus, oamenii investesc în noi emoții, timp, bani, cunoştințe. Cadoul poate să coste puțin, dar dacă în el s-au investit mult timp, emoții sau cunoştințe, atunci devine inestimabil.

– Probabil ai dreptate, aprobă Nastia, dar uneori am nevoie de cifre concrete.

– Există un exercițiu (redactat de G. Tomgorova) pentru estimarea valorii noastre, mi-am amintit eu. Pentru calcularea prețului nostru pe oră. Pentru asta luați suma medie a venitului pe o lună, împărțiți-o la 22 zile lucrătoare, iar apoi la 8 ore. Şi încercați să includeți toți banii, inclusiv cadourile şi investițiile făcute în voi.

– Invitațiile la restaurant se pun? întrebă Lena.

– Se pun! Câteodată nu luăm în seamă cât de mult ne oferă Universul şi oamenii din jur. Vă aduceți aminte când am vorbit despre surse de venit? Calculați tot, şi ce vă dă bărbatul, şi ce vă dau părinții, prietenii, cunoscuții.

– Ați calculat? le-am întrerupt pe fete.

– Da, şi acum?

– Acesta e costul vostru pe oră. Când alegeți cum şi cu cine să petreceți această oră, evaluați rapid. Ce e mai bine, să mergeți la o întâlnire cu bărbatul acesta sau să faceți ceva pentru voi?

– Adică dacă bărbatul mă duce la un restaurant ieftin îmi scade valoarea? întrebă Lena.

– În principiu ai dreptate, dar am mai spus că ceilalți pot să investească în noi nu doar bani, dar şi emoții.

Iar dacă în timpul acestei întâlniri primeşti din partea lui cunoştințe, bucurie, ți se pare că zbori, atunci nu contează câți bani cheltuieşte cu tine. Dar dacă simți că nu primeşti ceva care te îmbogățeşte, mai bine îți dedici timpul ție. Când te alegi pe tine nu creşte numai valoarea ta. Banii pe care i-ai investit în tine cresc şi se întorc la tine de trei ori mai repede.

– Adică dau trei mii pe un masaj şi primesc nouă mii din partea Universului? calculă repede Nastia.

– Da, cu cât investeşti mai mult în tine, cu atât valoarea ta este mai mare! Şi depinde numai de tine.

– Acum înțeleg de ce se spune că e mai bine să cumperi un singur lucru scump decât cinci ieftine, observă Lena.

– Exact, când cumperi lucruri scumpe intri în ritmul vieții de lux şi începi să te simți altfel.

– Ca o femeie prețioasă, adaugă Jenia.

– Da, am aprobat, de aceea încercați ca săptămâna asta să vă cumpărați ceva scump. Ritmul vieții de lux include şi următoarele:

✓ Îngrijire personală

✓ Ieşiri mondene

✓ Admiratori şi prieteni influenți

✓ O maşină frumoasă

✓ Comori ale lumii

✓ Palate, hoteluri de cinci stele, restaurante de elită

✓ Casa (ideal ar trebui să fie minim 72 m pătrați de persoană, ca să nu scadă câmpurile energetice, iar în casă trebuie să existe cel puțin un lucru foarte scump).

✓ Îmbrăcăminte. Magazine de lux.

ACTIVAREA RITMULUI VIEȚII DE LUX

Exercițiu:

1. Mergeți prin magazine de lux și probați tot ce vă place, spunându-vă: „Pot să-mi permit asta”.
2. Luați o casetă și puneți în ea articole și fotografii din reviste care v-au atras atenția. Conform legii atracției, 3% vor atrage restul de 97%.
3. Cumpărați-vă cel puțin un lucru scump.

– Dar dacă nu-mi ajung banii? intră Alina în panică.

– Dacă vă permiteți să cheltuiți zece la sută din venit pe lucruri de lux, în loc să dați aceiaşi bani pe prostii, asta nu este risipă. De fapt nici măcar nu e vorba de prețul lucrului pe care-l cumpărați sau locului unde mergeți, e vorba de cât de luxos e pentru voi. Poate să fie ceva mic. Alegeți un lucru pe care îl folosiți des, de exemplu, o ceaşcă de cafea sau de ceai, lenjerie intimă, o rochie, pantofi şi cumpărați unul de trei ori mai scump, pentru a activa ritmul. Da, un lucru luxos pentru voi poate pentru alții e ceva obişnuit, banal. Dar nu vă comparați cu alții. O adevărată Regină trebuie întotdeauna să aibă măcar un lucru care să coste de trei ori mai mult decât alte lucruri. Şi atunci şi valoare ei creşte.

– Interesant, dacă valoarea mea interioară creşte, influențează şi cât sunt plătită pe oră? se interesă Alina. Niciodată n-am putut să-nțeleg de ce unii sunt plătiți cu 1.000 dolari pe oră pentru o consultație de stil, iar mie parcă mi-e jenă să cer şi o sută.

– Influențează, am afirmat eu cu convingere. Odată m-am văzut în Ekaterinburg cu o fată, munca ei costa 100 dolari. Dar lumea o tot ruga să facă consultații pe teme de investiții, pentru că era foarte bună la asta. La început a dat consultații gratuite, de amorul artei, numai în zilele libere. Dar pe urmă a început să observe că își consumă tot timpul liber numai pentru asta. Şi atunci a hotărât că ora ei în zilele libere costă 1.000 dolari, iar dacă nimeni nu vrea să plătească, măcar se odihnește. Şi când am întrebat-o ce a determinat-o să ridice prețul atât de mult, a spus că nu era numai curajul de a se alege și de a renunța la ceva, când înțelege valoarea muncii și timpului ei, dar și că la un moment dat a decis să nu se mai zgârcească să dea bani pentru ea însăși. Dacă ceva i se părea prea scump, închidea ochii la preț și cumpăra oricum.

– Deci, chiar dacă mi se strânge inima și mi-e groază, tot cumpăr! decise Lena.

– Şi ce s-a întâmplat? I-a plătit cineva 1.000 dolari pe oră? întrebă Nastia.

– Ba bine că nu. Avea liste de așteptare și oamenii o recomandau cu plăcere și altora. Nimănui nu-i place să rămână dator. Când primesc ceva valoros degeaba, simt că acum au o obligație. De asta trebuie ori să dați ceva din toată inima, ori să stabiliți un preț pentru care să merite să lucrați.

– Dar asta nu ține cont de experiența, profesionalismul și cunoștințele noastre? interveni Jenia.

– Ba da, însă cu cât investim mai mult în noi, cu atât avem o valoare mai mare. Paradoxul constă în faptul că uneori oamenii au tot, și profesionalism, și talent, și cunoștințe, dar se vând pe nimic. Mai bine dați degeaba, decât să cereți prea puțin. Trebuie să faceți exercițiul de mărire a valorii voastre, pentru că, la fel ca orice lucru pe lumea asta, ce se petrece cu noi în realitate reflectă ce se petrece cu noi în interior. Iar dacă în sinea ta îți desconsideri munca și nu crezi că are mare valoare, nici alții nu vor fi gata să plătească mult pentru ea. În funcție de cum te prețuiești, așa vei fi plătită.

– Dar cum ne dăm seama dacă e mult sau puțin? nu se putea opri Alina.

– Tu știi cât valorezi. Că doar ai calculat cât costă ora ta. Cât ți-a ieșit?

– 100 dolari, se rușină Alina.

– Nu e chiar puțin, am observat. Dar ce preț ți se pare demn de tine?

– Cam 300, hotărî Alina după un moment de gândire. Deocamdată.

Dar imediat se îngrijoră:

– Dar dacă nu-mi dă nimeni atât? O să mor de foame.

– Dacă o să-ți fie frică să vinzi și că mori de foame, că nimeni n-o să te angajeze, că nu vrea ce oferi sau consultația ta, da, atunci n-o să-ți dea. Lucrul cel mai important e ca tu să știi cât costă timpul, puterile și măiestria ta. Și acum, când am aflat cât costați, putem face exercițiul de mărire a prețului pe oră.

EXERCIȚIU DE CREȘTERE A PREȚULUI PE ORĂ

Împărțim venitul nostru la 30 zile, 24 ore, 60 minute. Obținem suma de bani pe care o primim pe minut.

Notăm cifra și observăm ce simțim. În decurs de cinci minute ne imaginăm că deasupra capului nostru se află un vas cu bani din care în fiecare minut ne cade în buzunare, în geantă sau în portofel cantitatea de dolari pe care o primim. Mărim suma de zece ori și ne imaginăm că și acești bani ne intră în buzunar, timp de cinci minute. Urmărim reacția noastră. Apoi înmulțim suma de 100 ori, și facem asta încă cinci minute. Pe urmă de 1.000 ori, de 10.000 ori și mereu observăm ce simțim. În felul ăsta exercițiul durează 20 minute. Important e să notați momentul când încetați să mai primiți ce e gata să vă ofere Universul. Pe urmă ne imaginăm procesul în sens invers, înapoiem darurile Universului și oamenilor. Și încheiem exercițiul cu recunoștință față de Univers!

Planul pentru două săptămâni

1. Meditația „Mulțumesc, accept și nu rămân datoare cu nimic", 7 minute.
2. Exercițiul de mărire a prețului pe oră.
3. Observarea echilibrului în viața noastră.
4. Cumpărăm ceva luxos pentru noi înșine.

Lumea se sprijină pe valori

– Cu ce vă lăudați? Cum merge treaba cu obiectele de lux, ați adăugat ceva? Fetele veniseră la curs cu nişte pungi mari.

– Ce sentiment incredibil! exclamă Lena. M-am dus şi mi-am luat un palton de blană. La început mi s-a oprit respirația când am văzut prețul. Aveam de gând să-mi iau o blană, dar una de vreo treizeci de mii, nu de o sută.

– Te-ai împrumutat la bancă? se speriară fetele.

– Nu, zâmbi Lena, mi-am zis că maşina de spălat poate să mai aştepte, o pereche nouă de cizme, la fel, dar blana, nu. Dar ce m-a uimit a fost că imediat după ce m-am hotărât şi mă gândeam de unde să fac rost de bani, Ruslan mi-a propus să-mi dea jumătate din salariul lui. S-a scuzat că nu poate mai mult, dar a promis că o să facă mai mulți bani.

– O blană deocamdată nu-mi permit, aşa că am început cu o ceaşcă pentru cafea. Jenia scoase din pungă o ceaşcă extrem de frumoasă şi ne-o arătă cu mândrie. I-am luat una şi lui Serghei, să se bucure şi el de lux împreună cu mine.

– Iar eu am început cu lenjeria. Alina flutură un norişor roz de dantelă, ca pe steag.

– Ca orice workaholic care se respectă, mi-am cumpărat un computer nou, raportă Nastia, şi imediat am primit un spor la salariu. Nu ştiu dacă are legătură cu felul cum accept, cu mărirea valorii mele, cu cumpărarea de lucruri mai scumpe, cu faptul că mă pun pe primul loc... Dar de întâmplat s-a întâmplat, mi-au mărit salariul.

– Iar eu mă tot gândesc unde să-mi concentrez eforturile, pe dezvoltarea carierei, dezvoltarea personală sau pe relație. Pentru că de când am început să mă văd cu Ruslan nu prea mă mai ocup de lucruri şi am mustrări de conştiință. Nu pot să decid ce e mai important pentru mine acum, relația sau realizarea profesională. Lena ne împărtăşi îndoielile ei. Unde să investesc timpul, banii, emoțiile şi cunoştințele? În mine sau în relație?

– Ca să înțelegeți ce este important în această etapă a vieții, am început să explic, haideți să scriem care sunt lucrurile cele mai importante în general.

Am scris:

✓ Dragoste

✓ Dezvoltare personală

✓ Putere

✓ Succes

✓ Cunoaştere
✓ A fi de folos altora
✓ Faimă
✓ Bani
✓ Confort personal
✓ Încredere în ziua de mâine
✓ Plăcere
✓ Bună dispoziție
✓ Creația
✓ Bucurie
✓ Călătorii
✓ Odihnă
✓ Copii
✓ Familie
✓ Comunicare
✓ Sănătate
✓ Recunoaştere

– Scuze dacă sună aiurea, spuse oarecum ruşinată Jenia. Toată lumea vorbeşte de „valori”, dar ce înseamnă asta mai exact în limbajul omului de rând?

– Valorile sunt lucrurile care sunt prețioase pentru noi în viață. Sunt lucrurile de dragul cărora trăiți, care vă motivează, inspiră şi vă dau impulsul de a merge înainte, pe care nu le puteți încălca şi la care nu puteți să renunțați. Sunt lucrurile pe care nu le veți sacrifica niciodată, dar pentru care puteți sacrifica orice altceva. De exemplu, cineva poate să renunțe la iubire de dragul faimei, iar altcineva e gata să renunțe la putere şi recunoaştere din dragoste, ca regele Angliei, Eduard al VIII-lea, care a abdicat pentru a se căsători cu femeia iubită. Fiecare avem valorile noastre şi de regulă se formează din copilărie şi sunt modelate de mediul nostru, de părinți, de profesori, de țară.

Iar acum alegeți din listă 10 valori ale voastre, tot ce este important pentru voi: familia, creația, dragostea, dezvoltarea personală ş.a.m.d. şi puneți-le una sub cealaltă în ordinea importanței. Poate vă mai aduceți aminte de încă ceva.

Lista obținută reflectă valorile voastre. Unele valori rămân pe tot parcursul vieții, altele se schimbă. Câteodată evenimente tragice răstoarnă totul şi omul pentru care banii erau cei mai importanți deodată începe să pună mai mult preț pe familie.

De obicei reorganizarea valorilor se petrece cam de o dată, de două ori pe an. De exemplu, pentru mine e importantă cariera, dar am rămas gravidă şi copilul devine mult mai important. Dar dacă nu sunteți pregătite să admiteți acest lucru şi continuați să vă ocupați de carieră, atunci apare un sentiment de vină în legătură cu copilul. De aceea trebuie să înțelegeți ce este important şi valoros pentru voi într-un anumit moment, de ce faceți ceea ce faceți. Ce vreți de la viață? Nu ce credeți sau presupuneți, ci ce se ascunde în străfundurile sufletului. Lista pe care ați scris-o e numai ce credeți că e important pentru voi.

Ca să înțelegem cum stau de fapt lucrurile o să facem încă un exercițiu de dezvoltare personală. Aşa se şi numeşte, „Ierarhia valorilor" (fig. 20).

1. În coloana din stânga scrieți toate valorile în ordinea importanței lor pentru voi.
2. Notați în fiecare căsuță cu o cifră fiecare valoare. Când comparați valorile puneți-vă întrebarea: „La ce sunt gata să renunț de dragul acesteia, ce pot să sacrific?"
3. Încercuiți numărul valorii alese.

Ierarhia valorilor

	A	B	C	D	E	F	G	H	i	j	K
1											
2											
3											
4											
5											
6											
7											
8											
9											
10											

Fig. 20
Ierarhia valorilor

4. Numărați în toate coloanele de câte ori ați încercuit fiecare număr.
5. Transcrieți lista valorilor într-o coloană începând cu valoarea al cărei număr e marcat de cele mai multe ori: de la maximum la minimum. Numerotați lista de sus în jos.
6. Dacă aveți un număr egal de cifre la două sau mai multe valori, comparați-le și puneți-vă aceeași întrebare.
7. Acum aveți ierarhia valorilor voastre în acest moment.

– Doamne, am amețit tot citind aici, şi e foarte greu de ales. Jenia arăta frământată.

– Ce ți-a ieşit pe primul loc? am întrebat.

– Se pare că primul loc acum la mine e sănătatea, oricât aş părea de egoistă, deşi eram convinsă că era familia şi copiii, mărturisi Jenia. Tare vreau să slăbesc.

– Dar nu eşti deloc egoistă. Dacă vrei să te simți excelent şi să-ți placă de tine, toată lumea are de câştigat! i-am promis eu.

– Deşi pentru mine e important să lăsăm ceva copiilor, să fie aranjați, continuă Jenia.

– De exemplu, un milion de dolari în cont, adăugă Lena. Se pare că Serghei va trebui să facă un milion.

– Lena, ție ce ți-a ieşit pe primul loc? m-am adresat Lenei.

– La mine au ieşit cariera şi educația, zâmbi Lena. Tare vreau să rămân în istorie. Aşa că Ruslan va trebui să întreprindă ceva sau să-şi caute altă mireasă.

– Dar de asta îi şi place de tine, că nu eşti obsedată de el, îi spuse Nastia.

– Nastia, la tine ce ai? m-am întors către ea.

– La mine e dezvoltarea personală, dezvoltarea lui Igor ca mare fotograf şi participarea mea creativă la proces. Recunoaşterea soțului şi a mea, ca soție a unui geniu, dădu Nastia din cap mirată peste poate.

– Alina, ție ce ți-a ieşit?

– La mine a ieşit dragostea şi relațiile personale, anunță Alina. Dragostea a rămas cum era, pe primul loc. E timpul să mă mărit, am aşteptat destul.

Legenda ca stare interioară

Legenda noastră despre sine are la bază valorile noastre. Iată ce propune Evghenia Saş pentru a ne crea propria legendă.

Notați-vă pentru fiecare dintre valorile enumerate mai jos

1. o propoziție a voastră, o formulă personală;
2. un citat care aparține unei persoane celebre și care rezonează cu voi și cu viziunea voastră;
3. o parabolă scurtă;
4. o anecdotă sau o expresie amuzantă;
5. o întâmplare din viața voastră.

VALORILE

Ce prețuiesc în asta? Ce spun despre asta?
(citat, afirmație, parabolă, anecdotă)

1. Origine, locul nașterii, familie, părinți, tradiții, educație
2. Ordine și confort, frumusețe
3. Educație și dezvoltare
4. Muncă, carieră, țeluri, statut social

5. Socializare, cercul prietenilor și cunoștințelor
6. Creație, pasiuni, hobby
7. Stare materială, bani
8. Înfățișare, aspect, îmbrăcăminte
9. Viziunea lumii, valori spirituale
10. Sănătate
11. Dragoste și relații (căsătorită, necăsătorită, divorțată)
12. Sex

Completând tabelul o să puteți să vă formulați concepția vieții.

Evghenia Saş spune că puteți să aveți influență asupra oamenilor numai când sunteți conectați la valorile voastre. Numai atunci nimeni nu poate să vă manipuleze şi alegeți singure ce trebuie să faceți.

Tot aşa creăm şi legenda bărbatului nostru, când înțelegem valorile lui. Poate că la început va trebui să-l întrebați ce e important pentru el. Bărbaților nu prea le place să vorbească despre ei înşişi, preferă ca faptele lor să vorbească de la sine. Dar femeia e cea care interpretează faptele lui şi le transformă într-o comoară a societății.

– Adică bărbatul face performanță, iar femeia o prezintă lumii, zise Lena.

– Da, de aceea nu alege numai femeia, ci şi legenda lui, ce va rămâne în memoria oamenilor. Femeia aduce informația despre bărbatul ei în fața lumii. Când creăm legenda îi oferim ocazia să vadă cum este de fapt. Datorită cuvintelor femeii bărbatul începe să-şi vadă calitățile, succesul, cât de valoros este pentru lume, familie, oameni. Femeia îi arată bărbatului cum e văzut din afară. Şi de cele mai multe ori bărbatul începe să vadă în el însuşi ce nu observase înainte, ce potențial are, încă nedescoperit. Fiecare bărbat are o imagine ideală a sa, a persoanei care visează să devină, dar din diferite motive încă nu a devenit. Iar femeia care poate să vadă în el aceste calităţi şi să-i povestească despre ele lui, dar şi altora, va deveni foarte specială pentru el.

– Îmi amintesc cum o fată, soţia unui milionar elveţian, mi-a povestit că-i spune des soţului ei: „Numai eu ştiu despre tine ce nici tu nu ştii încă". Iar datorită acestui lucru, după douăzeci de ani de căsătorie, e încă îndrăgostit de ea şi e gata să facă orice de dragul ei.

– După cum îi spunea Galina Vişniovskaia lui Rostropovici: „Mulţumesc mie că tu mă ai". E tocmai despre asta, cum să-i povestim bărbatului despre el însuşi şi cum să le spunem şi altora despre el, îşi aminti Nastia.

– Taman aşa, am confirmat. Putem să formulăm pe scurt cum şi ce povestim.

A scris pe tablă:

1. Lui despre el însuşi.
2. Altora despre el în prezenţa lui.
3. Altora despre el în lipsa lui.

– Alegeţi calităţile pe care le preţuiţi la el şi spuneţi-i despre ele. Iar când le spuneţi altora despre el, admiraţi aceleaşi calităţi. E foarte important să povestiţi despre realizările bărbatului vostru în prezenţa altora şi să-i subliniaţi calităţile.

Aşadar, tema pentru acasă este să completaţi cele zece puncte cu legenda voastră personală şi, separat, cu cea a bărbatului vostru. Puteţi lua un caiet, îl împărţiţi în zece şi în fiecare zi completaţi câte un punct, găsind o parabolă, anecdotă sau citat potrivit. Acelaşi lucru îl faceţi şi pentru el. Ne bazăm pe fapte reale, dar cum vorbim despre ele depinde de calităţile pe care le preţuim la bărbatul nostru. De aceea când vorbim despre bărbatul nostru, de fapt vorbim fără să vrem despre valorile noastre.

– Dar dacă ce prețuim noi la el nu este deloc important pentru el? se nelinişti Jenia.

– De aceea e bine să-l întrebăm ce anume prețuieşte singur la el însuşi, la povestea lui. Regina e cea care îi face PR bărbatului ei, îi construieşte reputația, am răspuns.

– Cine ar fi fost Salvador Dali fără Gala? Un nebun, dar alături de ea a devenit un pictor genial, observă Lena.

Aşadar, să recapitulăm ce am făcut în acest răstimp cât am procesat starea Reginei.

Prima etapă

1. Conştientizarea faptului că suntem unice (cu calitățile şi defectele noastre) duce la acceptarea valorii noastre.

2. Conştientizarea valorii noastre ne permite să ne alegem pe noi înşine.

3. Când ne alegem pe noi, devenim independente.

4. Când suntem independente avem posibilitatea să alegem ce e mai bun, pentru că nu avem nevoie de lucruri inferioare. Simțim că merităm tot ce e mai bun.

5. Când simțim că merităm ce e mai bun putem să ne construim viața în baza valorilor noastre.

6. Ne determinăm valorile.

7. Începem să arătăm lumii legenda noastră.

Visurile lui sunt comoara ta cea mai de preț

– Ați reușit să descoperiți valorile ascunse ale bărbaților voștri? m-am interesat când au venit fetele.

– O, da! exclamă Nastia. N-a fost ușor, dar și pentru mine, și pentru Igor a fost o revelație. De fapt el vrea recunoaștere ca urmare a creației lui. La început au fost banii, echipamentul, frumusețea, iar până la urmă tot recunoașterea a ieșit pe primul loc.

– Păi este un creator, își aminti Lena. La ce te așteptai?

– Nu contează la ce mă așteptam, dar am senzația că am dezgropat o comoară, răspunse Nastia.

– Și eu am avut aceeași senzație, continuă Jenia, când am descoperit că pentru Serghei lucrul cel mai important e stabilitatea.

– Iar eu am avut un șoc. Lena părea indispusă. Pentru Ruslan s-a dovedit că cel mai important lucru e libertatea. Ce înseamnă asta?

– Înseamnă că poți să iei asta în considerare când formulezi țelurile, am zâmbit. Valorile noastre determină necesitățile, necesitățile ne duc la visuri, visurile se pot transforma în intenții și să devină țeluri.

– Dar nu facem asta numai pentru noi, ci și pentru bărbatul nostru, pentru că tocmai atunci când se află în starea Reginei femeia îl inspiră pe bărbat să cucerească noi piscuri, să atingă țeluri și mai ambițioase. Haideți să vedem ce oferă femeia în starea Reginei bărbatului.

În starea Reginei, femeia

Oferă:	*Primește:*
Inspirație pentru noi idei și proiecte	*Admirație*
Senzația că el este alesul	*Cadouri*
Creează relații	*Statut social*
Prezintă informația	*Recunoașterea aportului adus*
Construiește reputația și face PR bărbatului	*Dedicații ale creației*
Fomulează viziunea, ajută să identifice țelurile	

– Dar bărbatul nu-şi vede şi singur țelurile? spuse Nastia dubioasă.

– Vede, dar altfel, am răspuns. Femeia îl ajută pe bărbat să-şi vadă țelurile pentru că viziunea este al şaselea centru, centrul intuiției, capacitatea de a vedea imaginea tridimensională, în culori a lucrurilor pe care le vrem noi şi pe care le vrea bărbatul. Bărbatul poate să formuleze țelurile pe hârtie, dar pentru femeie e mai uşor să le imagineze în detaliu, cu senzații, culori şi sunete.

– De ce? nu se potolea Nastia.

– Viziunea e legată de emisfera dreaptă, iar prerogativa femeilor e o emisferă dreaptă mai bine dezvoltată. Femeile înțeleg mai clar încotro trebuie să meargă bărbatul, văd ţelurile mai bine. La bărbaţi e dezvoltată mai bine emisfera stângă, cea care răspunde de logică, cuvinte, acţiune. Le e mai uşor să facă ceva concret, să calculeze forţele şi banii necesari. Viziunea este o imagine a lucrurilor pe care le vedem; te vezi într-o anumită postură, cu cineva, undeva. Dar viitorul bărbatului depinde de felul cum îl vede femeia şi cât doreşte ea să-l susţină.

După cum spune Radislav Gandapas: „Un trecut comun nu reţine pe nimeni, numai un viitor comun". Excesul de energie are întotdeauna legătură cu aşteptările legate de viitor, când omul are un ţel măreţ, ceva care-l face să se scoale dimineaţa şi să acţioneze. Când ne aşteaptă ceva groaznic, ni se face rău dinainte, dar când ne aşteaptă un viitor strălucit suntem plini de energie şi inspiraţie încă din momentul prezent, deja ne simţim bine. Viitorul nostru depinde însă aproape 90% de lucrurile pe care ni le imaginăm şi le trasăm în imaginaţie. De aceea cei care ştiu cum să creeze o imagine pozitivă, plină de inspiraţie a viitorului trăiesc deja cu senzaţia că sunt fericiţi şi satisfăcuţi de viaţă.

– Toate astea sună minunat, dar cum să ne dăm seama către ce ţel ne îndreptăm? Eu vreau tot şi toate în acelaşi timp, observă Alina, niciodată nu ştiu ce vreau. Dar să mai şi înţeleg ce vrea un bărbat, asta e de domeniul fantasticului.

– Da, problema multora e faptul că de cele mai multe ori nu ştiu ce vor, sau, dimpotrivă, vor aşa de mult că nu ştiu cu ce să înceapă mai întâi. Nu se pot concentra pe atingerea unui singur ţel, şi au senzaţia că aleargă în prea multe direcţii. Iar acest lucru îi roade, alergătura se transformă în alergare pe loc, îi istoveşte, le distruge motivaţia şi nu duce la nici un rezultat.

– Da, uneori e greu să fii convinsă că într-adevăr vrei asta, mărturisi Jenia. Câteodată vreau ceva foarte tare, încep să lucrez în direcția asta, iar pe urmă mă trezesc a doua zi şi mă întreb: de ce îmi trebuie şi are rost să pierd timpul?

– Abilitatea de a înțelege ce e important pentru tine şi să alegi două-trei țeluri e o ştiință, am zis. Înțeleg nerăbdarea voastră de a face asta cât mai repede. Dar nu putem să ne propunem mari țeluri înainte de a înțelege ce putem, şi înainte de a ne prețui pe noi înşine. Câteodată oamenii aleargă după țeluri străine, impuse de alții, şi pe urmă se simt dezamăgiți şi enervați când au un rezultat şi înțeleg că de fapt nu asta le trebuie. Există şi altă categorie de oameni, care îşi propun țeluri care sunt mai mult nişte fantezii, iar apoi suferă pentru că nu le iese nimic.

– Dar cum ştim dacă e un țel real şi nu doar nişte visuri stupide? Şi că nu ni se năzare, ci că se poate întâmpla cu adevărat.

– Se întâmplă numai dacă vrei şi crezi în asta. Dar aveți dreptate, ca să transformăm visurile în realitate trebuie să depunem eforturi. O să vorbim chiar acum despre cum să procedăm ca ele să devină realitate.

Am desenat un nor al visurilor, apoi intenția, apoi ținta țelului, planul de acțiune şi rezultatul (fig. 21).

– Ca să ne lămurim şi să aflăm care sunt dorințele noastre uneori trebuie să le scoatem din cele mai ascunse colțuri ale sufletului şi să le examinăm. Adesea dorințele noastre nu se transformă niciodată în țeluri şi nu devin realitate, dar în schimb ne consumă puterile şi ne transformă în visători urmăriți de eşecuri. Câteodată nici nu ne mai amintim dorințele şi visurile noastre. Dar visurile neîmplinite nu permit ca în viața noastră

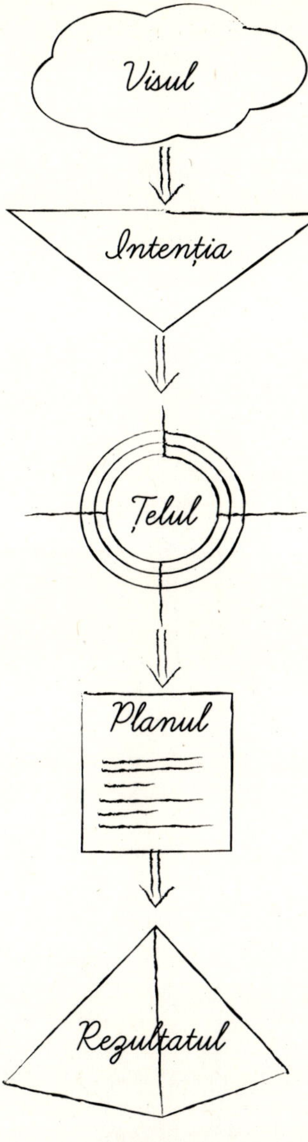

Fig. 21
Transformarea viselor în realitate

să intre ceva nou. De aceea primul lucru pe care îl vom face este să scriem toate dorințele noastre.

Le-am împărțit la fiecare câte patru foi împărțite în 10 rânduri şi 14 coloane „Visurile mele" şi „Planurile mele" şi mai multe notițe adezive multicolore.

– Wow! exclamă Lena. Ce-i asta?

– E un panou cu dorințele şi visurile voastre în diferite domenii. De obicei se identifică 12 domenii importante pentru orice om.

Acum începem să visăm şi vă voi conduce într-o meditație în timpul căreia mă voi opri ca să scrieți tot ce ați văzut.

MEDITAȚIA „TRENUL CĂTRE VIITOR"

Inspirați, iar când expirați simțiți cum corpul se relaxează. Imaginați-vă că energia Pământului pătrunde în corpul vostru prin tălpi, iar energia Universului intră prin creștetul capului. Aceste energii se unesc într-o rază strălucitoare de lumină care reînnoiește făptura voastră și vă dă înțelepciune și cunoaștere.

Acum, în timp ce energia curge prin voi, uitați-vă în jur. Sunteți într-o gară; trenul are șase vagoane strălucitoare argintii, care folosesc o linie de monorai, iar destinația nu este un loc, ci un timp. Vedeți o tăbliță pe peron pe care scrie: „Destinația: Viitorul".

Trenul vă duce acolo. Vă așezați în unul dintre vagoane și alegeți destinația: „Peste zece ani". Trenul nu merge mai departe, acolo e capătul de linie.

Trenul pornește. Merge foarte lin și repede. Orașele, oamenii, gările se văd ca niște pete neclare, abia reușiți să le observați.

Și iată, sunteți în Viitor, la capăt de linie. Acum ieșiți din tren în Viitor și mergeți acasă. Uitați-vă în ce casă locuiți, cum arată, ce e în jur. Ce oameni sunt alături, ce faceți, ce ați realizat, ce vă interesează. Ce ați aflat în acest timp și ce ați învățat, câți bani aveți în cont. Uitați-vă la fotografiile din casă, observați ce premii și recompense ați primit, în ce țări ați călătorit. Iată și fotografiile oamenilor pe care i-ați cunoscut, cu care v-ați împrietenit. Iată-vă și pe voi, cum arătați, cum sunteți îmbrăcate, ce culoare are părul? Uitați-vă la fișa voastră medicală. Examinați fotografiile copiilor, ce au realizat și ce succese au obținut. Și, în final, cum s-a schimbat legătura voastră cu Divinitatea, cât sunteți de fericite și cu sufletul împăcat...

Acum deschideți ochii și scrieți tot ce ați văzut. Încercați să scrieți separat pe fiecare foaie tot ce ați văzut în fiecare domeniu al vieții voastre.

Inspirați, închideți ochii și când expirați transportați-vă la gară. Mergeți în vagonul vostru. Acum trenul vostru merge înapoi, către prezent, dar mai încet. Stația următoare este „Peste cinci ani". Ieșiți din vagon și căutați-vă casa.

Intrați și observați ce s-a schimbat în viața voastră în acești cinci ani în toate domeniile: carieră, prieteni, cerc social, evoluție spirituală, înfățișare și imagine, stare financiară. Ce avere aveți, imobiliare și alte valori. Educația, cunoștințele, copiii, părinții, soțul, creația și pasiunile. Sănătatea, afacerile, relațiile cu iubitul, călătoriile. Uitați-vă la casa voastră din nou, poate vreți să adăugați ceva? Deschideți ochii și scrieți tot ce ați văzut și de data asta.

Inspirați, închideți ochii și când expirați reveniți la tren. Așezați-vă în vagon și uitați-vă cum pe panou se aprinde denumirea stației următoare: „Peste trei ani". Stațiile se succed, trenul se oprește, ieșiți și mergeți acasă.

Intrați în casă și priviți în jur. Ce vedeți acum, ce vreți să vedeți în viața voastră peste trei ani? Cum va fi cariera voastră, prietenii și cercul social, înfățișarea și imaginea voastră, casa și mașina voastră? Câți bani o să aveți, ce succese? Cum stați cu sănătatea, ce proiecte puteți realiza, cum sunt copiii voștri și cum se simt părinții voștri? Cum va fi soțul vostru, ce veți crea? Ce lucruri noi veți afla, ce veți învăța, în ce țări veți merge, cu ce vă veți ocupa, cum se va schimba starea voastră sufletească? Deschideți ochii din nou și scrieți pe foi separate de hârtie tot ce ați văzut și de această dată.

Inspirați cu ochii închiși și când expirați reveniți la gară și urcați în tren. Vedeți cum pe panou se aprinde denumirea stației „Peste un an".

Trenul merge repede și ajunge la stația următoare. Ieșiți și mergeți acasă. Veți vedea ce s-a întâmplat în viața voastră peste un an. Examinați toate aspectele vieții voastre: munca, prietenii, proiecte de caritate, evoluție spirituală, înfățișare și imagine, bani și achiziții noi, casă, mașină, bijuterii etc. Contactele și trainingurile noi, copiii și părinții, relațiile cu iubitul, călătorii, activități de weekend. Ieșiți din casă, deschideți ochii și notați tot ce ați văzut.

Inspirați, închideți ochii, expirați și reveniți la gară.

Vă așezați din nou în vagon și vedeți pe panou stația următoare: „Peste șase luni". Trenul ajunge foarte repede în stație. Intrați la fel în casă și vedeți toate aspectele vieții voastre: cariera, recunoașterea, prieteniile și parteneriatele, evoluția spirituală, înfățișarea și imaginea. Finanțele și achizițiile, educația și dezvoltarea. Copiii, părinții, rudele. Creațiile și pasiunile voastre, ordinea și confortul din casă, sănătatea, relațiile cu iubitul, călătoriile, alte proiecte. Inspirați satisfăcute și reveniți la vagonul vostru. Pe panou apare stația următoare: „Peste o lună".

Din nou sunteți la voi acasă, vă uitați la tot ce ați vrea să vedeți peste o lună în viața voastră în toate aspectele enumerate înainte. Vă așezați la masă și scrieți ce ați vrea să faceți în săptămâna următoare și reveniți la tren.

În sfârșit trenul vă aduce în prezent. Dar deocamdată încă rămâneți în vagon și enumerați tot ce ați vrea să faceți azi. Apoi ieșiți din tren cu bucurie, inspirați și când expirați reveniți la realitate.

Exercițiul va dura o oră. Străduiți-vă să vă notați fiecare dorință pe o listă separată, pentru ca apoi să puteți să vă ajutați și să evaluați totul.

– Cred că am uitat jumătate, se plânse Alina.

Puteți înregistra cu un reportofon, am liniştit-o, iar apoi să scrieți pe foile de hârtie şi să le lipiți în cadrul fiecărui aspect al vieții. Important e să scrieți câte o singură dorință pe fiecare foaie.

– Dar dacă nu văd ceva care mă inspiră? se nelinişti Jenia.

– Nu-i nimic, pentru că ai ocazia să creezi viitorul pe care-l vrei. Viitorul are mai multe variante, în asta constă frumusețea. Pur şi simplu, scrie ce ai vrea, fără să judeci sau să cântăreşti, pe cât posibil.

– Dar se spune că nu trebuie să visăm la lucruri care nu se vor îndeplini, ca să nu fim dezamăgite.

– Nu subscriu la părerea asta. E absolut necesar să visăm, pentru că visurile noastre atrag posibilitățile.

Dar cum folosim aceste posibilități, ce facem cu ele depinde numai de noi.

După cum scrie Steven Covey: „Noi toți creăm de două ori, întâi în visurile noastre, iar apoi în realitate...” Există două feluri de creație, cea mentală, sau primul fel, și cea fizică, sau al doilea fel. Al doilea este imposibil fără primul. Când nu vedem dinainte imaginea lucrului pe care îl creăm ne iese ceva absurd, nu ce am vrut, și suntem nevoiți să ne mulțumim cu ce a ieșit.

Uitați-vă la notițele voastre și lipiți-le la locul potrivit cu diferitele aspecte din viața voastră. Încercați să observați dacă un domeniu a rămas neacoperit. Gândiți-vă ce ați vrea să vedeți acolo. Deocamdată visați la asta!

Când fetele au terminat de lipit toate notițele, panourile lor arătau ca niște poieni cu flori multicolore.

– Mă simt ca la grădiniță, când făceam proiecte din hârtie colorată, zâmbi Jenia. Acum înțeleg de ce copilul abia așteaptă să meargă la grădiniță.

– Da, și copilul poate să viseze, dar numai adulții pot să transforme visurile în realitate. Iar acum o să învățăm cum să transformăm dorința în intenție.

Intenția lui este aspirația ta

Intenția se referă la starea noastră de acțiune iminentă, să facem ceva pentru a ne îndeplini dorința, nu doar să stăm și să visăm. Pentru a fi gata să transformăm dorința în intenție trebuie să umplem dorința de sentimente și să le conectăm la valorile noastre.

Numai când visurile noastre sunt conectate la valorile pe care le avem apar şi puterile necesare pentru a le pune în practică. Cât timp nu conştientizăm de ce avem cu adevărat nevoie nu putem progresa şi nu avem forța necesară pentru a le realiza. Dorința de a face ceva depinde de sentimentele pe care le avem față de acel lucru. Dacă suntem inspirați, avem sentimente pozitive, dacă ce vrem coincide cu valorile noastre, atunci suntem gata să ne investim energia. Emoțiile noastre sunt cele care dau energie dorințelor noastre. Sentimentele noastre dau naştere acelor vibrații care atrag evenimentele, relațiile şi resursele necesare. De aceea tabelul nostru arată aşa (conform Victoriei Lîsenko).

Țelurile mele (dorințele mele)	*De ce este important pentru mine să realizez acest lucru?*	*Ce voi dobândi prin realizarea acestui țel, ce voi simți?*

În sentimente se ascunde diferența dintre intenție şi dorință. Intenția este dorința plină de sentimente, imagini, sunete, mirosuri, senzații şi înțelegerea lucrurilor pe care le vom obține, a cererilor sufleteşti misterioase care vor fi satisfăcute, şi de ce e important să primim asta.

Este imaginea ideală pe care ne-o dorim, iar țelurile sunt etapele concrete ale realizării intenției, care ne poartă într-acolo ca nişte trepte care duc spre vârful piramidei.

INTENȚIILE ȘI ȚELURILE

Când alegem cea mai importantă dorință pentru noi într-un anumit moment, o transformăm în intenție.

Luați o foaie de hârtie. Pășiți în mijlocul ei, inspirați și imaginați-vă că totul s-a petrecut deja. Simțiți cum sunteți pline de mândrie și bucurie, ascultați sunetele, adulmecați mirosurile, priviți întreg tabloul care se întâmplă în toată gama lui de culori. Încheind meditația, spuneți-vă: „Fie ca acest lucru să se întâmple, sau ceva și mai bun, care mă va face și mai fericită". Scrieți pe foaia de hârtie tot ce v-a venit în cap în timpul acestei meditații.

Intenția reprezintă imaginile animate, reprezentarea lucrului pe care îl vreau. Dar şi felul cum aceste imagini sunt pline de sunete, senzații fizice la nivelul corpului meu, emoții şi sentimente. Când începem să ne imaginăm toate gândurile sub formă de imagini şi tablouri pline de culoare, de parcă totul deja s-a întâmplat, atunci dorința noastră nu mai devine numai cuvinte scrise pe hârtie, ci cuvinte vii. În creierul nostru se formează noi sinapse care creează în jurul nostru un câmp de atracție a evenimentelor dorite. Îndeplinirea dorințelor se simplifică enorm. Devenim ca niște magneți care atrag resursele, posibilitățile, modalitățile de realizare necesare.

Așadar, **prima condiție** este să formulăm intenția. Ne spunem: „Aş vrea să se întâmple aşa", dar lăsăm loc şi pentru variante mai reuşite, spunând: „Fie să fie aşa sau ceva bun, care mă va face şi mai fericită".

A doua condiție este să umplem intenția de energie şi să înțelegem că resursele pot să apară în moduri neaşteptate. Mijloacele de realizare pot fi şi ele imprevizibile, iar termenele incerte. Totul se întâmplă când se întâmplă, poate mai devreme, poate mai târziu. Noi facem tot ce depinde de noi, dar nu suntem legați de anumite termene stricte. Cu cât investim mai multă energie, cu cât dorința noastră se îndeplineşte mai repede.

– Dar cum umplem intenția de energie?

– În primul rând, trebuie să ne formăm un surplus de energie, ca să avem ce să investim. Pentru asta trebuie să facem ce ne produce plăcere. Exerciții, dans, plimbări, nu are importanță. Important e să producem un surplus de energie într-o anumită perioadă de timp, de la o săptămână la 100 zile. E mai bine să alegem o activitate pe care o putem face în 15 minute. Dar cu cât depuneți mai multă energie, cu atât mai repede se îndeplineşte dorința.

– Îmi amintesc cum o angajată de-a mea mi-a povestit că cineva a sfătuit-o să facă curat câte două ore pe zi ca să atragă un iubit în viața ei. Şi o lună întreagă a făcut curat în apartament câte două ore pe zi, iar peste două luni l-a întâlnit pe viitorul ei soț. Atunci am crezut că e nebună, dar acum înțeleg că bine a făcut! îşi aminti Lena.

– Nu doar a investit energie în intenția ei, dar mai şi eliberat spațiul pentru ca noul să poată să intre. Fată deşteaptă, am observat. La trainingurile de dezvoltare personală acest lucru se numeşte acțiune angajată. Vreau să vă arăt o modalitate de acțiune angajată.

EXERCIȚIU

Puneți o foaie de hârtie care conține intenția voastră pe podea, acesta este viitorul vostru. Vă imaginați că stați în viitor, ca în meditația „Intențiile și țelurile", apoi faceți un pas în spate să începeți să trimiteți energie către imaginea voastră. Vă aplecați, luați energie de la Pământ, o ridicați către inimă și spuneți „Yahum". Apoi ridicați brațele, luați energia Cosmosului, o coborâți către inimă și rostiți: „Yahua". Desfaceți brațele și spuneți: „Ishkalamabudala" și trimiteți această energie către imaginea dorinței voastre. Faceți exercițiul timp de o lună.

Țelul lui este previziunea ta

– Dar cum îmi dau seama că dorințele mele se vor îndeplini, că intenția mea este reală, şi nu e doar o fantezie deşartă?

– Numai după ce exersezi destul. V-ați imaginat ce vreți, iar acum trebuie să înțelegeți cum să obțineți asta. Numai acțiunile modifică realitatea. Țelurile sunt etape ale realizării intenției noastre. De îndată ce avem răspunsuri la întrebările: „Ce? Cum? Când? Cu cine?" intenția devine țel. Țelurile sunt treptele care ne duc la intenția noastră.

Iar acum vom scrie un plan de acțiune, ca să exemplificăm cum îl vedem.

Pășiți în mijlocul unei foi de hârtie pe care ați scris intenția și simțiți din nou cum totul s-a întâmplat deja. Iar acum începeți să vă mișcați către prezent, povestind ce ați făcut pentru asta.

Luați două foi de hârtie. Pe una scrieți țelul vostru în viitor, iar pe a doua ce se petrece acum. Pășiți pe foaia prezentului și mergeți liniștită către viitor. Intrați în scopul vostru și imaginați-vă că totul s-a petrecut deja. Încercați să vedeți cât mai multe detalii. Uitați-vă la imaginea voastră care a rămas în trecut și spuneți-vă vouă, celei din prezent, din partea celei din viitor, ce ați făcut pentru a obține ce vă doriți. Mergeți înapoi și scrieți în caiet ce pași trebuie întreprinși pentru a realiza țelul, ca și cum v-ați da indicații din viitor.

Acum uitați-vă la planul de acțiune. Poate că acum vedeți că nu aveți suficiente informații sau cunoștințe. Iată de ce întâi trebuie să parcurgeți drumul către visul vostru întâi în imaginație și numai apoi în realitate. Adesea oamenii pornesc la drum fără să înțeleagă unde merg, fără să vadă tabloul de ansamblu.

Acest este un plan general de acțiune către îndeplinirea visurilor. Uneori putem să-l trasăm singure, uneori avem nevoie de informații suplimentare ca să înțelegem cum ajungem acolo.

– Înțeleg! Jenia trebuia să ne spună ce a descoperit. Iertați-mi comparația primitivă... Cred că este ca în cazul plăcintelor. Întâi îți imaginezi ce plăcintă minunată va ieşi, încerci să inventezi ceva nou. Apoi începi să o faci, ai îndoieli că iese ceva comestibil, mai ales dacă testezi o rețetă nouă. Şi în sfârşit e gata, te aşezi să o mănânci, savurezi gustul şi te bucuri că a ieşit, dar îți potoleşti foamea, adică prinzi puteri.

– Jenia, bravo! De multe ori oamenii nu procedează aşa. Fac o plăcintă şi pe urmă nu-şi oferă timp să o mănânce, încep imediat să facă alta. Iar apoi se miră de ce sunt epuizați şi cad de oboseală. Nu e important să înghițim repede plăcinta, ci să ne bucurăm de întregul proces: să punem masa, să savurăm fiecare bucățică, să ne facă plăcere mirosul şi gustul. O să examinăm cum să ne bucurăm de rezultate şi de proces în sine din stare Iubitei, iar acum să revenim la etapele de realizare a intențiilor.

În decursul acestei luni veți pune la punct şi veți extinde planul de acțiune. Puteți să-i întrebați pe alții despre experiența lor sau să găsiți în cărți diverse strategii care funcționează. Nu trebuie să inventăm bicicleta, uneori e de-ajuns să o luăm de-a gata şi să pedalăm în direcția visului nostru. Putem folosi ce există deja şi să adaptăm țelurilor noastre. Important este să identificăm strategia care ni se potriveşte.

– Dar asta nu ne inhibă creativitatea? se nelinişti Alina.

– Dimpotrivă, o direcționează şi ne împiedică să ne risipim energia prețioasă în eforturi inutile şi inventarea unor procedee de prisos. O strategie de succes ne ajută să ne structurăm energia şi, oricât ar suna de ciudat, ne sporeşte creativitatea, ne permite să găsim noi procedee în cadrul structurii existente. De exemplu, puteți începeți să scrieți un scenariu aşa cum credeți că e bine, sau puteți pune mâna pe cartea „Cum să scrii un scenariu genial” şi să folosiți legile şi algoritmul de scriere a unui scenariu. Algoritmul vă garantează, pe de o parte, că veți obține rezultatul dorit, iar, pe de altă parte, că nu veți pierde timpul şi inspirația de pomană.

Oricare ar fi strategia aleasă, lucrul cel mai important e să treceți de la etapă la etapă, de la țel la țel şi de fiecare dată să vă lăudați, şi numai după aceea să mergeți mai departe. Adesea oamenii nu sunt pregătiți să parcurgă drumul către visurile lor, pentru că drumul pare nesfârşit. Dar când este împărțit în intervale concrete te poți bucura că ai ajuns la o piatră de hotar, te-ai odihnit şi ai mers mai departe. Calea parcursă devine interesantă în sine. De aceea e foarte important să avem țeluri intermediare.

Marilyn Atkinson identifică patru tipuri de țeluri. Încercați să identificați căruia dintre ele îi aparține țelul vostru şi țelul bărbatului vostru (fig. 22).

De obicei două tipuri de țeluri sunt mai proeminente, iar celelalte două sunt în stare latentă. Dar ca să fim complet fericite trebuie să ținem cont de toate.

Acelaşi lucru îl notăm şi pentru bărbatul nostru. Îl puteți întreba despre țeluri, sau îl puteți observa. Trebuie neapărat să vorbim cu bărbatul despre aşteptările noastre din punctul de vedere al țelurilor lui şi lucrurilor care îl inspiră.

Rombul țelurilor, potrivit teoriei lui Marilyn Atkinson.

1. Țelurile „Eu - Obiectul" (ce vreau să am?). Nivelul material: banii, statutul social, profitul, posesiile, luxul, securitatea, moştenirea.

2. Țelurile „Eu - Eu" (ce vreau să fac pentru mine însămi?). Nivelul mental: creația, dezvoltarea personală, educația, grija pentru sănătate şi imagine, perfecționarea noastră şi măiestria, plăcerea de a trăi, plăcerea datorată ocupației noastre.

3. Țelurile „Eu - Tu" (ce vreau să fac pentru alții?). Nivelul emoțional: relațiile, dragostea, prietenia, prestigiul, recunoaşterea, comunicarea, conexiunile, notorietatea.

4. Țelurile „Eu - Lumea" (ce vreau să fac pentru lume?). Nivelul spiritual: menirea, dezvoltarea altora, misiunea, ajutor acordat oamenilor, caritate, mentorat, interesul față de ecologie.

Înainte de a întreprinde ceva trebuie să decidem ce e de făcut. John Whitmore propune modelul următor pentru transformarea

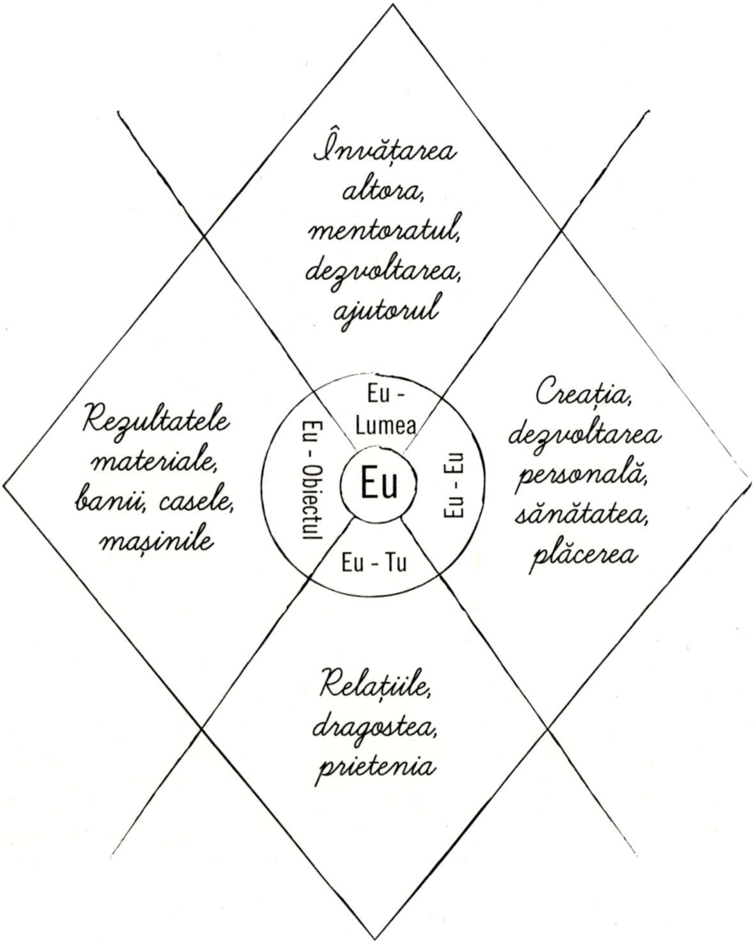

Fig. 22
Rombul țelurilor

visului în țel, iar dacă țelul e prea măreț, în câteva țeluri intermediare care vor duce la realizarea visului:

Transformăm prima etapă în țel. Numim rezultatul dorit, un lucru foarte concret, care odată atins ne spune clar că ne-am atins țelul. În acest scop desenați țelul sub formă de țintă și scrieți rezultatul în centrul ei. În jurul țintei puteți lipi câteva elemente ale țelului, sau caracteristici ale atingerii ei. Puteți face chiar și o machetă tridimensională. Important e să vă formulați țelul cu lux de amănunte. Cu cât mai multe detalii, cu atât mai bine.

Evaluați tot ce aveți nevoie:

✓ când vreți să atingeți țelul,

✓ de cât timp credeți că aveți nevoie ca să-l atingeți,

✓ de ce anume aveți nevoie, ce fel de resurse, bani, oameni, loc, ș.a.md.

Verificați:

✓ în ce măsură țelul e realizabil,

✓ și totodată ambițios,

✓ concret și realist,

✓ dacă termenele propuse stabilite sunt realiste,

✓ dacă știți ce de ce resurse aveți nevoie.

Notați-vă țelul pe hârtie și verificați în ce măsură corespunde celor 14 cerințe din grupurile SMART, PURE și CLEAR. (modelul lui John Whitmore).

✓ SMART - concret, măsurabil, realizabil, realist ca timp, are un termen.

✓ PURE - formulare pozitivă, clar, adecvat, etic.

✓ CLEAR - conține o provocare, e legal, ecologic, bine trasat.

Pentru ca săgeata să atingă ținta trebuie să vă concentrați energia asupra acestui țel în fiecare zi, și să faceți câte ceva în fiecare zi pentru a-l atinge. Acum începem procesul de înaintare către țel și vom scrie planul de acțiune. Puneți în fața voastră o foaie împărțită în cinci coloane:

Ce trebuie să fac Acțiuni necesare	Resurse necesare	Ordinea execuției	Timpul de îndeplinire	Importanța îndeplinirii

Relaxați-vă puțin și concentrați-vă. Când sunteți perfect calme începeți să vă gândiți care sunt pașii necesari pentru a atinge țelul vostru. Nu încercați să evaluați cât sunt de importante acțiunile, pur și simplu notați-vă tot ce vă trece prin cap în prima coloana „Ce trebuie să fac?". Lăsați câteva rânduri libere după fiecare acțiune, pentru a scrie de ce resurse aveți nevoie. Continuați furtuna de idei până când simțiți că ați terminat.

Apoi treceți la coloana următoare, „Resurse necesare". Uitați-vă la fiecare acțiune scrisă mai sus și enumerați resursele necesare aferente. Din nou, nu încercați să judecați sau să evaluați gândurile. Continuați până când simțiți că ați terminat cu fiecare punct. Nu încercați să prevedeți tot.

Treceți la coloana „Ordinea execuției" și numerotați toate acțiunile în ordinea în care intenționați să le executați.

Iar acum estimați „Timpul de execuție". Pentru mine acest punct e întotdeauna complicat, pentru că mereu subevaluez timpul. Stabiliți termene cât se poate de apropiate, dar rezonabile. Poate că deja știți din experiență de cât timp aveți nevoie pentru anumite lucruri. Urmați-vă intuiția. Desigur, termenele vor fi ajustate, dar în orice caz, dacă puteți să dedicați țelului vostru măcar jumătate de oră, dar și mai bine trei ore pe zi, atunci veți ajunge departe.

În sfârșit treceți la ultima coloană, „Importanța acestei acțiuni".

Uitați-vă la acțiunile din prima coloană și evaluați-le în ordinea importanței: A (foarte important), B (important), C (de executat, dacă e posibil).

În articolul său despre sistemul lui Franklin, Aleksandr Levitas explică clasificarea în modul următor: „Obiectivele de prim rang, cele care trebuie îndeplinite neapărat astăzi sunt A, obiectivele de rangul doi sunt B, cele care trebuie îndeplinite cât mai repede, dar nu-i nimic grav dacă sunt amânate o zi-două, iar obiectivele puțin importante, care trebuie îndeplinite cândva, dar nu sunt urgente și dacă nu avem timp azi, pot fi lăsate pe altă dată, sunt de categorie C."

Decideți de unde puteți începe și ce sunteți gata să faceți mâine. Și mai ales, alegeți ce puteți face în fiecare zi, dedicând acestui lucru minimum cincisprezece minute.

De exemplu, știți că pentru a vă atinge țelul trebuie să învățați engleză. Începeți să studiați în fiecare zi.

– Şi cum ne ajută? Alina chiar se hotărâse să înveţe engleza.

– Ne ajută să investim energie, să ţinem minte mereu care este dorinţa noastră, ne ajută să ne concentrăm atenţia.

– Dar dacă am un ţel pentru care nu înţeleg ce acţiuni concrete trebuie să întreprind? întrebă Jenia.

– Ţineţi minte când una dintre voi a pomenit de acţiunea angajată? Important este să îndreptaţi energia către ţelul propus. Pentru asta poţi face orice acţiune în fiecare zi pentru o anumită perioadă de timp. De exemplu, să dansezi, să speli podele, să faci yoga sau exerciţii de respiraţie. Datorită acestor acţiuni apare un surplus de energie pe care îl îndrepţi asupra ţelului tău.

– Dar cât timp trebuie să facem această acţiune? se interesă Lena.

– Minim o săptămână, maxim 100 de zile, dacă ţelul e foarte măreţ. De obicei se face timp de o lună.

– Dar câteodată parcă îmi pare rău de timpul pierdut şi puterile irosite, dacă nu primesc ce vreau, observă Nastia.

– În schimb o să ai experienţă. E cel mai de preţ lucru, am răspuns. E important să reţineţi: pe de o parte, facem tot ce depinde de noi, ce putem controla, iar pe de altă parte, lăsăm loc şi pentru propunerile neaşteptate ale Universului. Acceptăm tot ce se petrece, avem încredere în puterile Universului şi ne încredinţăm lui.

Iar acum, când avem un plan de acţiune, a venit vremea să eliberăm ţelul nostru.

– Niciodată n-am înţeles ce înseamnă asta, să eliberăm ţelul? se agită Alina.

– Înseamnă să învăţăm să ne bucurăm de proces, fără să fim ataşate de rezultat. Faceţi tot ce puteţi pentru atingerea ţelului, dar dacă ceva nu merge, acceptaţi acest lucru. Jeannie Scott scrie: „Uneori, oricât am încerca să influenţăm evenimentele în mod activ sau mental, lucrurile nu se întâmplă aşa cum ne aşteptam. Cu toate acestea lucrurile se îndreaptă cu timpul dacă rămâneţi calmi... Dacă simţiţi că aţi făcut totul pentru a atinge ţelul, dar nu l-aţi atins, acceptaţi acest deznodământ".

Se spune că atunci când începem să acţionăm se deschide un portal al schimbărilor şi putem să urcăm la un nou nivel, dar şi să cădem. În viaţa reală se manifestă ca şi cum totul e împotriva noastră: liftul se blochează, banii se pierd, maşina are un accident. Suntem urmăriţi de ghinion!

– Şi eu care credeam că dacă nu e una, e alta! plesni din palme Jenia. Când colo se deschisese un portal. Şi ce facem în cazul ăsta?

– Zâmbim şi acceptăm cu mult calm, spunându-ne mereu ca în desenul animat: „Zâmbim şi facem cu mâna". Atunci aveţi şansa de a urca la un nou nivel, să depăşiţi seria de ghinioane. Dar dacă vă supăraţi ca văcarul pe sat, vă veţi prăbuşi şi veţi pierde mai mult decât aveaţi la început.

– Dar căpătăm experienţă, se lamentă Lena. Cine spunea că „Experienţa e ce căpătăm când nu căpătăm ceea ce vrem".

– Câteodată experienţa e cea pentru care ne îndreptăm către un ţel, am confirmat. Dar, totodată, nu merită să renunţăm la ţelurile noastre dacă am decis să nu mergem către ele. Numai după ce obţinem un rezultat vom putea să evaluăm de ce ne-a fost dat un anumit ţel. Trebuie să-l urmărim din toate puterile, 100%, şi numai apoi să decidem ce facem mai departe. Dacă renunţăm la ţelurile noastre intrăm în rolul unei victime a împrejurărilor, începem să ne certăm şi să ne învinovăţim. Când mergem către un ţel în pofida tuturor greutăţilor, căpătăm mai multă încredere de sine şi avem puterea de a continua. În fața noastră se deschid noi posibilități şi perspective. De aceea adesea se spune că țelurile trebuie să fie realiste şi realizabile, ca să nu ne pierdem încrederea de sine, să nu ne prăbuşim, ci să reuşim. Dar totuşi trebuie să fie şi ambițioase, ca să dorim să le realizăm, să fim mândre că le-am atins.

Aşadar, voi decideți ce veți face zilnic pentru atingerea țelurilor. Notați-vă succesul obținut în fiecare zi. De exemplu, când scriu o carte îmi notez câte caractere am scris pe zi. Astfel pot să urmăresc succesul obținut şi să continui. Sau, când învăț o limbă străină, decid câte cuvinte învăț pe zi şi în fiecare seară mă laud că le-am învățat.

– Dar dacă nu le-ai învățat?

– Înțeleg că am fost distrasă în ziua respectivă şi încerc să înțeleg de ce. Dacă mi-am planificat ziua cum trebuie şi mi-am stabilit prioritățile, nimic nu poate să mă împiedice să fac ce aveam de gând.

Mă ajută şi sistemul Janei Frank, care sfătuieşte să ne concentrăm 45 minute, iar 15 să ne relaxăm. Dacă mă aşez să scriu la o carte, setez un timer pentru 45 minute şi încerc ca în tot acest răstimp să nu răspund la apeluri. Sau rog să mă sune mai târziu, sau sun eu. Nu alerg să beau ceai, nu merg la baie, nu verific poşta ş.a.m.d. Aloc un alt bloc de 45 minute pentru conversații şi poştă, iar în acest răstimp nu-mi reproşez că nu lucrez la carte.

Dar iată şi cea mai importantă etapă, sărbătorirea rezultatelor. E foarte important. După cum scrie Bodo Schäfer: „Bateți-vă pe umăr. Sărbătoriți şi permiteți-vă un moment de linişte în care să conştientizați cât de mult ați realizat. Este timpul să fiți recunoscători şi fericiți. Poate că vreți să faceți un cadou, vouă înşivă şi oamenilor pe care îi preţuiţi. Atingerea unui ţel e un pretext numai bun pentru asta. Alocaţi o perioadă de timp în care să vă notaţi succesele, să analizaţi talentul şi calităţile pe care le-aţi folosit în atingerea ţelului, şi sentimentele pe care le-aţi simţit. Învăţaţi să vă bucuraţi de succes. Astfel veţi fi molipsit de încrederea necesară unor noi realizări".

– Dar dacă e un eşec? Ne bucurăm de eşec? aruncă Nastia replica.

– Da, ne bucurăm de eşec şi-l transformăm în noi posibilităţi, după cum ne sfătuieşte Marilyn Atkinson. Şi ţineţi minte fraza spusă de Oprah Winfrey: „Eşecul nu va fi niciodată un eşec, dacă procesul ne-a făcut plăcere". Un rezultat negativ e tot un rezultat. Putem folosi acest tabel:

Cadrul feedbackului	*Cadrul eşecului*
Rezultat: ce vreţi să obţineţi?	*Problema: ce n-a mers?*
Feedback: ce puteţi învăţa?	*Eşecul: cine e de vină?*
În ce mod: cum s-a petrecut?	*Cauza: de ce s-a întâmplat?*
Posibilitatea: ce posibilităţi oferă?	*Limitări: ce limitări apar?*

Dacă rezumăm ce am discutat şi ce am făcut până acum, putem trasa patru faze ale avansării către țel.

Cele patru faze ale avansării către țel
Prima fază. Formularea viziunii.
A doua fază. Concentrarea asupra țelului.
A treia fază. Eliberarea țelului.
A patra fază. Odihna.

Şi acum, pentru a nu înțelege numai cu mintea, dar ca să şi simțim la nivelul corpului drumul către țelul nostru, vom face una dintre meditațiile cele mai dinamice ale lui Osho. Se numeşte „Everestul". Osho spunea că dacă facem corect această meditație, când ne ținem respirația, în sânge se formează dioxid de carbon, iar oamenii se simt ca şi cum ar fi pe vârful Everest.

MEDITAȚIA „EVERESTUL"

Formularea viziunii

Faza 1. Timp de 15 minute ne curățăm al treilea ochi. Trageți aer pe nas, imaginându-vă că în zona celul de-al treilea ochi (în mijlocul frunții) pătrunde o lumină albă. Concentrați-vă pe această zonă și țineți-vă respirația cât puteți de mult. Expirați pe gură imaginându-vă că din zona celui de-al treilea ochi emană un fum negru. Împrăștiați-l cu mâinile. Această fază vă ajută să vă curățați mintea de convingeri false care vă împiedică să vă atingeți țelurile, să permite să vedeți noi căi și posibilități. Ne dezvăluim viziunea.

Faza 2. Concentrarea asupra țelului. Această fază vă ajută să acumulați energie și să o trimiteți către realizarea țelului vostru, concentrând-o ca pe un laser, fără să se împrăștie asupra altor lucruri, menținând concentrația asupra țelului. Luați o lumânare și timp de 15 minute vă străduiți, fără să clipiți și totodată relaxat, să priviți la flacără. Imaginați-vă că țelul și tot ce vă ajută să-l obțineți se află în mijlocul flăcării.

Faza 3. Eliberarea țelului. Vă ridicați cu ochii închiși și începeți să vă mișcați simțind mici fluxuri de energie prin corp. Lăsați energia să vă conducă. În viața reală permiteți fluxului de evenimente să vă poarte către țel, fără să vă agățați de un singur drum posibil, rămânând deschiși la orice posibilități și propuneri ale Universului. Ne alegem țelul și îndreptăm toată energia către el, dar înțelegem că putem ajunge acolo pe diferite căi sau să nu ajungem deloc. Eliberarea țelului este acceptarea faptului că rezultatul poate să nu fie deloc cum vă așteptați, sau poate nu-l veți atinge. Ne mișcăm în fluxul de energie, facem tot ce depinde de noi, dar nu ne atașăm de rezultat. Ne bucurăm de călătorie în sine, nu de obținerea rezultatului.

Faza 4. Relaxarea (15 minute) e faza de odihnă. După atingerea țelului e timpul să conștientizăm ce ne-a ieșit. E timpul să ne odihnim și să ne bucurăm de rezultat. Adesea în viața contemporană nu ne oferim ocazia să ne tragem sufletul, alergăm de la un țel la altul fără să ne oprim și fără să ne relaxăm. Dar această fază este foarte importantă, pentru că tocmai aici se adunăm forțele pentru noi realizări, ne vin idei noi și simțim cu adevărat ce năzuim.

– Dacă veți face această meditație minunată de o oră timp de o lună, corpul vostru o va ține minte la nivel celular. În viața reală veți acționa similar: vă veți imagina țelul foarte clar, vă veți concentra asupra lui, veți trimite energie în direcția lui şi veți face planul ideal de acțiune. Iar apoi veți elibera țelul şi veți permite evenimentelor să se întâmple. Dar totodată veți face tot ce depinde de voi, fără să vă atașați de un anumit rezultat. Primind un anumit rezultat, vă veți odihni şi vă veți aduna forțele pentru noi țeluri.

Acum voi da drumul la muzică şi vom face meditația.

Peste o oră, când fetele au revenit la realitate, le străluceau ochii.

– Mi-a plăcut. La început țelul era foarte neclar, dar pe urmă s-a limpezit din ce în ce mai mult. Vedeam din ce în ce mai multe detalii! spuse extaziată Jenia.

– Eu am înțeles clar care sunt etapele pe care trebuie să le urmez ca să mă mărit. Trebuie să postez datele mele pe toate resursele posibile. Înainte mi se părea o prostie, dar acum văd clar că e o variantă bună. După ce turui toate astea, Alina începu să viseze cu ochii deschişi.

– Iar eu mai văzut că pot să mai fac ceva ce nici nu bănuiam. Înainte nici nu-mi trecuse prin cap, iar acum când am făcut exercițiul de respirație am înțeles imediat! spuse Nastia. Trebuie să expunem fotografiile lui Igor la Erart, galeria de artă contemporană, în stadiu incipient, ca început de proiect.

– Iar eu am văzut pe cine trebuie să implic în alegerea lui Ruslan ca preşedinte al băncii. Lena deja răsfoia în minte variantele cui trebuia să facă cunoştință cu cine.

– Aşadar, am trecut eu la partea finală, după ce fetele şi-au descris impresiile, când vedem țelul bărbatului nostru începem să atragem relațiile şi cercul necesar. Primim informațiile necesare, cărțile, oamenii şi relațiile. Deoarece al şaptelea centru al femeii este cel care recepționează, femeia este cea care începe să primească fluxul de informații, iar misiunea ei este să-i transmită aceste cunoştinţe bărbatului ei.

– Da, da, eu de obicei subliniez cu markerul pasajele interesante din ziare şi reviste şi le las ca din întâmplare pe masa din bucătărie, ca să le citească Serghei, îşi aminti Jenia.

– Iar eu tot timpul dau peste cărți exact despre subiectul care începe să-l intereseze pe Igor, observă Nastia.

– Bineînțeles, pentru eşti atentă, comentă Lena. Dar în principiu sunt de acord. Când bărbatu-meu e interesat de ceva anume, imediat încep să cunosc oamenii necesari pentru proiectul respectiv.

– Iar eu l-am cunoscut pe proprietarul unui şantier naval din Tallin când încă nici nu mă întâlnisem cu Vadik, remarcă Alina. Mai rămâne doar să le fac cunoştinţă şi vaporul alb aproape o să devină realitate!

– E foarte important, am zâmbit, ca şi bărbatul vostru să se îndrepte către acelaşi țel şi să se concentreze asupra lui. Puteți face cu el toate exercițiile pe care le-am făcut noi împreună, începând cu călătoria cu trenul viitorului şi enumerarea dorințelor. Trebuie să-l ajutați să aleagă trei-patru dorințe principale şi dorința principală pentru acest an, să le transforme în intenție, să aleagă țelurile şi facă planul de acțiune. După aceea începem să-l inspirăm pe bărbatul nostru în realizarea țelului şi să-i povestim cum va reuşi.

ALGORITMUL INSPIRAȚIEI BĂRBATULUI PENTRU ATINGEREA ȚELURILOR LUI

1. Îi povestim despre viziunea despre viitor și vorbim despre el la persoana a III-a. De exemplu: „Am văzut că bărbatul meu a primit premiul Cel mai bun întreprinzător al anului", sau „Soțul meu are o expoziție", sau „Îți dai seama, bărbatul meu a devenit președintele băncii".
2. Povestim despre realizările lui la trecut, ca și cum s-ar fi întâmplat deja.
3. Povestim despre viitor din punctul de vedere al intereselor și valorilor lui: „Și vei primi tot ce îți dorești"; vorbim despre lucrurile care îl motivează.
4. Îi povestim despre toate astea de trei până la șase ori.

Planul pentru două săptămâni

1. Vizualizăm intenția noastră.
2. Umplem de energie dorința noastră, facem exercițiul „Yahum", „Yahua", „Ishkalamabudala" sau orice acțiune angajată.
3. Facem meditația Osho timp de o oră.
4. Îl inspirăm pe bărbatul nostru să-și realizeze țelurile.

LUNA

7

Iubita

Generatorul perseverenței

– Cum a trecut luna asta, pe urmele marilor noastre țeluri? Câteodată părea că timpul zboară foarte repede, ca o săgeată în drum spre țintă.

– Chiar așa, pe urma lor, confirmă Nastia. Chiar am simțit cum ne crește entuziasmul și mie, și lui Igor. Am scris la ce se așteaptă din partea expoziției și cum o organizăm. Acum e important cum punem în practică, pentru că altfel mă tem că toată înflăcărarea noastră o să se oprească aici. De parcă dacă am pus totul pe hârtie putem să ne oprim aici.

– Și pe mine mă neliniștește același lucru, interveni Jenia. La început Serghei era foarte încântat de ideea că va fonda o companie, dar s-a potolit repede. Se întoarce seara și se trântește pe canapea cu o bere în mână.

– Pentru ca lucrurile să se schimbe e nevoie de suficientă energie, am explicat. Ca să acționeze, bărbatul are nevoie de o încărcătură, un impuls care să-l împingă la un nou nivel. Când bărbatul nu are destulă energie devine lent și leneș. Vrea să stea pe canapea cu ochii la televizor și schimbând programele. Îi dispar toate dorințele, chiar și cele sexuale. Nu mai vrea să facă nimic, să viseze la noi realizări profesionale și câștiguri mai mari. Tot ce vrea e să fie lăsat în pace. Poate să stea cu zilele în stare de prostraţie, cu ochii în tavan. E ca un bolid de lux fără benzină.

– Seamănă cu alesul meu, zise Nastia. Eu credeam că trece printr-o criză provocată de lipsa inspiraţiei, dar el se pare că suferă de impotenţă creatoare. Şi acum se pare că e numai din vina mea! încheie ea revoltată.

– Nu e vina ta, am calmat-o pe Nastia, pur şi simplu aşa funcţionează energia. Pentru bărbat cea mai mare tragedie e când nu-şi mai doreşte soţia. Unii încep să caute aventuri cu alte femei, numai pentru ceva nou şi palpitant, iar alţii intră în hibernare.

– Nici nu ştiu ce-i mai rău, căzu Nastia pe gânduri, un urs koala leneş pe canapea sau un bărbat activ pe canapeaua alteia.

– Mai bine un bărbat activ pe canapeaua proprie, am propus. Femeia îi dăruieşte energia care îl ajută pe bărbat să atingă alt nivel şi îl obligă să acţioneze în starea Iubitei. Energia sexuală a femeii seamănă cu un substrat haotic, pe care bărbatul îl transformă în flux monetar ordonat la nivelul centrului voinţei. Dacă izvorul femeii a secat, atunci bărbatul nu are ce să transforme. Numai dorinţele femeii îi pot trezi bărbatului dorinţa de a acţiona. Când femeia e plină de energie sexuală e capabilă să-l alimenteze pe bărbat cu energie. Cu cât femeia are mai multă energie, cu atât mai activ este bărbatul şi cu atât mai mărețe sunt proiectele lui. Pur şi simplu nu poate să stea locului. Sare de canapea şi începe să acţioneze ca un turbat, să alerge la întâlniri, să sune, să facă ceva.

– Mi-aduc aminte că mi-a povestit Ruslan, interveni Lena, cum hotăra cu ce fată vrea să se întâlnească. Dacă voia să facă lucruri nebuneşti pentru ea, să alerge undeva, să călătorească în alt oraş, să întreprindă ceva, atunci era fata potrivită. Iar dacă totul se întâmpla în ritm lent, parcă îi plăcea de ea, chiar se gândea la ea, dar nu-i prea venea să o sune, să iasă, să se mişte, atunci nu merita să piardă timpul cu ea. Pe urmă şi-a dat seama că dacă fata miroase sexy, atunci la bărbat se declanşează instinctul de cucerire. Cât timp doreşti o femeie poţi să mişti şi munţii din loc!

– Lena, dar Ruslan e gata să mişte munţii de dragul tău? Că doar tu miroşi de la o poştă foarte sexy, se interesă Alina.

– Deocamdată e gata, dar aş vrea ca şi după... nşpe de ani de căsătorie să continue să vrea să realizeze lucruri noi.

Extindem limitele dorinţelor

– Despre asta vom şi vorbi acum: cum să-l inspirăm pe bărbat să acţioneze la începutul relaţiei, dar şi cum să susţinem pasiunea şi dorinţa lui toată viaţa, cum să extindem limitele dorinţelor. Pentru bărbat potenţialul are legătură cu potenţa, de aceea impotenţa e sfârşitul lumii. Şi invers, posibilităţile şi realizările legate de viaţa sexuală au un efect nemijlocit asupra succesului în afaceri.

Când bărbatul poate să extindă posibilităţile dincolo limite şi temeri când face sex, atunci poate să facă acelaşi lucru şi în afaceri.

– Şi e mai bine să extindă limitele cu soţia, nu cu amanta, observă Jenia.

– Ai dreptate, de aceea întâi tu trebuie să fii aceea care îţi extinzi mai întâi graniţele legate de sex şi să-i permiți bărbatului să-și îndeplinească cele mai îndrăznețe fantezii.

– Dar dacă nu-mi plac fanteziile lui? se neliniști Jenia.

– Nu te alarma, de cele mai multe ori bărbatul renunță singur la multe fantezii când înțelege că pot fi realizate. Când știi că se poate, nu mai vrei așa de tare, am liniștit-o. Dar tot va trebui să învățăm câte ceva. Prima sarcină este să acumulăm energia Plăcerii. Plăcerea este cea creează fluxul de energie indispensabil pentru realizarea planurilor noastre.

CEI CINCI FACTORI AI PLĂCERII

1. A fi complet în prezent, adică „aici și acum", când nu suntem cu capul în nori, nu ne gândim la viitor sau la trecut, amintindu-ne ce-a fost. Vă dizolvați în prezent.
2. Folosiți toate cele cinci simțuri în proces. Cu cât activați mai mult gustul, mirosul, văzul, pipăitul și auzul, cu cât e mai puternică plăcerea. De aceea în restaurantele scumpe veți vedea întotdeauna un interior frumos, mirosuri îmbietoare, muzică bună, ustensile plăcute la atingere și mâncare gustoasă. Toate împreună ne fac plăcere. Chiar atunci când vă apucați de lucru puteți intensifica energia când dați drumul la muzica preferată, alegeți o priveliște frumoasă la fereastră sau creați o atmosferă plăcută. Puteți folosi o lampă de aromaterapie cu miros de portocale, care stimulează activitatea cerebrală, să faceți o cafea bună. De aceea Tantra acordă atâta atenție unui spațiu creat pentru iubire, care implică toate cele cinci simțuri: stofe luxoase,

desene erotice, miros senzual de ylang-ylang, muzică, vin și dulciuri, atingeri, iar numai după aceea pasiune.

3. Relaxarea și lipsa controlului. Deoarece fluxul plăcerii este un flux al energiei, tensiunea și controlul ne împiedică să ne bucurăm pe deplin de tot ce se întâmplă. Una e să ne lăsăm în voia evenimentelor, plutind în sensul curgerii, iar alta e să vâslim împotriva curentului, încercând să învingem rezistența și să urmărim ce se întâmplă. Numai când ne permitem să ne relaxăm înțelegem câtă plăcere ne face acest lucru. Toate exercițiile care ne ajută să înlăturăm blocajele corpului au ca scop facilitarea pătrunderii unor fluxuri mai puternice de energie, ca să ne putem afunda în adâncurile plăcerii. Cele trei chei ale Tantrei spun că mișcarea, sunetul și respirația ne ajută să ne eliberăm de control și să simțim pe deplin fluxul desfătării. De îndată ce ieșim din minte și intrăm în corp, frâiele controlului slăbesc și ne ajută să ne contopim cu puterea din noi.
4. Noutatea și intensitatea. Plăcerea depinde foarte mult de noutatea impresiilor, împletită cu adrenalina necunoscutului. Când încercăm ceva nou avem senzații noi, noi impresii și un influx de puteri noi. Cu cât vă e mai puțin cunoscut domeniul, cu cât vă temeți mai tare să experimentați ceva, cu atât mai intense sunt sentimentele și cu atât mai puternică e plăcerea resimțită.
5. Perfecționarea și profunzimea (complexitatea și inventivitatea constantă). Ceea ce devine banal nu ne mai excită. Când ne perfecționăm și ne propunem sarcini din ce în ce mai complexe, când încercăm să facem ceva la nivel performant, avem posibilitatea de a ne afla tot timpul în culmea plăcerii. De îndată ce hotărâm că nu mai avem ce să

învățăm într-un anumit domeniu, ne plictisim și ne pierdem dorința și energia.

La femei această stare are legătură cu elementul Foc. Focul este cel care ne dă pasiunea și înflăcărarea, inventivitatea și cunoașterea senzorială, abilitatea de a simți plăcerea oferită de viață și de a folosi fluxul de energie pentru alte activități. Este pasiunea pe care o punem în tot ce facem.

Nivelul energetic al Iubitei

CONTOPIREA CU ELEMENTUL FOC (MEDITAȚIE)

Închideți ochii, inspirați și când expirați imaginați-vă că vă aflați în fața unui foc nedomolit. Simțiți căldura lui, vedeți cum dansează flăcările, cum zboară scânteile luminând totul în jur, auziți trosnetul vreascurilor. Vă adresați elementului Foc și repetați de șapte ori mantra Focului.

AUM SHRI AGNI SURYA JAYA RAM
AUM SHRI AGNI SURYA JAYA RAM
AUM SHRI AGNI SURYA JAYA RAM
AUM SHRI AGNI SURYA JAYA RAM
AUM SHRI AGNI SURYA JAYA RAM
AUM SHRI AGNI SURYA JAYA RAM
AUM SHRI AGNI SURYA JAYA RAM

Focul arde din ce în ce mai tare, mai aprins, simțiți că voi înșivă deveniți Foc, că sunteți limbile flăcărilor. Deveniți o flacără eternă, care aduce lumină, căldură și schimbări, transformați temerile în cenușă, amărăciunea în bucurie, chinul în dorință.

Sunteți Focul neînfrânat, avid, care umple de energie și dă viață, care înghite totul în cale și care face să renască. Nu există granițe și temeri, există numai flacăra dorințelor voastre, pasiunea și forța voastră. Sunteți Focul, sunteți globul încins al Soarelui, sunteți lava tumultuoasă a vulcanului, sunteți un incendiu dogoritor, sunteți flacăra caldă a căminului, sunteți flăcăruia licăritoare a unei lumânări. Numai voi știți cum sunteți și când să fiți într-un anumit fel: fierbinte, pasională, neînfrânată, arzătoare sau caldă și liniștitoare. Sunteți Focul, sunteți atotputernică, toate elementele se schimbă și totul are viață datorită vouă.

Repetați mantra Focului de încă trei ori.

AUM SHRI AGNI SURYA JAYA RAM

AUM SHRI AGNI SURYA JAYA RAM

AUM SHRI AGNI SURYA JAYA RAM

Rugați Focul să vă dea calitățile de care aveți nevoie și mulțumiți elementului Foc pentru ajutor. Inspirați, iar când expirați reveniți la realitate și deschideți ochii.

– Şi cum v-ați simțit? am întrebat.

– Languroasă şi atrăgătoare, răspunse Alina.

– Pasională şi dezinhibată, mieună Nastia întinzându-se.

– Împlinită şi senzuală, Jenia îşi trecu mâinile peste pieptul voluptuos.

– Inventivă şi provocatoare! judecând după sclipirea din ochii Lenei îşi amintise ceva din numeroasele ei aventuri.

– Haideți să scriem pe tablă calitățile femeii în starea Iubitei, am propus.

Calităţile Iubitei:

1) atrăgătoare
2) languroasă
3) pasională
4) dezinhibată
5) împlinită
6) senzuală
7) inventivă
8) provocatoare
9) orgasmică
10) seducătoare
11) care primeşte plăcere
12) sălbatică şi neînfrânată
13) liberă
14) sexy
15) dispusă să rişte

– Ce mai listă ne-a ieşit! se minună Alina. Un vis, nu femeie!

– Mie mi se pare că atunci când devii aşa toată lumea începe să se învârtă în jurul tău, adăugă Nastia.

– Da, e starea în care femeia atrage în viaţa ei tot ce vrea, am aprobat, şi bărbaţi, şi posibilităţi, şi bani, şi succes. Iubita este cea care atrage. Ce oferă bărbatului o astfel de femeie?

În starea Iubitei femeia

Oferă:	*Primește:*
Plăcere și satisfacție	*Pasiune și forță vitală*
Încrederea că e cel mai bun în pat	*Plăcere*
Noutate și senzații intense	*Fidelitate*
Pasiune pentru viață	*Frumusețe, tinerețe, sănătate*
Dorința de a întreprinde ceva	*Atenție*

– Dar cum intrăm în această stare şi mai ales cum o menţinem? Jenia se pregăti să ia notiţe.

– Vom face un exerciţiu de atragere a acestor însuşiri, am declarat. Ca să intrăm în starea aceasta, luaţi o lumânare roşie. Aşezaţi-vă pe podea, cu picioarele desfăcute, şi puneţi lumânarea între picioare. Sau aşezaţi-vă pe marginea unui scaun şi plasaţi lumânarea pe podea astfel încât să simţiţi între picioare căldura pe care o emană. Dacă sunteţi acasă e mai bine să faceţi exerciţiul fără lenjerie intimă. Amintiţi-vă de cei cinci factori ai plăcerii şi concentraţi-vă în momentul de faţă, renunţând la control şi relaxându-vă. Străduiţi-vă să respiraţi, să vă mişcaţi şi să scoateţi sunete care intensifică fluxul de energie.

– Dar cum să ne mişcăm şi ce sunete să scoatem? nu înțelegea Lena.

– Vă spun acum.

EXERCIȚIU DE UMPLERE CU LUMÂNARE ROȘIE

Inspirați, iar când expirați închideți ochii. Simțiți căldura focului și imaginați-vă cum un flux portocaliu cald pătrunde în voi și în uterul vostru, umplându-l. Inspirați, lăsându-l să intre, și atrageți fierbințeala focului, contractând mușchii zonei intime. Când expirați relaxați-vă și simțiți cum energia focului umple uterul și saturează pereții lui. Ne dăruiește toate însușirile care ne trebuie: facultatea senzorială, pasiunea, atractivitatea ș.a.m.d. Inspirați pe nas și expirați pe gură. La un anumit moment când expirați începeți să pronunțați sunetul „A", dizolvați-vă în senzații și sunet, afundați-vă în plăcere. Faceți exercițiul timp de 15 minute pe zi.

– Dar eu n-am simțit nimic! declară Nastia după ce deschise ochii. Am respirat, m-am străduit, dar nici o pulsație.

– Poate că centrul tău e blocat de temeri, ruşine sau te simți vinovată pentru plăcere.

– Asta-i acuma, se strâmbă Nastia. Şi ce pot să fac?

– Încearcă un exercițiu de yoga pentru înlăturarea fricii.

Stați turceşte, ridicați brațele şi loviți puternic podeaua cu palmele rostind sunetul „HU". Faceți asta pentru cinci minute. Sunetul „HU" este cel ne ajută să scăpăm de fricile care se cuibăriseră în corp.

Dar cele mai puternice interdicții în calea plăcerii se concentrează în punctul „G”. Acolo se adună toate problemele şi supărările legate de relațiile sexuale. Dacă femeia este gata să alunge tot ce o împiedică să simtă plăcerea cu adevărat şi să-şi extindă limitele, atunci să dedice o lună pentru deşteptarea acestui punct. Activarea punctului „G” este importantă şi pentru bărbat, ca să poată să primească energia creativă a femeii.

Pulsația punctului „G” în timpul orgasmului şi pulsația şi mai intensă a uterului activează zona din partea anterioară a falusului bărbatului prin care impulsul se transmite la glandele suprarenale. Astfel bărbatul primeşte puteri supranaturale şi apare dorința de a acționa, îi creşte stima de sine...

– Şi ce ne propui să facem?

– Există un exercițiu excelent pentru deşteptarea acestui punct magic (redactat de M. Şcitova).

EXERCIȚIU DE DEȘTEPTARE A PUNCTULUI „G”

Ne așezăm pe podea, cu genunchii îndoiți. Introducem degetul mijlociu sau arătător în vagin la adâncimea unei falange, sprijinindu-ne în peretele anterior al vaginului. Găsim pe peretele anterior al vaginului locul unde atunci când apăsăm ne vine să mergem la toaletă sau să ne foim. Câteodată inițial pot să apară senzații neplăcute, mai ales dacă există interdicții, dureri sau blocaje multe. Inspirăm, iar când expirăm contractăm mușchii vaginului și întredeschidem gura scoțând sunetul „AAA”, apăsând ușor peretele interior al vaginului și masând punctul „G”. Mișcarea degetului trebuie să semene cu gestul „vino-ncoace”, de parcă degetul vrea să ajungă înapoi în palmă. Efectuăm 15-20 astfel de mișcări (2-3 minute). Putem pune un cântec fumos și sexy.

Facem exercițiul timp de două săptămâni, fără să ne așteptăm la orgasm, ci pur și simplu deșteptând punctul „G" și vindecând rănile provocate de interdicțiile dure ale părinților sau de experiențe nefericite.

Alte două săptămâni mai putem masa punctul cu un vibrator special, ca să facem punctul să vibreze.

PORNIREA ENERGETICĂ A PUNCTULUI „G"

Ne întindem pe spate și ne concentrăm atenția asupra vaginului, a zonei inferioare a stomacului. Ne imaginăm o lună plină pe peretele anterior al vaginului. Începem să efectuăm mișcări circulare împotriva acelor de ceasornic pe stomac cu ambele mâini, de 36 ori, în timp ce ne imaginăm că luna se transformă în semilună, semilună în descreștere și când ajungem la cifra 36 dispare. Apoi facem de 24 ori mișcări circulare în sensul acelor de ceasornic și observăm cum din întuneric se naște semiluna în creștere, semiluna, iar la cifra 24 apare luna plină. Ne imaginăm cum deschide gura și începe să respire. Inspirăm adânc și când expirăm rostim de trei ori mantra pornirii punctului „G", OM PURNA CHANDRA PAM. Inspirăm adânc și deschidem ochii.

– Dar ce alte modalități mai există ca să primim plăcere și satisfacție? întrebă Alina după ce termină exercițiul, încă plină de plăcere și energie pulsatorie.

– Nu contează ce faci, contează cum. Poți să speli podelele şi să simți plăcere, dacă ții minte cei cinci factori ai plăcerii: afundarea în momentul prezent, relaxarea şi renunțarea la control, mirosurile, sunetele şi priveliştile frumoase, noutatea şi complexitatea.

– Îmi imaginez, începu Jenia să fantazeze, cumperi o cârpă frumoasă, o găleată nouă, adaugi nişte uleiuri aromate şi speli podelele în ritmul muzicii preferate, inventând noi metode!

– Păi da, şi priveliştea o laşi soțului, care se uită la tine din spatele tău, adăugă Nastia. Foarte erotic!

– Puteți merge la masaj, la dans, la băi spa, sau o baie în cadă cu uleiuri aromate acasă. Important e să faceți timp pentru asta.

– Dar mâncarea gustoasă se pune? întrebă Lena.

– Sigur că da, se pune. Puteți alege trei lucruri care vă fac plăcere pe zi şi în fiecare zi faceți-vă timp să vă răsfățați. Când femeia e satisfăcută radiază de-a dreptul, iar bărbatul recunoaşte această stare imediat. De aceea e foarte important să vă permiteți plăcerile. Trebuie să vă ascultați corpul şi să vă îngăduiți dorințele, şi mai ales să arătați bărbatului ce vă face plăcere, mai ales în legătură cu sexul. Când bărbatul vede că femeia simte plăcere mai ales de la el se simte ca un supererou, iar imaginea femeii care simte această plăcere îl urmăreşte. Dar în nici un caz nu trebuie să imitați acest lucru, pentru că bărbatul primeşte energie numai prin plăcerea reală a femeii. Se consideră că bărbatul simte cu adevărat gustul vieții numai datorită femeii, fără ea se transformă într-un surogat.

– Nu demult a fost la McDonalds, am vrut să-mi amintesc de copilărie. Mi-am luat un hamburger şi am început să-l mănânc cu poftă, lingându-mi buzele şi gemând de plăcere cu ochii închişi. Când am deschis ochii am văzut că toți bărbații din jur se uită la mine plini de dorință. Am primit atâtea propuneri atunci, nici nu mai știu câte! Așa că sunt total de acord cu programarea plăcerilor și chiar o să-mi fac un jurnal în care o să trec trei plăceri mai mici sau una mare pe zi, zise Lena.

– Orice tip de creație produce energie, ne întrerupse Nastia.

– Nastia, tu neapărat trebuie să aloci cel puțin o oră pe zi, sau mai bine trei ore, în care să te ocupi cu lucrurile care-ți plac, dar pe care nu ți le-ai permis să le faci niciodată.

– De mult am vrut să desenez, dar nu apuc, se plânse Nastia. Și doar am terminat arhitectura și adoram să desenez.

– Încearcă să desenezi ceva în fiecare zi sau mergi la cursuri de desen intuitiv. Pe urmă poți să reduci timpul la 15 minute pe zi sau câte o oră de două ori pe săptămână, dar luna asta trebuie să produci cât mai multă energie.

– Mie nu-mi place să desenez și mi se pare că pentru mine creația este ceva de neînchipuit, zise Lena cu tristețe.

– Creația se poate manifesta și în crearea de rapoarte, important e să intri în starea de flux. Fiecare om are din naștere capacități creatoare. Unii oameni o folosesc pentru a da naștere unor idei noi, alții în găsirea de soluții neobișnuite în rezolvarea problemelor, iar alții văd cum să folosească lucrurile vechi într-un mod total nou. Creația este cea care oferă cea mai mare resursă de energie.

– Și cum o accesăm?

ACCESAREA FLUXULUI CREATIV

Ridicați-vă, inspirați și când expirați vedeți în fața voastră o coloană de lumină strălucitoare. Coloana se ridică foarte sus, se continuă undeva în adâncuri și strălucește în toate culorile curcubeului. Mai inspirați o dată și când expirați pășiți în interiorul coloanei. Stați în mijlocul șuvoiului și simțiți cum de fiecare când trageți aer în piept permiteți luminii să dizolve tot ce e inutil, străin și deranjant pentru voi și să-l trimită în pământ.

Faceți zece cicluri de respirație și imaginați-vă ca fiind pasăre sau animal. Întrupați-vă în ele, simțiți cum se mișcă, mișcați-vă așa cum se mișcă. Priviți lumea cu ochii lor, ascultați cu urechile lor, gustați și mirosiți. Contopiți-vă cu ele, deveniți o parte a Universului, absorbiți tot ce se petrece înlăuntrul și în jurul vostru. Rămâneți în starea asta cât timp aveți nevoie. Când sunteți gata, inspirați și când expirați ieșiți din lumina strălucitoare și deveniți din nou voi înșivă.

– Vai, ce mi-a plăcut! exclamă Lena ieşind din transă. M-am simțit ca un râs la vânătoare, şi când eram în starea aceea mi-au venit o mulțime de idei, am înțeles anumite lucruri cu totul altfel. Nu ştiu cum funcționează, dar e clar că funcționează.

– Când te contopeşti cu un animal poți să-ți extinzi limitele, să ieşi din schema familiară de receptare a realității, vezi şi simți noi posibilități la nivel fizic.

– Dar putem face asta în mod repetat, să intrăm în starea asta? Alinei îi licăreau ochii. Am creat un model nou de rochie când eram în rol de vulpe.

– Da, poți să te contopeşti cu acelaşi animal sau cu oricare altul, am răspuns. Important e să ieşi dincolo de limitele obişnuitului, cotidianului!

– Simt că o să fie cel mai interesant program, zise cu convingere Jenia. Iar dacă mai adaug şi 15 minute de exerciții cu vibratorul, pentru muşchii din zona intimă, sunt convinsă că numai gândindu-mă la un bărbat o să am deja orgasm, iar asta nu e rău deloc. Multe femei suferă şi nu au simțit niciodată în viață această plăcere. Iar noi după o lună de antrenament putem să ne bucurăm toată viața de rezultate. O investiție bună de timp!

– Apropo de timp! se amestecă şi Nastia cea rațională. Dar dacă facem totul concomitent: primim plăcere, deşteptăm punctul „G", accesăm fluxul creator, facem exercițiul de respirație cu lumânarea şi antrenamentul muşchilor. Atunci avem timp pentru tot...

– Sigur, însă e mai bine să alocați timp pentru diferite etape ale evoluției. Începeți cu respirația şi lumânarea, 15 minute, apoi 15 minute exerciții cu vibratorul sau orice alte modalități de antrenare a muşchilor din zona intimă, apoi masajul punctului „G", 5 minute, iar apoi plăcerile vieții, cât timp aveți pentru asta. Puteți să alocați o oră sau puteți să alegeți un singur lucru şi să faceți numai asta.

Repet, luna aceasta sarcina principală este să acumulați energie maximă.

Femeia poate să primească energie şi prin intermediul lucrurilor frumoase din jur: lenjerie frumoasă, lumânări, muzică, natură, artă, odihnă şi impresii noi. Chiar dacă nu plecați nicăieri, puteți să adăugați nişte impresii noi. Alegeți să mergeți pe alt drum, găsiți restaurante noi, vizitați expoziții, duceți-vă la o conferință în alt oraş sau plimbați-vă în altă parte a oraşului.

Rutina şi banalitatea ne dau senzația de siguranță, dar ne atrag în dulcea mlaştină a vieții cotidiene. Când ne smulgem din şabloanele obişnuite atât în viață, cât şi când facem dragoste, ni se trezeşte interesul pentru viaţă şi apare motivaţia de mult uitată.

Dar dacă vreţi rezultate mai bune sau dacă v-aţi exersat suficient muşchii, şi pe deasupra aveţi şi concediu exact acum, atunci puteţi face în fiecare zi exerciţiul Osho pentru deşteptarea energiei sexuale Kundalini. Mai exact o variantă creativă a acestui exerciţiu.

Are o variantă rapidă, în care fiecare fază ţine 3 minute, şi una clasică, în care fiecare fază durează 15 minute.

EXERCIȚIUL KUNDALINI

1. Prima fază este faza scuturării. Ne scuturăm corpul și relaxăm mușchii, astfel scăpăm de tensiuni.
2. A doua fază este a dansului. Puteți dansa cum vreți sau să folosiți bazinul, ca în dansurile africane. În zona bazinului se blochează energia sexuală, de aceea mișcările bazinului ne ajută să le înlăturăm.
3. A treia fază este a elevării energiei. Stați drepte, inspirați adânc, numărând până la 6, și concomitent contractați mușchii zonei intime, imaginându-vă cum energia se ridică prin șira spinării. Vă ajutați cu mâna și vă țineți respirația cât numărați până la 6, încordând mușchii la maxim. Expirați profund, numărând până la șase, imaginându-vă cum energia coboară.
4. A patra fază este a relaxării. Vă așezați sau vă culcați, lăsând energia să vă umple fiecare celulă din corp.

– Una dintre studentele mele a făcut exercițiul timp de o lună în fiecare zi în vacanță, iar pe urmă s-a întâlnit cu iubitul. A doua zi după o noapte fierbinte el a semnat un contract pe care îl tot negocia de o lună, am spus în încheiere.

– Acum chiar sunt gata, decise Jenia. O să mă scutur și dansez o lună, Serghei o să semneze un nou contract, iar eu o să slăbesc.

– O să slăbești, i-am promis, pentru că elimini toate blocajele din corpul tău. Dublu efect, și pentru soț, și pentru tine.

Planul pentru întreaga lună

1. Găsiți trei plăceri în fiecare zi și notați-le în jurnal.
2. Antrenarea mușchilor din zona intimă cu vibratorul special, 15 minute.
3. Exercițiul de respirație cu lumânarea roșie, 15 minute.
4. Deșteptarea punctului „G”, 5 minute.
5. Exercițiul dinamic Kundalini (opțional).

LUNA

8

Pasiunea creației

Energia atracției

Peste o lună prietenele mele arătau de nerecunoscut. Ochii le străluceau, mişcau lin din şolduri, se vedea că se bucurau de viață.

– Nu pot să cred că a trecut o lună! se miră Jenia. Nici nu mi-am dat seama când a zburat.

– Dar ai apucat să slăbeşti, observă Nastia.

– Ba bine că nu, răspunse Jenia, mândră de ea. O lună întreagă am fost la casa de la țară, mi-am antrenat muşchii şi în fiecare seară am făcut exercițiul Kundalini. Cum am terminat, a venit şi Serghei. Ce noapte de neuitat! Dar dimineața următoare a fost şi mai memorabilă! Dimineața l-au sunat şi i-au propus un contract de un milion de ruble, cum îmi doream. A pus receptorul jos şi i-au trebuit 10 minute să-şi revină. Nu ştiu cum funcționează treaba asta, dar funcționează.

– Când intră profitul de pe urma contractului neapărat să-ți cumperi un cadou cu o parte din bani, dacă el nu se gândeşte la asta, am sfătuit-o. Atunci energia investită de tine se multiplică şi se întoarce la tine.

– Iar eu m-am răsfățat şi mi-am deşteptat punctul „G”, raportă Lena. Ştiți ce am observat? Am început să pun mai mult preț pe mine, şi am şi mai multă încredere în mine decât înainte. Şi brusc mi-am dat seama că schimbam bărbaţii ca pe mănuşi numai pentru că mi-era teamă să nu fiu părăsită. Iar acum nu mă mai tem.

– Iar iubitul tău ce face, s-a schimbat ceva la el? am întrebat.

– O, da! S-a decis să deschidă un restaurant. E uimitor câte puteri prinde un bărbat când găseşte o ocupaţie care-i place şi când femeia iubită se topeşte de plăcere în fiecare noapte petrecută cu el.

– Da, plăcerea femeii trezeşte în bărbat potenţialul ascuns. Nastia, dar tu cum stai cu creaţia? m-am întors către ea.

– Am mers cu Igor la cursuri de desen. Am adus un album cu desenele noastre să vă arăt. În fiecare zi am găsit o floare şi am desenat-o. Numai 15 minute pe zi, dar mi-au produs atâta inspiraţie că la serviciu am primit un bonus neaşteptat, unul considerabil.

– Da, e normal. Energia sexuală este energia atracţiei, de aceea atunci când o activăm banii apar nu doar în viaţa bărbatului, dar şi în viaţa voastră. Dar geniul tău încă nerecunoscut ce face după cursurile de desen?

– Din banii primiţi ca bonus i-am cumpărat un aparat foto profesional foarte sofisticat şi s-a hotărât să facă o serie de fotografii cu „Alfabetul Petersburgului", de exemplu, linii de înaltă tensiune în formă de A, o casă veche care seamănă cu un L, şi tot aşa. Cred că e un proiect care are şanse să fie neobişnuit. Şi pe urmă o să fotografieze zgârie-norii tot aşa, ca graffiti.

– Contează mult ca femeia să susţină ce face bărbatul, dar să şi savureze procesul.

– Iar eu aproape m-am îndrăgostit de mine, lăsă Alina să-i scape. Iar bărbaţii umblă după mine cum nu vă imaginaţi. Acum mi se pare că lumea e plină de bărbaţi necăsătoriţi şi toţi vor să facă cunoştinţă cu mine. Interesant, unde or fi fost până acum?

– Pur şi simplu, nu-i atrăgeai, nu aveai suficientă energie. Dar acum, când ai aşa de multă energie a plăcerii, sunt atraşi de ea. Bărbatul e atras de femeia fericită şi vrea să o facă şi mai fericită, iar pe femeia nefericită o ocoleşte pentru că intuieşte că nu poate să schimbe nimic şi o astfel de femeie nu poate să-i ofere nimic.

– Şi ai ales pe cineva deja? se interesă Jenia.

– Încă nu, deocamdată îmi face plăcere să mă joc şi să mă bucur de interesul bărbaţilor.

– Mă bucur că toate treceţi prin nişte schimbări minunate. Acum sunteţi gata să treceţi la a doua etapă din starea Iubitei. Aici îl ajutaţi pe bărbat să depăşească orice margini, să treacă peste obstacole, să extindă limitele. Sarcinile acestei etape sunt intensitatea, noutatea şi motivaţia.

Jocul tău este succesul lui

Odată am cunoscut o fată alături de care orice bărbat atingea un succes incredibil. De exemplu, ultimul ei partener avea iniţial o mică firmă de publicitate, ca mii de alte firme la periferia Parisului, şi câştiga în jur de 1.000 euro pe lună. În cei doi ani de când erau împreună firma crescuse, devenise cunoscută în plan naţional şi el câştiga milioane. Când am întrebat ce anume face, fata mi-a spus că îl ajută să scape de inhibiţii în pat, îi arată potenţialul şi posibilităţile. Când bărbatul îşi depăşeşte limitele în pat, atunci apar noi resurse şi intră pe o nouă orbită şi în afaceri. Nu degeaba la bărbaţi potenţa are legătură cu potenţialul. E important să aflăm care sunt fanteziile sexuale ale bărbatului şi să-l ducem şi mai departe. Când se simte important şi priceput în viața sexuală, nimic nu-i mai stă în cale.

– M-ai convins, sunt gata să îndeplinesc dorințele iubiților mei, concluzionă Nastia.

– Interesant, dar cum să aflăm care sunt fanteziile lui sexuale? se interesă Alina.

– Putem vorbi de parcă e vorba de fanteziile noastre, ce am văzut, citit sau auzit undeva, şi observăm ce reacție are. Dacă se trage înapoi şi se încruntă, înseamnă că nu e fantezia lui, dacă se înclină în față înseamnă că ați nimerit-o. Puteți să reluați subiectul cam o dată pe săptămână şi în două luni puteți afla una sau două dintre fanteziile lui. Iar pe urmă, după ce aflați care sunt dorințele lui cele mai ascunse, prezentați-le ca şi cum ar fi ale voastre.

Iată şi prima temă pentru voi: scrieți 10 dintre cele mai evidente dorințe sexuale pe care vreți să le puneți în practică cu bărbatul vostru.

Am dat drumul la muzică şi le-am lăsat pe fete adâncite în gânduri.

– Ce ziceți, ce putem adăuga nou în viața voastră sexuală?

– Masajul erotic, cel mai simplu, propuse Jenia.

– Dar neapărat cu ceva oral, ca să simtă şi Serghei că n-a trăit degeaba, spuse Lena.

– Bine, Jenia renunțase la împotrivire. Dar tu ce ai?

– Striptease şi o noapte în camera VIP la un club de noapte, şi am de gând să-i cer bani pentru asta lui Ruslan şi să-i cheltuiesc pe ce vreau. Ca între adulți. Cât costă acum pe noapte? De fapt nici nu contează. Pentru început ajung şi 10.000 de ruble. Şi banii înainte.

– Se poate face şi la un hotel. Îl inviți pe bărbat în cameră, apari îmbrăcată ca o escortă şi-i arăți o listă de prețuri cu ce ești gata să faci pentru el. Îi iei banii și nu-i dai înapoi, își aminti Alina.

– Auziți, nu știu cum o fi cu soții noștri, dar noi fetele sigur O SĂ câștigăm câte ceva, râse Nastia. Și eu mi-am adus aminte ce mi-a povestit o prietenă. Te îmbraci în uniformă militară, suni la soneria apartamentului seara și spui: „Sunt luptătoare din regimentul de operații sexuale. M-am prezentat pentru executarea oricărei misiuni”. Îndeplinești orice dorință a bărbatului tău și-i iei și banii. Iar în caz că se fâstâcește, pregătești certificate cu diverse fantezii sexuale, de exemplu, masaj pe tot corpul, o partidă de sex într-un loc neobișnuit și tot așa.Îi dai certificatele pentru 9 săptămâni și jumătate sau o lună și îndeplinești tot ce e scris acolo. Și le poți inventa împreună cu bărbatul tău. Cred că vreo zece ajung. Mai e și un joc care se cheamă „Gajuri”, și acolo sunt destule idei interesante.

– Mie ideea cu rolurile îmi place, adăugă Nastia, ai loc de acțiune. Poți să fii o menajeră care nu știe cum să-l mai îmblânzească pe stăpân, sau o însoțitoare în trenul de noapte. Cumperi pe furiș un loc în același compartiment, îl seduci și dimineața dispari. Important e ca pe urmă să te prefaci că n-ai fost tu.

– Sau în timpul zilei sau a săptămânii putem trimite mesaje pe telefon cu fotografii ale unor diverse părți: un piciorus, popou, sâni și ce mai îndrăznim. Sau un text în care-i amintim de niște nopți memorabile cu voi, propuse Alina.

– Când femeia se joacă, bărbatul începe să primească energie creatoare și energia acțiunii, am confirmat. Iar partea cea mai importantă e că nu se mai simte responsabil pentru plăcerea voastră și îl privește numai plăcerea lui. Jocurile sunt de trei feluri (conform M. Șcitova), le-ați amintit aproape pe toate.

CELE TREI FELURI DE JOCURI

1. Cotidiene, scurte, de toată ziua: notițe erotice, texte cu aluzii la ce bun a fost în pat, fotografii cu corpul vostru și idei de pus în practică, ș.a.m.d.
2. De durată, comune, ceea ce faceți împreună pe o perioadă îndelungată. De exemplu, țineți un jurnal erotic sau faceți un film erotic, îl rugați să facă o sesiune foto erotică sau să aleagă cele mai bune fotografii dintr-o serie făcută de un profesionist.
3. Non-recurente, dar de impact. Împlinirea unei fantezii sexuale, jucarea unui rol, o noapte de seducție conform unei tradiții din altă țară, o noapte la hotel, o noapte în tren, striptease în cabina de lux.

– Ne-ai promis că ne spui cum să-l pregătim pe bărbatul nostru, ca să nu se sperie când vede ce fericire e pe capul lui.

– Bine. Există şapte paşi pentru pregătirea bărbatului (conform I. Derdo).

ȘAPTE PAȘI PENTRU PREGĂTIRE BĂRBATULUI

1. Îl pregătim moral. Îi povestim o fantezie, de parcă am văzut-o într-un film, am citit-o sau ne-a povestit o prietenă. Încercăm să aflăm, foarte subtil, dacă ar fi interesat să facă asta în realitate. Revenim la temă de trei ori în aceeași lună.
2. Pregătim surpriza cu grijă. Cu trei zile în avans îl avertizăm că în ziua și la ora respectivă îl așteaptă o surpriză erotică

sau romantică și-l rugăm să nu-și planifice nimic. Rețineți că bărbaților le displace cel mai mult să fie surprinși de lucruri la care nu se așteaptă. Neapărat le spunem dinainte dacă au nevoie de bani, pașaport sau alte documente. Îi scriem chiar așa: „Dragule, ia cu tine bani, cam atât" sau „Dragule, ia cu tine pașaportul".

3. În ziua surprizei începând de dimineață trimitem texte erotice sau de dragoste, pentru ca bărbatul să intre pe frecvență și să înceapă să anticipeze seara. Dacă surpriza ține toată ziua, pregătim un mic dejun special.
4. Acasă creăm o atmosferă mai deosebită, adăugăm ceva neobișnuit (aprindem lumânări, o lampă aromată) sau verificăm dacă avem tot ce ne trebuie pentru scenariul nostru: muzică, lumânări, chibrite, ulei de masaj ș.a.
5. Când bărbatul ajunge acasă e important să-i spunem că nu trebuie să-și facă nici o grijă, doar să se relaxeze. Îi putem spune „Dragule, nu trebuie să faci nimic, doar privește și, dacă vrei, participă".
6. Surpriza în sine.
7. Îi mulțumim bărbatului că e așa cum e și că de dragul lui vrem să facem toate aceste lucruri.

– Ultimul punct e preferatul meu! se revoltă Jenia. Adică facem totul pentru el şi tot noi îi mulțumim pentru asta!

– Normal, pentru că datorită lui te-ai bucurat de tot procesul creator timp de o lună. Se spune că cel care găteşte e cel care simte cea mai mare satisfacție.

Fanteziile tale sunt creația lui

– Vai, dar am uitat de jucăriile sexuale. Țineți minte filmul „Adevărul gol-goluț”? E o scenă acolo despre o telecomandă pentru stimularea vaginului de la distanță. Se poate cumpăra și înmâna iubitului când sunteți la film sau teatru, iar apoi nu mai rămâne decât să vă bucurați de efect, se însufleți Lena.

– Îmi imaginez câte fantezii ați ținut sub tăcere, deși ați pomenit aproape toate tipurile. Așadar, limitele sexuale ale bărbatului pot fi extinse astfel:

1) fantezii sexuale,
2) jucând diverse roluri,
3) masaj erotic,
4) jucării sexuale,
5) sex tantric,
6) sex în locuri neașteptate,
7) diferite feluri de sex.

Planul pentru întreaga lună

1. Identificarea și realizarea fanteziilor sexuale ale bărbatului.
2. Jocurile.

– Și rețineți, nu contează ce faceți, important e să faceți cu plăcere, le-am condus eu pe fete, care erau însuflețite de programul pe care îl aveau de îndeplinit. Când trăiți cu plăcere, când sunteți în acest flux, atunci și bărbatul vostru primește energia plăcerii și are puterile necesare pentru creație.

LUNA

9

Fetița

Bagheta magică a admirației

– Cum a fost luna asta? Jenia, cum a fost la Paris? le-am întâmpinat pe fete.

– Ce Paris? întrebară ele.

– Imaginați-vă, am început eu să povestesc, la o săptămână după ultima noastră întâlnire primesc un mesaj de la Jenia: „Azi-noapte am folosit cunoștințele acumulate. Mergem să cumpărăm bilete la Paris".

– Parisul a fost magic, dar Serghei a fost cel pentru care călătoria asta a fost de neuitat. Înainte de a pleca i-am spus că de o lună îi pregătesc o surpriză și i-am arătat două cărți din care chipurile am învățat toate subtilitățile sexului oral, dar n-am menționat exercițiile noastre speciale. Am făcut și o listă cu 30 puncte despre ce pot să-i ofer. L-am anunțat că fac o muncă de cercetare foarte serioasă și trebuie să identific lucrurile care îi plac cel mai mult. Serghei a fost atât de însuflețit de râvna mea că a decis imediat că locul cel mai potrivit pentru un astfel de studiu e Parisul. Și chiar a doua zi a mers și a cumpărat bilete. În fiecare zi alegea câte 3-4 tehnici noi, eu perfecționam execuția, iar el se delecta și mă direcționa. Să-l fi văzut cum mergea, pășea ca un rege. Ai dreptate, pentru bărbați sexul înseamnă că-l acceptăm în întregime. Dar lucrul cel mai uimitor a fost că la întoarcere a spus că e timpul să-mi schimb mașina.

Aşa că acum aleg ce maşină vreau să-mi iau. Jenia strălucea toată de fericire.

– Alina, ce lucruri memorabile crezi că au găsit admiratorii tăi luna asta?

– Texte frivole şi sex pe Skype. Am cunoscut pe cineva pe internet şi mi-am zis că pot să exersez cu el fără să risc nimic. Am montat un fel de spectacol erotic, cu mine în rolul principal. Am folosit o iluminare specială, mi-am pus perucă, cred că nu m-ar recunoaşte pe stradă.

– Dar cu Vadim cum merge?

– Deocamdată suntem prieteni, dar după aţi spus şi voi, dacă vreau să mă mărit e mai bine să nu mă culc cu el. Aşa că rezist eroic.

– Nastia, dar tu? am întrebat noi cu nerăbdare.

– Am încercat să aflu fanteziile sexuale secrete ale lui Igor, pronunţă cu voce teribilă Nastia. Aşa că i-am propus să scrie cinci certificate cu fantezii sexuale, ce ar vrea de la mine.

– Şi ce vrea?

– Primul, o serie de fotografii revelatoare, probabil de aşteptat din partea unui fotograf. Al doilea, eu în rol de asistentă medicală. Al treilea, sex la cinema. Al patrulea, sex de dimineaţă. Al cincilea, cel mai neobişnuit... o seară în care să nu scot nici un cuvânt. Cine ar fi crezut că vorbesc aşa de mult şi că o seară de linişte e aşa de sexy, se minună Nastia.

– Şi le-ai pus în practică?

– Aproape! şopti Nastia conspirator. Igor a mai şi făcut un calendar erotic cu fotografiile mele şi l-a atârnat la el în birou.

– Cum, cu fotografiile tale? se îngrozi Alina.

– Totul e sofisticat şi frumos, în stilul Sophiei Loren, o linişti Nastia. A ieşit o capodoperă. Toată lumea care-l vede îl vrea, sau comandă sesiuni foto pentru soțiile și prietenele lor.

– Sper că le-a cerut destul de mulți bani pentru comenzi? întrebă Lena.

– Nu chiar așa de mulți, dar acum are o listă de așteptare.

– Super! spuseră fetele admirativ.

– Dar cum să-l inspir să ceară mulți bani? se interesă Nastia.

Iubirea necondiționată

– Pentru asta trebuie să intri în starea Fetiței, am zis. În această stare îl susținem pe bărbat, îi dăm încredere în forțele proprii și dorința de a merge mai departe. Îi dăruim un flux de iubire necondiționată care îl ajută să continue fără oprire și îndoieli, îi dăm bucurie și ușurătate.

– Am tot auzit de iubire necondiționată, dar nu știu cum s-o definesc, dădu Lena din umeri.

– Lumea contemporană se sufocă fără iubire, iar bărbații nu pot să o primească, pentru că femeile nu sunt gata să o dăruiască. Mai exact, nu vor, pentru că inima lor e zăvorâtă din cauza durerilor și supărărilor. Așa că asta e situația, ei nu pot, iar ele nu vor. O situație aproape revoluționară. Cât timp femeile nu-și dau voie să iubească pur și simplu, să se afle în starea de iubire necondiționată, nu se va schimba nimic.

– Cum știm că iubirea e necondiționată?

– Iată cele cinci caracteristici ale iubirii necondiționate:

1) suntem gata să facem ceva pentru el şi de dragul lui, fără să aşteptăm ceva în schimb;

2) acceptăm defectele lui şi credem în el;

3) suntem gata să renunţăm la el, dacă e mai bine pentru el, iubire fără drept la proprietate;

4) primim un influx de energie numai când ne gândim la el sau când vorbim cu el;

5) înţelegem că iubirea e starea noastră şi alegerea noastră şi nu depinde de nimeni altcineva.

– Ultimul punct este cel mai important dintre toate. Numai în starea de bucurie şi iubire sunteţi gata să-i daţi drumul altuia şi să faceţi ceva de dragul lui, fără să aşteptaţi nimic în schimb. De fapt faceţi asta pentru voi înşivă. Îl acceptaţi aşa cum este, faptele lui nu vă rănesc şi nu vă supără, nu modifică starea voastră. Desigur, vă bucuraţi când sunteţi cu el, dar vă e bine şi fără el, am adăugat. Toate aceste lucruri fac parte din starea Fetiţei. În ea ne bucurăm de viaţă în toate aspectele ei, ne permitem să iubim lumea, pe ceilalţi şi mai ales pe noi înşine.

Pentru a intra în această stare vom face meditaţia contopirii cu elementul Apă.

CONTOPIREA CU ELEMENTUL APĂ

Închideți ochii, inspirați și, când expirați, imaginați-vă că stați în fața unei cascade frumoase și admirați sclipirile razelor de soare în picăturile translucide de apă. Întindeți mâinile către șuvoiul răcoros, încercați să prindeți picăturile de apă și vedeți cum vă alunecă printre degete și se contopesc cu șuvoiul. Vă topiți în șuvoi la rândul vostru și vă adresați elementului Apă, recitând mantra Apei de șapte ori:

AUM SHRI AMBU ATMA SHAR,
AUM SHRI AMBU ATMA SHAR,
AUM SHRI AMBU ATMA SHAR,
AUM SHRI AMBU ATMA SHAR,
AUM SHRI AMBU ATMA SHAR,
AUM SHRI AMBU ATMA SHAR,
AUM SHRI AMBU ATMA SHAR.

Simțiți cum Apa vă dăruiește moliciunea și curgerea, capacitatea de a fi schimbătoare și intangibilă. Sunteți fără hotare și eterne. Puteți fi liniștită și senină, ca marea când e calmă, sau să măturați toul în cale ca un tsunami. Știți să fiți jucăușă, ca o ploaie de vară, și răcoritoare ca un izvor în pădure. Păstrați toate tainele și știți toate răspunsurile. Sunteți apă, renașteți și purificați, umpleți și vindecați. Sunteți iubirea acestei lumi, vărsată pe toată planeta, plină de viață în fiecare înghițitură. Acceptați tot și schimbați acceptând. Cu emoție curgeți și vă schimbați, iar lumea se schimbă odată cu voi. Copilărie a lumii, gingășie a lumii.

Repetați mantra Apei de încă trei ori:

AUM SHRI AMBU ATMA SHAR,
AUM SHRI AMBU ATMA SHAR,
AUM SHRI AMBU ATMA SHAR

și redeveniți voi înșivă. Rugați Apa să vă dăruiască însușirile necesare. Mulțumiți-i pentru ajutor, inspirați, iar când expirați deschideți ochii.

Nivelul emoțional al Fetiței

– Ce însuşiri v-a dăruit Apa? m-am adresat eu fetelor, pregătindu-mă să scriu pe tablă.

Însuşirile Fetiței:

1) jucăuşă
2) deschisă
3) fără griji
4) gingaşă
5) sinceră
6) încrezătoare
7) capricioasă
8) schimbătoare
9) emoțională
10) spontană
11) lipsită de apărare
12) credulă
13) neliniştită
14) curată

Pentru a intra în această stare, vom face exercițiul „Oceanul şi algele".

Una dintre voi se ridică în picioare, închide ochii și își imaginează că este un mănunchi de alge care se lasă în voia oceanului. Încercați să simțiți forța oceanului, puterea lui, lăsați-vă în seama lui și relaxați-vă. A doua, cea care joacă rolul oceanului, poate să ia algele de mâini, să le aplece și să le rotească, să danseze cu ele, așa cum oceanul dansează cu algele, dar totodată să aibă grijă de ele și să le protejeze. Ascultați ce se întâmplă în voi, ce sentimente se nasc, ce gânduri apar. Faceți exercițiul timp de șapte minute, apoi schimbați rolurile și vom discuta impresiile voastre.

În starea Fetiţei, femeia

Oferă:	*Primește:*
Atenție, iubire	*Iubire*
Emoții pozitive	*Ocrotire și sprijin*
Încredere în el și în competența lui	*Grijă*
Acceptarea lui așa cum este	*Cadouri*
Admirație, recunoaștere și recunoștință	*Devotament*

După exerciţiu toate abia aşteptau să-şi împărtăşească impresiile.

– Nu-mi imaginam că poate fi aşa plăcut să fii algă marină. Nastia arăta foarte relaxată. Mă simt mult mai uşoară...

– O, şi sentimentul de anticipare, oare ce va mai face el, ce va mai realiza! se alătură şi Alina.

– Credeam că o să simt de parcă mi-am pierdut libertatea, dar de fapt am simţit opusul. Că sunt gata să mă predau în mâinile altcuiva, dacă are grijă de mine, exclamă Lena.

– Iar eu am înţeles că atunci când te predai, toate mâinile sunt bune, spuse Jenia.

– Da, exact aşa simte bărbatul când femeia începe să aibă încredere în el şi i se dăruieşte.

– Când eram în rolul oceanului, inițial Nastia era tensionată și făcea ce voia, spuse Alina, iar eu mă simțeam supărată și enervată, îmi venea să o supun. Dar când în sfârșit s-a relaxat mi-am dorit să o protejez, să o ocrotesc și să preiau responsabilitatea.

– Și a apărut și creativitatea, se alătură Lena, când simți că femeia e gata de orice, apar o mulțime de idei noi. Păcat că nu pot fi ca o algă în viața de zi cu zi, deși mi-a plăcut. Și am înțeles în ce măsură comportamentul bărbatului e influențat de felul cum sunt eu.

– Dar eu mă tem să fiu așa, deși este starea mea naturală. E prea dureros, se întristă Alina.

– Eu am reușit să păstrez starea asta, zâmbi Jenia, în ciuda tuturor problemelor.

– Iar eu nu m-am simțit niciodată în starea asta. Mi se pare că m-am născut matură, Nastia arăta oarecum tulburată. Cum se poate dezvolta așa ceva, nu mi-e clar deloc. Dar chiar trebuie?

– Trebuie! am declarat. În pofida durerii, dezamăgirii, greutăților. Fără această stare, sufletul nostru nu evoluează, se înpotmolește în cenușiul cotidian și începe să se ofilească. Emoțiile, iubirea, bucuria și frumusețea ne deschid sufletul, ne permit să vedem lumea în toată bogăția ei de culori, să fim fericite indiferent de ce se petrece și cine este cu noi într-un anumit moment. Ca și în cazul celorlalte stări, ce simțim în interior determină ce se întâmplă în exterior.

– Înțeleg, dar oricum de fiecare dată mi-e groază să devin vulnerabilă, doare prea tare când ești trădată sau când ești respinsă. Alinei aproape îi dăduseră lacrimile.

– Ai dreptate, e foarte dureros, am spus, dar dacă înțelegi că sursa durerii e în tine, poți să o remediezi. Cât timp nodul ăsta de durere trăiește în tine, cât timp rana încă sângerează, atragi oameni care te vor răni fără să vrea. Nimereşti în situaţii care îţi intensifică durerea şi care redeschid rănile. Se petrec lucruri care te fac să suferi. Numai când înţelegi că nimeni altcineva nu poate să te vindece, numai tu singură, numai atunci te vei smulge din ghearele coşmarului.

– Da, un tablou cam trist, observă Lena, dar complet real.

Vindecarea rănilor sufletești

– Dăm vina pe alţii că ne calcă pe bătături, dar adevărul e că ne băgăm singure în calea lor, am adăugat. Ca să nu mai atragem situaţii care ne adâncesc şi mai tare rănile, o să trecem printr-un proces de vindecare. Trebuie făcut timp de zece zile, de preferat când luna e în faza de scădere, dar nu e obligatoriu.

VINDECAREA INIMII

Constă din trei etape:

1. Identificarea rănii, 5 minute.
2. Curățarea negativității, 15 minute.
3. Umplerea cu lumină, bucurie și iubire, 10 minute.

1. **Identificarea rănii**. Ridicați-vă, găsiți o poziție confortabilă, închideți ochii și imaginați-vă linia vieții voastre începând de la naștere. Mergeți la începutul liniei, la momentul nașterii, și rostiți: „Caut sursa durerii mele” și începeți să pășiți de-a lungul liniei vieții. În fiecare an faceți un mic

pas și fiți atente la ce sentimente apar. Nu încercați să vă amintiți nimic. Dar când simțiți că vă împunge ceva în inimă, sau că se strânge de durere, opriți-vă și permiteți amintirilor despre situație să vină. Lăsați toate gândurile și sentimentele să se manifeste cum vă vin. Luați o foaie de hârtie și scrieți-le. Scrieți, câtă vreme vreți să scrieți, despre cum vă temeați să priviți în urmă, despre tot ce se ridică la suprafață, despre ce a fost îngropat adânc și putrezea în voi, otrăvindu-vă pe voi și viața voastră, și atrăgând situații similare. E timpul să eliminați toate astea. După ce terminați de scris ardeți foaia.

– Ştii, când am ajuns la 15 ani, am simțit de parcă am fost înjunghiată în inimă, chiar m-am şi aplecat din reflex! Lacrimile curgeau pârâu din ochii Alinei. Mi-am amintit de prima mea dragoste, şi cum băiatul ăsta a cunoscut o fată din blocul nostru şi i-a povestit despre noi, i-a zis nişte măgării despre mine. Şi ea mi-a spus pe urmă tot! Şi acum mi-amintesc figura ei triumfătoare, cum stătea lângă banca din fața blocului şi-mi povestea cum s-au cunoscut la coadă la lapte. Şi cum i-a spus despre mine, şi că acum e cu ea, iar eu sunt o tâmpită naivă şi îndrăgostită. După aceea toate poveştile mele de dragoste s-au repetat conform aceluiaşi model: întâlnesc un bărbat, mă îndrăgostesc, îmi deschid sufletul în fața lui, apoi el o găseşte pe alta, eu rămân să-mi ling rănile şi ei se trăiesc fericiți.

– Alina, ai ocazia să schimbi în sfârşit totul! i-am promis. Timp de o săptămână o să procedezi aşa: ajungi la momentul respectiv, intri, inspiri şi când expiri te afunzi în durere, în adâncul ei, te laşi să treci din nou prin tot ce e legat de ea, fără să te menajezi şi intrând cât mai adânc. Scrii tot ce-ți aduci aminte și arzi foaia. Apoi începi să te cureți.

– Iar eu am parcurs tot drumul până la capăt și nu m-a împuns nimic, mărturisi Jenia. Eu am trecut ușor peste toate despărțirile.

– Jenia, tu ești un caz rar. Ai mare noroc că n-ai avut nici un fel de traumă emoțională majoră. De aceea ți-e ușor să iubești și să ierți.

– Slavă Domnului, mă speriasem că sunt insensibilă.

– Iar eu am părăsit mereu prima, strânse Lena din umeri, dacă eram dezamăgită, plecam. Dar acum înțeleg că pur și simplu fugeam din calea durerii. Părinții mei au divorțat când aveam 7 ani și mi-era groază să trec din nou prin asta, să pierd un om iubit. L-am adorat pe tata și m-a durut foarte tare când ne-a părăsit. Când ajunsesem la vârsta de 7 ani mi-am amintit din nou totul, mai că n-am murit. Lena arăta vulnerabilă și lipsită de apărare fără masca ei obișnuită de încredere de sine.

– Dar dacă nu-mi aduc aminte ce s-a întâmplat? întrebă Nastia. Mie mi-a bătut inima foarte tare când am ajuns la 3 ani. Cred că a fost ceva legat de părinți.

– Nu-i nimic, am liniștit-o. Poate o să-ți amintești, sau poate că nu. Când ceva ne traumatizează foarte tare ne străduim în mod inconștient să uităm cât mai repede. Dar chiar dacă nu ținem minte, în corp ne rămâne un ghem de durere, amintirea evenimentului respectiv. În jurul lui se formează un câmp de atracție care atrage în viața noastră situații asemănătoare, și hrănesc ghemul. Trebuie să înlăturăm ghemul acesta de negativitate ca să nu mai atragem evenimente similare și emoții precum durere, disperare, teamă, supărări.

– Spune-ne cum să înlăturăm toate astea, se rugă Alina, n-aș vrea să rămân cu ele.

2. **Curățarea negativității**. Pentru această etapă aveți nevoie de o lumânare aprinsă. Luați lumânarea și setați un timer pentru 15 minute. În răstimpul acesta rotiți lumânarea în sensul acelor de ceasornic la nivelul pieptului. Puteți spune cu voce tare „Tatăl nostru", puteți să rugați focul să înlăture negativitatea din viața voastră folosind cuvintele voastre. Dacă se produce fum negru e bine, lumânarea arată că aveți ce să înlăturați. Dacă picură ceară, nu-i nimic, treceți lumânarea printr-o bucată de hârtie cu gaură în mijloc și în fiecare zi aruncați hârtia cu ceara topită adunată pe ea. După ce înlăturați și ardeți negativitatea, începeți să umpleți inima cu iubire, bucurie, frumusețe.
3. **Umplerea cu lumină, bucurie, iubire**. Rămâneți unde sunteți. Inspirați, iar când expirați imaginați-vă pe voi înșivă. Poate vă veți vedea la vârsta când ați fost rănite, sau cum sunteți acum. Iar acum simțiți cum în creștetul capului vi se deschide o floare superbă și prin ea curge lumina aurie a iubirii Divine. Floarea coboară în inimă și în mijlocul pieptului se naște o floare și mai frumoasă, a iubirii voastre. Prin ea începe să curgă fluxul roz sau vernil al iubirii, și îl trimiteți în inima imaginii voastre. Vă umpleți de iubire timp de 10 minute, spunându-vă: „Ești iubită numai pentru că ești așa cum ești. Nu trebuie să faci nimic ca să fii iubită, ești adorabilă așa cum ești".

În încheiere îndreptați iubirea voastră ca un șuvoi către cer, unde se împrăștie în mii de steluțe, iar steluțele cad în inima voastră și o umplu. Acoperiți floarea din mijlocul pieptului și vă imaginați că imaginea voastră se unește cu voi. Inspirați, iar când expirați deschideți ochii.

Lacrimile se scurgeau pe obrajii fetelor.

– Când m-am uitat la mine când aveam 15 ani, zise Alina, am văzut în mijlocul pieptului o gaură neagră enormă. Mi se părea că iubirea mea e înghițită de întuneric şi că şuvoiul de iubire trece prin mine fără să se oprească.

– Nu te teme, am liniştit-o, la început poate să pară aşa pentru că rana e prea adâncă şi veche. Treptat, o să vezi marginile rănii, o să înceapă să se albească la margini, să se strângă, iar pata neagră din centru o să devină din ce în ce mai mică. Pentru asta e nevoie de timp, uneori o săptămână ajunge, alteori trebuie 21 zile. Fiecare cu ritmul lui.

– Parcă vorbim de o rană cu puroi, spuse Jenia. La început trebuie deschisă rana şi extras puroiul, pe urmă trebuie tratată. Şi pe urmă începe să se închidă.

– Seamănă, am încuviințat. Cât timp rana există, vă obligă să treceți prin aceleaşi istorii mereu, şi mereu va fi zgândărită. Dar cum o identificați şi începeți procesul de vindecare, se va închide şi va deveni o mică cicatrice. Şi toate poveştile neplăcute vă vor ocoli.

– Eu am făcut o poezioară, interveni Lena. Mi-am adus aminte cum am întâlnit unul dintre băieții care îmi plăcuse în adolescență şi, uitându-mă la el şi cum arăta acum, mi-am zis: „Şi de ce am suferit atât?"

Demult mă ofileam de dragul lui,
Îl şi vedeam învingător în luptă,
Un nene cu burtică, chelios,
E cicatricea rănilor trecute.

– E un exercițiu pe care ar trebui să-l arătăm tuturor fetelor, declară Jenia ca o mamă grijulie ce era. Că altfel, cine ştie, vreun idiot o răneşte pe fata mea şi pe urmă o să aibă parte numai de ei, ca Alina. Aşa că acum nu mă mai tem de idilele fiicei mele. Ştiu cum să procedez ca să nu rămână cu răni pe viață.

– Păcat că mama mea n-a ştiut asta, oftă Alina. Dar acum în sfârşit sper că ies din cercul vicios al poveştilor nefericite şi să întâlnesc un bărbat pe care să vreau să-l transform în milionar.

– Când o să fii plină de iubire, nu de durere, atunci sigur îl vei întâlni. Dar atunci nu vei mai aştepta sau implora iubirea lui, ci vei fi deja în starea de fericire şi bucurie, şi toți bărbații vor dori să fie în câmpul tău de atracție.

– Ce deficit de iubire avem toate, se întristă Nastia. De asta şi căutăm iubire peste tot, şi implorăm bărbații, când nu trebuie decât să o avem în noi şi totul va fi bine.

– Despre cum să facem ca să fim pline de iubire vom vorbi săptămâna viitoare.

Planul pentru întreaga lună

1. Parcurgeți linia vieții până la momentul când apare durerea, inspirați și când expirați începeți să notați totul pe hârtie (5 minute). Faceți asta până simțiți că puteți trece peste perioada asta fără să vi se mai strângă inima. Numai atunci mergeți mai departe pe linia vieții, ascultând cu atenție. În mod ideal ar trebui să puteți parcurge de la naștere până în prezent și să tresăriți sau să simțiți durere.
2. Curățați-vă inima de durere cu ajutorul unei lumânări și a rugăciunii (15 minute).
3. Umpleți-vă imaginea cu iubire, lumină și bucurie (10 minute).

LUNA

10

Abundența în dar

Concluziile vindecării

– Cum a mers vindecarea?

– Minunat, răspunse Alina. Nici nu ştiam că am asemenea reziduuri scârboase. Nu-i de mirare că „nu mirosea a bine”.

– Păi da, şi mirosul atrăgea muştele în loc de albine, adăugă Lena. Eu am devenit mai blândă şi relaţia mea cu mama e mai bună. Dar uluitor e faptul că tata a apărut brusc şi a început să mă întrebe cum poate să mă ajute. Pentru mine e un semn bun, înseamnă că cei mai dragi oameni se mai şi întorc şi că acum pot să nu mai tem de iubire.

– Da, nu trebuie să ne temem să iubim. I-am povestit despre asta fetei celei mari şi a început să plângă, ne spuse Jenia. Se pare că avusese o poveste cu un băiat şi suferise foarte mult, iar eu nici nu ştiam. Toată săptămâna a înlăturat durerea, iar eu i-am dăruit iubire. Mi-am amintit cum am făcut exerciţiul cu simţirea valorii şi i-am pus mâna dreaptă pe spate, între omoplaţi, iar stânga în centrul pieptului şi am stat aşa 10 minute, trimiţându-i iubire. Mi-am imaginat cum rana ei se strânge, devine roz, iar pata întunecată din mijloc devine din ce în ce mai mică. La sfârşitul săptămânii am observat că pata s-a micşorat şi rana s-a închis complet.

– Jenia, ești genială! am spus admirativ. Nici nu trebuie să studiezi biodinamica, o ramură a psihoterapiei corporale unde se înlătură blocajele emoționale acționând la nivel corporal, tu deja știi cum se face. Dar dacă rana e foarte serioasă, e totuși mai bine să mergi la un specialist.

– Igor a observat că zâmbesc mai mult. Nastia arăta cu 5 ani mai tânără. Dar partea interesantă e că am început să slăbesc, nici nu mi-a venit să cred.

– Sigur, slăbești și întinerești. Când nu porți emoții negative în tine corpul nu mai are nici un motiv să adauge sub formă de kilograme în plus.

Bucuria ta e sprijinul lui

– Iar acum începeți o săptămână de iubire de sine neînfrânată. Dacă în cazul Iubitei vorbim mai mult despre plăcerea corpului, în starea Fetiței e mai important să ne umplem de emoții pozitive, de bucurie, frumusețe, tot ce ne hrănește sufletul. Amintiți-vă ce vă oferă emoții pozitive.

Fetele au început să enumere:

✓ iubire
✓ muzică bună
✓ pictură
✓ literatură, mai ales romane pentru femei
✓ shopping
✓ conversații cu prietenele
✓ dansul
✓ teatrul
✓ admirația față de propria persoană

- ✓ cadourile
- ✓ admiratorii
- ✓ călătoriile
- ✓ filmele
- ✓ emisiunea de televiziune preferată

– Fiecare dintre voi poate să continue lista. Alegeți tot ce sunteți gata să faceți pentru voi înșivă săptămâna asta: să mergeți la un concert, la muzeu, la spectacol, la magazin, să vă cumpărați ceva, să citiți un roman ușor nou, să vedeți o comedie romantică nouă ș.a.m.d. Neapărat includeți asta în calendarul vostru săptămâna asta. Altfel vă luați cu treburile ca de obicei și tot timpul o să apară ceva mai urgent, care nu suportă amânare. Dar dacă planificați fericirea, atunci se întâmplă.

– Totuși, eu aș pune shoppingul pe primul loc, zise după o clipă de gândire Lena. Când cumperi chiar și un fleac te bucuri imediat.

– O familie pe care o cunosc chiar organiza o dată pe lună Ziua cumpăratului de prostii. Toți primeau câte 500 ruble și puteau să-și ia ce vor. Nici nu vă imaginați câtă bucurie le aducea tuturor, își aminti Jenia.

– Mai târziu o să vorbim despre ce așteaptă bărbatul de la femeie în starea emoțiilor pozitive. Dar e important să avem ce să dăruim, pentru că e greu să le oferim bucurie altora când noi nu suntem fericite, am adăugat.

– Dar cu rănile ne-am lămurit data trecută, așa că acum putem să ne facem plinul de iubire și frumusețe.

Pentru asta facem exercițiul cu oglinda.

Ne punem în fața oglinzii, ne privim în ochi și spunem: „Cred în mine, mă accept, mă iubesc". Repetăm de zece ori.

– Deci ce-ați simțit?

– Deschidere și iubire, răsuflă Alina.

– Bucurie fără motiv, continua să zâmbească Lena.

– Dorința de a privi în ochii oamenilor, dădu Nastia din umeri. Prima oară când mi se întâmplă să vreau asta.

– Simplitate și bucurie, ca în copilărie, râse Jenia. Vreau să fac nazuri.

– Fetița este întotdeauna emoție, lipsă de griji, bucurie, nevinovăție și lipsă de apărare.

– E greu să te simți nevinovată cu trei copii, spuse Jenia. Încă nu înțeleg, cum să crești și să hrănești copii fiind în starea asta?

– Poți să ai și cinci copii și să te simți nevinovată și jucăușă, am răspuns. Este o stare interioară, nu o reacție de răspuns la viață. Este o atitudine față de viață, nu împrejurările ei. E o artă să poți păstra această stare, indiferent ce se întâmplă. Nu putem să controlăm mereu evenimentele, dar putem să alegem cum reacționăm la ele.

– Știi, e greu să fii fără griji când trebuie să controlezi tot, să urmărești tot și să te învârți ca o veveriță în roata ei, continuă să reacționeze Jenia. Câteodată mi se pare că nu am doar trei, ci patru copii, și toți trebuie șterși la nas.

– Atunci încetează să mai fii mămică, mai ales pentru soțul tău. Fii, în schimb, Fetiță.

– Chiar și cu copiii?

– Chiar și cu copiii. Încearcă să înveți de la ei cum să fii spontană, fără griji, învață să te miri și să iei fiecare zi ca o sărbătoare.

– Ești ca Taniușa mea, își aminti Jenia. Odată mi-a zis: „Eu am trei sărbători: ziua mea de naștere, Anul Nou și fiecare zi”.

Treaba ta este transferul responsabilității

Pentru a intra în această stare minunată trebuie să transferăm bărbatului responsabilitatea, să încetăm să-l controlăm şi să fim ca o mamă pentru el.

TRANSFERUL RESPONSABILITĂȚII

Inspirați, iar când expirați simțiți responsabilitatea ca o pelerină foarte grea. E mai mult ca un văl burqa, care vă apasă umerii. Iar acum inspirați din nou și imaginați-vă că bărbatul vostru e în fața voastră: cele care aveți un soț, îl vedeți pe el, dacă nu aveți, imaginați-vă un bărbat ideal ca reprezentare a aspectului masculin al Universului. Inspirați din nou și când expirați scoateți pelerina responsabilității și controlului. Puneți-o pe umerii bărbatului, cu cuvintele: „Îți dau responsabilitatea masculină, iar eu o păstrez pe cea feminină".

Faceți exercițiul timp de o săptămână în fiecare zi.

– Dar dacă nu am încă un bărbat? Cui dau responsabilitatea? Alina dorea precizări.

– Pur şi simplu, imaginează-ți imaginea unui bărbat şi dă-i lui pelerina cea grea. Repet, tot ce nouă ne este greu îl face mai puternic pe bărbat. O cunoscută de-a mea i-a dat responsabilitatea bărbatului ei timp de o lună şi peste o lună toți prietenii lor erau uluiți că el, la 40 de ani cât avea, avea umerii mai largi.

– Dar în viața reală cum se aplică transferul responsabilității către bărbat? se interesă Nastia.

– Îi cedezi rolul de lider şi luarea deciziilor şi nu disputi hotărârile lui. Aici ne ajută de obicei fraza lui Bert

Hellinger, despre care am mai vorbit: „Tu ești bărbatul, tu ești important, tu ai dreptate". În prima săptămână spuneți fraza în sinea voastră, uitându-vă la bărbat sau ascultându-l, în a doua puteți spune și cu voce tare.

– Dar n-o să fie șocat? se sperie Jenia.

– La început da, dar pe urmă o să-i placă.

– Dar o să strice tot, se neliniști Nastia. Vă imaginați ce-o să fie dacă îi spun asta lui Igor, iar el începe să facă ce crede el că e bine. O să rămânem lipiți pământului.

– Nu e totul chiar așa de negru, am dat din cap. Bărbatul are nevoie de timp ca să învețe să ia decizii.

– Îmi aduc aminte ce mi-a povestit o prietenă, ne spuse Jenia, despre cum l-a făcut pe bărbat responsabil pentru plata cheltuielilor legate de apartament. În prima lună a uitat, dar ea n-a zis nimic, a doua lună li s-a luat curentul, a oftat cu amărăciune, în a treia lună au rămas și fără apă. Și numai în a patra lună el a început să țină minte că trebuie să plătească, iar spre luna a șasea totul a intrat în normal.

– Ce femeie, să reziste șase luni, gemu Nastia.

– În schimb, pe urmă te bucuri de un bărbat care știe să preia responsabilitatea și să ia decizii.

– Exact așa. Și eu am o prietenă, interveni Lena, al cărui bărbat, la un moment dat, a rămas fără serviciu și a-nceput să zacă pe canapea. La început i-a fost milă de el și, ca să le ajungă banii, și-a mai găsit încă o slujbă. El continua să zacă. Pe urmă a găsit și a treia slujbă, iar pe urmă... Lena făcu o pauză semnificativă.

– Și-a cumpărat și ea o canapea? presupuse Alina.

– Da, și-a cumpărat o canapea, și-a dat demisia de la toate slujbele și a-nceput să zacă alături. Au zăcut așa o jumătate de an, trecuseră la orez cu apă, dar peste șase luni bărbatul s-a ridicat în sfârșit și a câștigat un milion. Când îi dai responsabilitatea bărbatului și încetezi să duci totul în spinare, în el se naşte dorinţa de a acţiona şi a face lucruri mari.

– Dar dacă peste jumătate de an nu se ridică şi nu face lucruri mari? Nastia încă nu era gata să dea totul pe mâna bărbatului.

– Dacă îi dai responsabilitatea şi încetezi să mai controlezi totul, o să facă, am încredinţat-o. Când procedezi aşa demonstrezi că ai încredere în el. Dacă pui la îndoială capacitatea lui de a lua decizii corecte, de a câştiga destui bani, de a rezolva orice greutăţi, atunci îi iei toate puterile şi n-o să poată să demonstreze aceste lucruri. „Eşti mare, eşti bărbat, poţi să faci orice, cred în tine".

Încrederea ta e puterea lui

– Lucrul cel mai important pe care poate să-l dea o femeie bărbatului este încrederea de el. Încrederea că totul o să-i iasă, că va depăşi toate greutăţile, că poate să facă tot ce şi-a propus şi să primească tot ce visează. Ca să vedem cum funcţionează asta o să facem un exerciţiu simplu, dar important.

Împărțiți-vă în perechi. Una dintre voi întreabă un lucru la care vrea un răspuns, și alege locul din cameră unde vrea să primească răspunsul. Amândouă mergeți împreună de trei ori către locul respectiv. La început prima o să meargă către țelul ei, iar a doua va păși alături, fără să acorde nici o atenție, gândindu-se la ceva, privind în ambele direcții.

A doua oară a doua va spune în sinea ei, adresându-se primeia: „N-o să-ți iasă nimic, nu ai luat-o pe unde trebuie, ești proastă și n-ai noroc" ș.a., orice lucru negativ care vă trece prin cap. A treia oară una dintre voi merge către țel, iar cealaltă o susține în gând: „Totul o să iasă bine, ești deșteaptă, poți să faci orice îți propui". După aceea faceți schimb de locuri și procedați la fel. Iar apoi facem schimb de opinii.

După 10 minute toate s-au aşezat la locurile lor, trăncănind şi întrerupându-se una pe alta. Eu între timp desenasem un tabel:

Atitudine neutră	Influență negativă	Influență pozitivă
nu-ți vine să mergi nicăieri în mod deosebit	simți că ai ghiulele la picioare	simți că ai aripi
te simți singură	te simți singură	simți că ai sprijin
răspunsurile vin neclar	nu primești răspunsuri	răspunsurile vin clar și precis
simți că probleme mărunte stau în cale și te împiedică să-ți atingi țelul	multe obstacole	obstacolele dispar

mergi în ritm liniștit, nici încet, nici repede	e greu să înaintezi către țel, mergi încet și nu te poți concentra	apare viteza în înaintarea către țel
faci totul numai pentru că trebuie	simți că țelul e inutil	simți că ce faci e important

– E uimitor când nu auzi ce spune altcineva, dar simți dacă te ajută sau te susține. Când eram certată tot timpul mă împiedicam de cineva, mi se părea că nici nu mai e cazul să merg undeva, mărturisi Jenia. Nu cumva şi bărbatul simte tot aşa?

– Chiar mai acut, am răspuns. Bărbații sunt mai sensibili, pentru că încrederea nu e ceva abstract, ci o energie grozavă, o resursă puternică pe care o transmitem altuia. Şi asta se petrece în fiecare zi. De exemplu, bărbatul vine acasă şi în timpul cinei începe să vă spună planurile lui mari, iar voi sunteți preocupate, nu sunteți prezente, vă zboară gândurile în altă parte. Vă gândiți la treburile neterminate de la serviciu, că n-ați verificat tema copilului, sau la rochia frumoasă pe care ați văzut-o la magazin. Bărbatul simte indiferența voastră, simte ce am scris în prima coloană şi atunci poate să-i dispară orice dorință de a face ceva. Şi în mod sigur îi dispare orice dorință de a vă mai spune ceva. E şi mai rău când vă spune ceva important şi voi începeți să-l criticați sau să-l convingeți că acum nu e momentul potrivit, că în țară economia e în criză, că n-o să-i iasă nimic, nici nu merită să se apuce.

– Dar poate să nu reușească, ripostă Lena. Mai bine să-i spunem imediat, ca să nu piardă timpul, să-și irosească puterile și banii.

– Dar exact în asta constă puterea credinței. Atunci când crezi în bărbat, dispar și obstacolele. Uitați-vă la ce am scris în coloana a treia, apare senzația că ai aripi, nu te mai târăști către țel, ci zbori. Energia încrederii face minuni. În viața de zi cu zi arată cam așa. Bărbatul începe să vă povestească ce vrea să realizeze. Vă așezați alături și-l ascultați, gândindu-vă numai la el, îl sprijiniți în gând sau cu voce tare, îi trimiteți în inimă un șuvoi de iubire și credință.

– După cum spunea un cunoscut de-al meu despre soția lui: „Ea crede în mine mai mult decât cred chiar eu", adăugă Alina. Iar eu nu puteam să înțeleg despre ce încredere e vorba și cum poate să o simtă bărbatul. Iar acum am simțit chiar eu cum e când alături de tine se află un om care crede enorm în tine.

– Dar pentru noi, femeile, nu e la fel de important să creadă cineva în noi? se interesă Nastia.

– Nu e la fel de important, am răspuns. Pentru că centrul inimii la noi dăruiește, noi deja suntem în starea de iubire și credință în virtutea faptului că ne-am născut femei. De aceea toate studiile arată că după o despărțire femeile se descurcă bine, dar bărbații decad. Pentru bărbat e indispensabil ca cineva să creadă în el. Veți simți asta mult mai acut când începe să realizeze ceva și se confruntă cu greutăți. În acel moment voi trebuie să continuați să credeți în el.

Există o parabolă despre ploaie. Într-un sat era secetă și oamenii l-au chemat pe vrăjitor ca să invoce ploaia. Vrăjitorul a promis că se roagă, dar i-a prevenit, ca rugăciunea să aibă efect tot satul trebuie să creadă că o să vină ploaia. După trei zile staroștii satului au venit la el şi i-au zis că rugăciunile nu ajută, tot nu plouă. Înțeleptul i-a întrebat dacă ei cred că vine ploaia. Staroştii l-au încredințat că ei cred, dar înțeleptul i-a întrebat: „Şi unde vă sunt umbrelele?"

– De-am avea în cine să credem. Că te uiți la unii şi te apucă plânsul, observă Lena.

– Orice om are şi bune, şi rele. Latura pe care o vedem la om depinde de ce anume vrem să vedem. Dacă observăm însuşirile pozitive, ne vor părea mai pregnante, dacă acordăm atenție defectelor, devin mai pronunțate. Talentul femeii este să vadă cum poate să fie bărbatul şi să-i spună despre asta. Fiecare dintre noi aşteaptă în adâncul sufletului să fie acceptat aşa cum este, cu toate defectele şi calitățile. Am vorbit la capitolul starea Reginei despre cum de îndată ce învățați să vă acceptați pe voi înşivă îl veți accepta şi pe bărbatul vostru. Veți fi mai îngăduitoare cu eşecurile, greşelile, insuccesele lui, pentru că veți putea să vă permiteți şi să iertați acest lucru. Veți înțelege că tot ce nu vă place la el sau vă irită sunt însuşirile voastre pe care le reprimați sau nu sunteți gata să le acceptați. Cu cât vă veți iubi mai mult, cu atât mai uşor vă va fi să vă împăcați cu neajunsurile altora şi cu atât mai des oamenii vă vor arăta latura lor cea mai bună.

– Dar uneori e aşa de greu să vedem ceva bun la bărbat, dacă nu se manifestă deloc, insistă Lena.

– În asta şi constă magia încrederii, nu se bazează pe dovezi reale. Pur şi simplu, crezi şi atunci totul începe să se întâmple. O mini-parabolă minunată spune:

„O să cred când văd", spuse omul.

„Dacă crezi, vei vedea", răspunse Universul.

De aceea tema voastră este să faceți o listă de însuşiri ale bărbatului vostru. Puteți să le scrieți sub formă de raze. În fiecare zi adăugați câte trei noi însuşiri.

Acordați-le atenție, observați-le și vorbiți-i despre ele în cursul zilei.

Iar dacă încă nu aveți un bărbat, uitați-vă la bărbați necunoscuți și găsiți ceva de admirat la ei. De exemplu, unul i-a adus iubitei lui o cafea, altul i-a cumpărat un cadou minunat, acela e deștept, celălalt e charismatic, ăsta are simțul umorului, iar altul are un gust impecabil. Lucrurile pe care le admirați la bărbații necunoscuți vor începe să apară la bărbații care intră în viața voastră sau care se află alături de voi.

În general e un obicei bun, dacă nu aveți relații bune cu cineva. Scrieți pe o foaie 25 de calități și relațiile se vor îmbunătăți.

Admirația ta sunt cadourile lui

– Am o cunoștință măritată cu un bărbat foarte bogat, dar foarte zgârcit, începu Nastia să povestească. Până și bani de dresuri îi dădea numai cu chitanță. Dar locuiau într-o casă mare și frumoasă, copiii lor mergeau la o școală prestigioasă. Și deodată femeia află că soțul are o amantă. În loc să-l vorbească de rău pe la toate colțurile, a început să-l laude pentru tot ce face pentru familie: „Știți ce soț minunat am, ne-a construit o casă așa de frumoasă, și câte face pentru copii, are grijă de noi. E numai meritul lui Vadik, ce ne-am face fără el" și tot așa. Prietenele ei au crezut că a luat-o razna, bărbatul și-a luat amantă, iar soția îl laudă. Totul a continuat așa un an, iar pe urmă s-a schimbat complet. Amanta a dispărut, pentru că ele de obicei apar când bărbatul nu are suficientă atenție și admirație. Iar Vadik a devenit de o generozitate rară, nu mai număra fiecare ban şi a început să investească în soţie sume enorme, să-i ia blănuri, călătorii, diamante.

– Nastia, mulţumesc, excelent exemplu. De îndată ce femeia începe să-i ofere bărbatului admiraţie şi recunoştinţă pentru ce face, în el apare dorinţa de a-i face o bucurie. Când bărbatul e plin de emoţiile pe care i le dăruim, surplusul de emoţie devine impulsul de a ne face cadouri. Nu ca în starea Reginei, când ni se dăruiesc cadouri pentru a ne cuceri, ci din dorinţa de a ne face o bucurie (fig. 23).

Acum vom face un exerciţiu pentru primirea cadourilor, priceperea de a dărui iubire, acceptarea cadourilor şi returnarea recunoştinţei.

EXERCIŢIU PENTRU ACCEPTAREA CADOURILOR

Formaţi perechi, una dintre voi joacă rolul bărbatului, ţinând în mâini orice obiect care simbolizează cadoul. Poate fi un pix, un ruj, nu are importanţă. Staţi faţă în faţă, iar cea care joacă rolul femeii, când expiră, întâi îi dăruieşte bărbatului iubire, apoi când inspiră îşi permite să accepte cadoul la nivelul plexului solar. Apoi ridică energia la nivelul inimii şi, când expiră, returnează bărbatului energia recunoştinţei. Întotdeauna returnaţi mai multă energie decât aţi primit odată cu cadoul, şi astfel creaţi un surplus de energie pentru următoarele cadouri. Când femeia nu-i mulţumeşte bărbatului pentru cadouri, acestuia îi dispar foarte repede resursele care îi permit să dăruiască ceva.

– Dar dacă el îmi dăruieşte ceva ce nu-mi place? ripostă Lena.

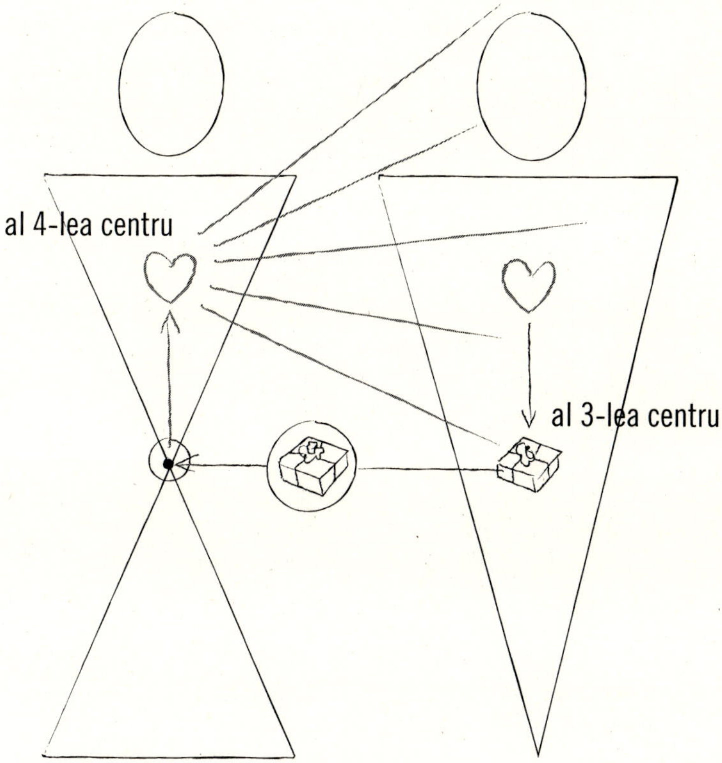

Fig. 23
Cadourile

– În felul cum primim cadourile se manifestă acceptarea bărbatului. Căci de fapt nu e important obiectul care ni se dăruieşte, ci felul cum s-a gândit la noi bărbatul când a ales acest cadou şi s-a străduit să ne bucure. Când respingi ce a ales sau strâmbi din nas, sau spui că nu e ce te aşteptai să fie, bărbatul aude că nu-l accepți, că îl respingi pe el.

– Da, atunci când iubim un bărbat, primeşti orice cadou ca pe o mană cerească, dar când începi să fii dezamăgită de el, şi un palat să-ți dea, şi tot nu-ți face plăcere.

– Aşa că va trebui nu doar să învățați să primiți cadourile la nivelul plexului solar, ci şi să vă exprimați recunoştința, pentru ca bărbatul să-şi dorească să vă bucure în continuare cu cadouri. Bărbații numesc asta „profit emoțional".

ALGORITMUL PRIMIRII CADOURILOR

1. Ridicați mâinile când expirați, intrați în fluxul de iubire al Universului și când inspirați lăsați fluxul să intre în inima voastră. Expirați, întindeți mâinile, modelând și structurând cu ele fluxul, și umpleți bărbatul cu emoții: iubire, bucurie, admirație.
2. Ținându-vă răsuflarea, lăsați fluxul să coboare la nivelul plexului solar al bărbatului și când inspirați luați o parte din flux drept cadou. Imaginați-vă că absorbiți acest cadou ca un aspirator. Iar dacă cea care joacă rolul bărbatului simte nevoia să înmâneze cadoul femeii, atunci faceți asta. Dar întindeți-l numai când simțiți că femeia e gata să-l primească. Dacă nu simțiți asta, ne întoarcem la primul punct

și din nou umplem inima bărbatului cu iubire, luând, când inspirăm, o parte din ce ați dat.

3. Primind cadoul, când inspirăm ridicăm din nou energia către inimă și când expirăm îl umplem pe bărbat cu recunoștință. Putem să spunem de patru ori, cu gingășie, „Mulțumesc", putem să ne atârnăm de gâtul lui cu țipete de bucurie sau să sărim prin cameră bătând din palme. Exprimați-vă emoțiile cum e firesc pentru voi. Sarcina partenerului în rolul bărbatului este să simtă recunoștința. Când dăruim un cadou, întotdeauna dăruim altuia o parte din sufletul nostru. Și dăruind o parte din noi, ne așteptăm că se va întoarce la noi sub forma bucuriei și recunoștinței altuia.

– Dar cu bărbatul real tot aşa facem? se îngrozi Jenia. Îmi imaginez scena, dacă o să mă pun în fața lui şi încep să dau din mâini.

– Nu, cu bărbatul real nu trebuie să faceți aşa, am liniştit-o. Important acum e să demarați acest algoritm la nivel de fluxuri energetice şi corporale, pentru ca în situația reală să se declanşeze de la sine.

– Dar dacă deja am stricat tot la începutul căsniciei noastre şi lui Igor i-a dispărut orice dorință de a-mi face cadouri, se poate îndrepta ceva? întrebă Nastia.

– Se poate, dacă începi să-l umpli cu iubire. Una dintre studentele mele era în aceeaşi situație, timp de o lună i-a dăruit iubire soțului, iar când el în sfârşit i-a cumpărat un cățeluş de jucărie de la supermarket, a sărit în sus de bucurie. Pe urmă a început să-i dea şi alte cadouri, o maşină şi tot ce îşi mai dorea.

– Dar cum să-i dăruiesc iubire?

Iubirea ta este bogăția lui

– Dăruim iubire la nivel de energie şi la nivel de acțiune, am răspuns. La nivel de energie putem face o meditație, să ni-l imaginăm pe bărbatul nostru şi să-i trimitem un flux de iubire către inimă. Energia iubirii este cea care trezeşte sufletul bărbatului, îl ajută să pună suflet în ce face. Vă amintiți gluma cu globurile de brad care semănau, dar unele erau mai scumpe pentru că aduceau bucurie, iar altele, nu? Lucrurile în care se pune suflet sunt prețuite mai mult. Oamenii simt asta la nivel de vibrație. Când bărbatul pune suflet în ce face, creațiile lui sunt receptate altfel şi tocmai ele vor fi cele care vor rămâne peste veacuri. Putem să prețuim profesionalismul şi perfecțiunea tehnică a diferitelor creații, dar dacă în ele nu se simte emoția, atunci nu vor face parte din viața noastră. Ce nu se face din suflet nu ne umple şi nu ne bucură.

Şi dacă inima bărbatului nu e plină de iubire, atunci tot ce face va fi inert şi nu se va bucura de cerere, nu se va vinde precum lucrurile făcute de un bărbat iubit şi care iubeşte.

– Aşa este, susținu Alina. Când îl iubeam pe fostul meu soț, banii veneau cu toptanul la el, dar când am aflat că mă înşală inima mea s-a închis. Şi deşi am continuat să mă culc cu el, afacerile lui mergeau din ce în ce mai rău. Iar acum, după divorț, din câte ştiu doar cheltuie, dar nu creează nimic.

– Iubirea femeii îl ridică pe bărbat la alt nivel, îl face să ajungă departe, purtat de iubire şi credință. Dar când bărbatul trădează iubirea femeii, începe să piardă tot.

– La început se mai mențin în virtutea iubirii pe care le-am dăruit-o, interveni Lena. Li se pare că ei sunt cei speciali. Mai continuă să funcționeze, ca o lanternă cu baterii, dar la un moment dat bateriile se termină, ardoarea se stinge şi bărbatul începe să piardă tot, ajunge la ruină. Sau are nevoie de eforturi colosale ca să obțină tot ce înainte venea uşor. Din povestirile angajatelor mele, un bărbat poate rezista maxim 3 ani. Dacă în răstimpul acesta nu găsesc o iubire nouă, o femeie care să-l iubească dezinteresat, atunci pierde tot.

– De aceea trebuie să ne prețuim iubirea şi să o dăruim aceluia care chiar e gata să o prețuiască, am rezumat dezbaterea noastră pasionată. Aceluia care e gata să-ți pună lumea la picioare ție, nu la picioarele amantei.

– Dar putem face exercițiul cu un bărbat nou? întrebă Alina.

– Se poate face, dar numai după ce te-a cucerit, te-a cerut de nevastă, a preluat responsabilitatea şi s-a însurat cu tine. Atunci poți să-l umpli cât vrei cu iubire. Iubirea femeii trebuie meritată, iar bărbații înțeleg asta subconştient, de aceea nu prețuiesc femeile care sunt gata să le dăruiască iubire în avans.

– Adică pe soții noştri îi umplem cu iubire, dar de la ceilalți aşteptăm să facă fapte mari de dragul nostru, îşi dădu Nastia verdictul.

– Da, exact. Iar acum o să facem o meditație pentru umplerea cu iubire a bărbatului, iar pentru cine nu are un bărbat, pentru atragerea lui.

MEDITAȚIE PENTRU UMPLEREA CU IUBIRE A BĂRBATULUI

Închideți ochii, inspirați, iar când expirați imaginați-vă că sunteți la intrarea într-o peșteră misterioasă.

La intrare vă întâmpină doi păuni impozanți, care dau din cap și vă invită să intrați.

Intrați și vedeți o fântână frumoasă. În mijlocul ei se află un cristal enorm, care strălucește și scânteiază sub jeturile de apă. Apa miroase nemaipomenit de plăcut, iar priveliștea e uluitoare.

Mergeți mai departe și auziți vocile îngerilor și ajutoarelor cerești care spun: „Pe aici, dragă, urmează-ne..."

Mergeți pe coridoarele vieții voastre urmând chemarea îngerilor păzitori și intrați într-o sală mică pe care n-ați mai văzut-o niciodată. E foarte confortabilă. Tavanul e roz, totul e acoperit de covoare moi și perne roz.

Ați nimerit în împărăția Iubirii. Cei mai apropiați și plăcuți oameni vă întâmpină cu zâmbete pline de bucurie.

Aici se află îngerii voștri păzitori și ajutoarele cerești, zânele bune care vă însoțesc în toate proiectele voastre. Sunt adunați toți cei pe care îi iubiți și vă iubesc, care vă doresc binele.

Îngerul păzitor șef vă ia de mână și vă duce mai departe, în altă sală. Aici e un bazin mic cu apă roz. Apa caldă vă tentează să intrați. În centrul bazinului clipocește un izvor strălucitor. Este izvorul Iubirii, care nu se oprește și nu se termină niciodată. Jeturile Iubirii sunt infinite.

Vă scoateți hainele și intrați în bazin.

Simțiți cum vă afundați în apa moale și caldă, roz, ca o spumă. Iubirea vă spală, sunteți înconjurată de Iubire. Corpul vostru, fiecare celulă a organismului vostru respiră Iubire și se hrănește cu ea. Vă umple un sentiment de ușurare uluitoare și bucurie. Vă delectați cu Iubire, înotați, stropiți în apa Iubirii. Și iată, după ce v-ați scăldat după placul inimii, ieșiți din bazin... Și-l vedeți pe bărbatul vostru minunat, pe cel care deja e cu voi, sau pe cel la care visați de multă vreme. Se uită la voi cu o privire plină de Iubire.

Acum imaginați-vă că din inimă vi se deschide o floare gingașă și parfumată. Un trandafir, bujor, lotus, orice floare vă place.

Din floare emană o energie mângâietoare roz. Se îndreaptă direct către inima alesului vostru.

În răspuns, din inima bărbatului emană energia mângâietoare roz a Iubirii.

Vă apropiați unul de altul și în sfârșit îl îmbrățișați pe iubitul vostru, iar el vă îmbrățișează pe voi.

Sunteți incredibil de fericiți că sunteți împreună.

Trăiți această clipă. Rețineți acest sentiment. Păstrați-l în voi.

Simțiți fericirea, bucuria și extazul, desfătați-vă cu ele.

Iar acum, cu acest sentiment, ieșiți din peșteră. Uitați-vă în jur. Purtați în voi o energie nouă, noi vibrații. Mulțumiți spațiului pentru munca pe care a depus-o în voi. Inspirați și, când expirați, reveniți la realitate, luând cu voi tot ce e mai bun, mai folositor, păstrând fericirea și iubirea, armonia și liniștea.

– Cum vă simțiți?

– Uluitor! răspunse Alina pentru toate. Încă nu l-am văzut pe bărbatul meu, dar sentimentul de iubire mi-a rămas.

– Iar când i-am dăruit iubire lui Igor, i-au dat şi lacrimile, mărtusisi Nastia.

– Serghei s-a mirat şi el că i-am trimis iubire! se minună Jenia.

– De fapt bărbaţii au mai multe îndoieli legate de iubirea femeii, decât femeile, am răspuns. Femeia simte imediat dacă e iubită sau nu, dar bărbatul trebuie să vadă ce face femeia pentru el, cum îşi manifestă iubirea.

– Una dintre angajatele mele i-a trimis timp de o lună bărbatului ei câte un text pe zi cu tema „De ce te iubesc", îşi aminti Nastia.

– Doamne, cum trebuie să iubeşti pe cineva ca să-i scrii mesaje de iubire în fiecare zi, spuse Alina cu admiraţie.

– Iar bărbatul cum a reacţionat? se interesă Lena. Nu a-nceput să umble cu nasul pe sus?

– Nu, dimpotrivă, au avut o nouă lună de miere, răspunse Nastia.

– Pentru că bărbatul se aşteaptă la iubire din partea femeii, am rezumat. Orice altceva poate să primească şi altfel, în orice alt loc, să cumpere sex, să găsească o interlocutoare interesantă, să mănânce la restaurant. Dar iubirea este ceea ce numai femeia poate să-i ofere. Bărbatul se aşteaptă din partea femeii la iubire necondiţionată, când îl acceptă aşa cum este şi îi dăruieşte iubire.

– Poate că ai dreptate cu iubirea necondiţionată, dar e greu să iubeşti pe cineva care ţi-a produs atâta durere, îşi aminti Alina din nou de fostul soţ.

– E greu, dar cât timp nu-l eliberezi, nu recunoşti că e alegerea lui să plece, să aibă altă viaţă, energia supărării va trăi în tine ca un ghem şi te va împiedica să atragi iubirea adevărată. Îţi acoperă inima şi te face nefericită. Cineva a spus: „Când purtăm pică cuiva, e ca şi cum am bea o cupă de otravă". Supărarea te distruge pe tine în primul rând, nu pe el. Încearcă să-i ierți tot ce a făcut şi ce n-a făcut. Şi vei vedea, când îl eliberezi de tot, supărarea o să dispară şi o să ai atâta energie şi se va descoperi atâta iubire că imediat o să apară cel pe care îl aştepți.

– Ştii, mi se pare că după divorț numai asta am şi făcut, se încruntă Alina de parcă o durea ceva, dar nu trece deloc. Mi se pare că am eliberat, că am iertat, dar dacă ne întâlnim, iar mă apucă. Aşa că fără magia asta nu mă descurc.

– Iar mie mi se pare că în timpul petrecut împreună în orice familie se acumulează atâtea supărări, că toți ar trebui măcar o dată pe an să curețe „grajdurile lui Augias" din suflete, afirmă Nastia.

– O, da, sunt de acord, o sprijini Jenia. Câteodată îmi vine să nu mai fac nimic, cu atât mai puțin să-l inspir şi să-l admir pe bărbat, dimpotrivă, să-i spun ce cred despre el, să-i adun lucrurile şi să-l arunc în stradă.

– Ca să ne eliberăm de supărări trebuie să cerem iertare sufletului nostru. Cred că v-am povestit deja.

– Cum adică, să cerem iertare sufletului nostru? se interesă Alina.

– Spui „Eu, Alina, cer iertare sufletului meu pentru durerea, supărările şi trădările pe care mi le-a provocat acel om (numele) şi eliberez toată negativitatea din sufletul meu". Îți imaginezi cum, atunci când expiri, din sufletul tău iese un fum negru. Repetă fraza de 70 de ori (poți să ții un răboj pe mâna stângă până la 10, iar pe mâna dreaptă cu zecile). Poți să ceri iertare şi sufletului lui: „Eu, Alina, cer iertare sufletului lui Valeri pentru toate supărările, durerea, suferința pe care i-am cauzat-o", şi repeți fraza tot de 70 de ori. Exercițiul se face timp de o săptămână.

Vă propun să facem şi meditaţia Osho numită Nadabrama. Şi ea constă tot din trei faze. Iată una dintre variantele acestui exerciţiu.

MEDITAȚIA NADABRAMA

Nadabrama este o tehnică tibetană străveche, care se făcea dimineața devreme. Acum se poate face în orice parte a zilei, singură sau împreună cu alții, dar pe stomacul gol. La final trebuie să rămânem în repaus cel puțin 15 minute. Meditația durează o oră și are trei stadii.

Primul stadiu durează 30 minute.

Așezați-vă în poziție relaxată, cu ochii închiși și buzele lipite. Începeți să produceți un vuiet, suficient de tare încât să fiți auzită de alții, și creați o vibrație în tot corpul. Puteți să vă imaginați că sunteți o conductă goală sau un vas plin numai cu vibrațiile create de vuiet.

La un moment dat vuietul continuă de la sine și voi deveniți ascultătoare pasive. Nu e nevoie să respirați într-un fel anume, dar puteți schimba tonul vuietului sau să vă mișcați lin, dacă doriți.

Vuietul vă permite să vă conectați la vibrațiile superioare și să dizolvați vibrațiile de supărare și răutate, transformându-le în iubire.

Al doilea stadiu durează 15 minute.

Al doilea stadiu constă din două părți de câte 7 minute și jumătate. La început faceți mișcări în formă de arc, ținând palmele în sus. Începeți de la nivelul buricului și ridicați mâinile la nivelul inimii. Ambele mâini se întind în față, apoi se desfac în două cercuri, la stânga și dreapta, cu mișcările simetrice, în oglindă. Mişcarea trebuie să fie lentă, greu de observat. Simţiţi că vă oferiţi energia Universului, că dăruiţi iubire lumii şi bărbatului vostru. Vă lăsaţi să-i dăruiţi iubire fără să cereţi nimic în schimb, fără să vă aşteptaţi la un rezultat, ci pur şi simplu vă bucuraţi că vă împărtăşiţi iubirea lumii.

Peste 7 minute şi jumătate întoarceţi palmele în jos şi începeţi mişcarea în sens invers. Acum mâinile de întâlnesc la buric şi se separă în părţi. Simţiţi cum primiţi energie. Ca şi în primul stadiu, nu vă împotriviţi dacă trupul doreşte să se mişte lin. Primiţi iubirea lumii şi simţiţi cum această iubire pur şi simplu vine către voi şi nu trebuie să faceţi nimic pentru asta.

Al treilea stadiu durează 15 minute.

Rămâneţi liniştite şi nemişcate.

– Ce greu este să primim iubire! rosti Alina deschizând ochii.

– Şi mie mi-a fost mai uşor să dau decât să primesc iubire, confirmă Jenia.

– Iar mie mi-a fost mai greu să dau, mărturisi Lena. Nici o surpriză, mă aşteptam.

– Mie nu mi-a fost greu nici să dau, nici să primesc, iar exerciţiul mi-a plăcut foarte mult, spuse Nastia. Eliminarea supărărilor prin vuiet, asta a fost o noutate.

– Şi tu chiar crezi că trebuie să ne arătăm iubire, iar bărbatul nu se va relaxa prea tare? zise Alina cu o umbră de îndoială. N-o să creadă că n-am nici un pic mândrie?

– De fapt nu are deloc importanţă ce crede el, pentru că tu faci asta în primul rând pentru tine. Este alegerea ta, ori continui să fii supărată şi să suferi, ori alegi iubirea, iubirea necondiţionată faţă de cel care te-a rănit, şi trăieşti în starea de iubire.

– Dar cum ştim dacă bărbatul ne iubeşte pe noi şi ofrandele noastre de iubire? Jenia avea nevoie de ceva concret.

– Arthur Goblin spunea că „Îndrăgostiţii îi recunoaştem după ochi, iar pe cei care iubesc după cum se poartă". Iubirea noastră se manifestă în atenţia şi înţelegerea lucrurilor pe care bărbatul le aşteaptă din partea noastră. Pentru unii este micul dejun în pat, pentru alţii să mergeţi împreună la un meci de fotbal. Cuiva îi place să aibă o audienţă, altuia, dimpotrivă, îi place să fie lăsat în pace şi în singurătate o perioadă de timp. Dar toţi bărbaţii au nevoie de emoţii, toţi vor să se simtă iubiţi. Şi în asta constă responsabilitatea femeii, să dăruiască bărbatului noi emoţii, să-i organizeze sărbători.

– Ai nişte exemple concrete despre cum se poate face asta? întrebă Lena.

– Da, poţi să publici un volum de poezie dedicat bărbatului iubit, poţi să faci un film despre copilăria lui. O fată a luat fotografiile din copilărie ale soţului, le-a dus la un studio de film şi a făcut un desen animat despre copilăria lui. Iar de ziua lui l-a invitat la film, într-o sală rezervată numai pentru ei doi, şi i-a arătat filmul. Nici nu vă puteţi imagina ce efect a avut asupra lui!

– Cred că a plâns în hohote, presupuse Alina. Eu am cântat o dată la ziua de naştere a soţului meu cântecul Nataşei Vlasova, „La picioarele tale". L-am învăţat, am făcut o fonogramă şi l-am interpretat. Dacă luăm în considerare faptul că n-am ureche muzicală şi nici voce, a fost o surpriză plăcută.

– Iar eu i-am făcut lui Igor tot pentru ziua de naştere o carte cu fotografiile lui păstrate la prieteni, rude, părinţi, cu citate şi diverse poveşti pe care le ţineau minte. A fost foarte plăcut surprins, îşi aminti Nastia.

– O, mulțumesc pentru idei! Acum știu ce-o să fac pentru Serghei de ziua lui. Un reportaj despre locurile unde au avut loc cele mai importante evenimente, decise Jenia. Trebuie să fac rost de o cameră video și să vizitez locurile unde a mers la școală, la grădiniță, unde ne-am căsătorit. Pot să fac și niște interviuri cu cei care și-l amintesc.

– Bun, Lena își notase cu lux de amănunte ideile noastre, și cât de des trebuie să-i facem asemenea surprize plăcute bărbatului nostru? La fiecare zi de naștere sau mai des? Până la ziua lui Ruslan mai e ceva.

– Dacă faci pentru el un lucru care-l emoționează pentru ziua de naștere, e deja foarte bine. Dar de dorit ar fi ca măcar o dată pe lună să-i dăruiești iubire, să organizezi ceva, să găsești ceva de făcut împreună. Mi-a plăcut o idee cu cuvinte încrucișate. O dată pe lună poți trimite iubitului prin poștă, în plic, un rebus compus din cuvinte care înseamnă ceva special pentru voi. De exemplu, restaurantul vostru preferat, porecle nostime pe care le aveți între voi, orașul unde v-ați cunoscut, cărțile sau cântecele preferate și tot așa. Nici nu vă imaginați ce încântat va fi să dezlege rebusul.

– ...Și totodată să-și reamintească totul. Îmi place ideea. O să fac un rebus pentru Ruslan și vreau să văd cum reacționează.

Planul pentru întreaga lună

1. Transferați toată responsabilitatea bărbatului vostru.
2. Exercițiul Nadabrama pentru acceptarea și dăruirea iubirii.
3. Exercițiul prin care cerem iertare sufletului nostru.
4. Dăruim noi emoții bărbatului.

LUNA 11

Stăpâna

Spațiul rezultatelor

– Parcă sunteți un stol de fluturi multicolori, le-am întâmpinat pe prietenele mele, care șușoteau și chicoteau ca niște adolescente de 13 ani.

– Sigur că da, când o lună întreagă au avut numai sentimente pozitive, normal că suntem ca niște fluturi. Alina se învârti în rochia ei vaporoasă cloș. Totul e numai de bine.

– Da, când organizezi sărbători altora și tu te bucuri și ai o satisfacție, o susținu Jenia.

– Nici eu nu m-am mai simțit de mult așa de relaxată și fără griji, concură și Lena. Și s-a reflectat și la muncă, mi s-a propus un salariu mai mare și un transfer la Moscova, așa că acum mă gândesc.

– Mută-te, am decis noi în cor.

– Pe mine mă îngrijorează altceva, cum să păstrăm toate astea? ne trezi pe toate la realitate Nastia.

– Numai în starea Stăpânei casei, am răspuns.

Stăpâna. Nivelul fizic

În starea Stăpânei casei femeia păstrează ce are, menține ordinea și extinde granițele confortului material. O promovare la job, cumpărarea unei mașini noi, propuneri avantajoase, toate indică faptul că ați acumulat suficientă energie a atracției. E timpul să implicăm şi energia Stăpânei, pentru ca totul să poată fi păstrat şi multiplicat cum trebuie. În starea aceasta avem destulă voință pentru a duce lucrurile începute până la capăt, să insistăm şi să obținem un rezultat, iar uneori să cerem acest rezultat din partea altora. Avem forța să spunem „nu” şi să ne revendicăm limitele şi drepturile. Este încrederea de sine şi în ceea ce facem.

Ce ne ajută să sporim încrederea de sine?

Cei şase factori ai încrederii în sine:

1. Simțim că avem dreptul să fim cine suntem şi ce facem.
2. Ştim să ducem lucrurile până la capăt şi să îndeplinim promisiunile.
3. Ştim să spunem „nu”.
4. Facem ordine la toate nivelurile.
5. Suntem calme în orice situație.
6. Păstrăm tradițiile.

Energia Stăpânei e legată de energia Pământului.

CONTOPIREA CU ELEMENTUL PĂMÂNT

Închideți ochii, inspirați, iar când expirați imaginați-vă că sunteți întinse pe pământul încălzit de soare, ca pe o saltea moale de puf. Vi se pare că vă scufundați în căldură și moliciune, simțiți că faceți parte din Univers, din Pământ. Și vă adresați elementului Pământ repetând de șapte ori mantra Pământului:

AUM SHRI RODAS IDA CHANDRA MAS
AUM SHRI RODAS IDA CHANDRA MAS
AUM SHRI RODAS IDA CHANDRA MAS
AUM SHRI RODAS IDA CHANDRA MAS

AUM SHRI RODAS IDA CHANDRA MAS
AUM SHRI RODAS IDA CHANDRA MAS
AUM SHRI RODAS IDA CHANDRA MAS

Sunteți planeta care zboară prin spațiu, dar totodată fundamental de imobilă. Sunteți sprijinul și protecția. Sunteți încrederea de sine și calmul. Numai voi puteți menține totul, și bărbatul, și familia, și copiii, să rezistăm și să acceptăm tot. Sunteți Pământul, aveți năvălnicia furtunii de nisip și tăcerea dunelor, în voi se află tăria munților impozanți și respirația solului fertil. În voi se află și forța trecutului și sămânța viitorului, numai voi sunteți capabile să dați și să primiți, să transformați visurile în realitate. Repetați mantra Pământului de încă trei ori.

AUM SHRI RODAS IDA CHANDRA MAS
AUM SHRI RODAS IDA CHANDRA MAS
AUM SHRI RODAS IDA CHANDRA MAS

Rugați elementul Pământ să vă dăruiască însușirile necesare și mulțumiți-i pentru ajutor și susținere. Inspirați, iar când expirați reveniți la realitate, deschizând ochii.

– Cum vă simțiți?

– Calmă şi stabilă, răspunse Nastia.

– Grijulie şi susținătoare, zise Jenia.

– Răbdătoare şi echilibrată, nu seamănă deloc cu mine, se miră Alina.

– Cu simț practic şi simplă, se minună Lena. Interesant, cât o să mă țină asta. Eu sunt renumită pentru obiceiul meu de a da toți banii pe haine şi distracții.

– Consolidați această stare. Stăpâna este cea care creează confortul de acasă, are grijă de bărbat şi îi oferă sprijin. Dar, totodată, starea ne permite să ne ducem până la capăt proiectele sau tot ce am început, să avem rezultate, să ne susținem opiniile, să nu cedăm ce este al nostru şi să nu permitem ca alții să se folosească de noi.

Aşadar, să scriem pe tablă calitățile Stăpânei.

Calitățile Stăpânei:

1) organizată
2) sigură pe ea
3) duce la bun sfârşit totul
4) stabilă
5) calmă
6) statornică
7) răbdătoare
8) practică
9) ordonată
10) prolifică
11) sistematică
12) grijulie

În starea Stăpânei, femeia

Dă:	Primește:
Menține ordinea	Statut social
Curăță, protejează și face spațiile confortabile și calde Păstrează, creează și transmite tradițiile	Rezultate materiale: bani, imobiliare, moșteniri Recunoaștere și respect
Naște și educă copii	Dreptul la ce îi aparține
Rămâne mereu frumoasă	Recunoștință
Susține și calmează	

– Da, e clar, observă Alina. N-o să ajung niciodată să fiu aşa.

– Nu-ți fă griji, o linşti Jenia. În schimb când o să devii, o să-ți placă.

– Acum înțeleg ce-a vrut să spună Lenin când zis că bucătăreasa e cea care conduce statul. Dacă e în starea Stăpânei poate să conducă nu doar statul, dar şi lumea întreagă, observă Nastia.

Fără voință nu există încredere în sine

– Aş vrea să conduc lumea, zise visătoare Lena. Dar nu-mi dau seama cum să pot să ating această stare.

– Există nişte exerciții excelente pentru mărirea încrederii în sine şi a ştiinței de a conduce lumea, pe noi înşine şi pe alții. O să le facem acum ca să verificăm ce ne iese la fiecare. Centrul voinței, chakra manipura, amplasată în zona plexului solar, e cea responsabilă de încrederea în sine. În acest centru se află trei zone care răspund de diversele niveluri ale capacității de conducere: cea superioară, influența asupra unor mase mari de oameni, cea medie, controlul şi încrederea în sine, şi cea inferioară, conducerea altora şi ştiința de a delega. De exemplu, cineva poate să îndemne oamenii la revoltă, dar nu e capabil să se descurce cu menajera. Cineva poate fi sigur pe el şi poate face totul singur, dar nu e capabil să delege altuia un proiect şi să ceară un raport.

Oricât ar părea de ciudat, exercițiul pentru dezvoltarea acestor zone are de-a face cu flotările (conform lui G. Țeh).

– Îmi place, întărim muşchii şi voința în acelaşi timp, se bucură Lena. Toate plăcerile odată.

– Dar de ce unii bărbați care dețin multă putere au o burtă mare? era Jenia nedumerită.

– Aceşti bărbați au nevoie de burtă când nu pot să mențină puterea numai prin forța lor interioară. Nu degeaba se spune despre burtă: „A crescut autoritatea", am zis. Dar ei caută o femeie cu muşchi bine dezvoltați în zona pieptului, pentru că înțeleg că numai ea poate să susțină ce au creat ei. O să vă arăt exercițiile, faceți-le şi încercați să observați ce vă e mai uşor să faceți şi ce e mai greu.

EXERCIȚII DE DEZVOLTARE A VOINȚEI

1. Ne culcăm pe podea, cu genunchii îndoiți. Punem tălpile pe podea și le mutăm cât mai aproape de fese. Mâinile le punem pe piept și ridicăm trunchiul în sus, încercând să desprindem omoplații de podea. Repetăm exercițiul de 10 ori.
2. În poziția culcat pe spate, cu mâinile pe piept, ridicăm picioarele în unghi de 90 grade și ne ridicăm, desprinzând corpul de podea. Repetăm de 10 ori.
3. În poziția culcat pe podea cu picioarele întinse ne ridicăm încercând să desprindem omoplații. Repetăm de 10 ori.
4. Repetăm exercițiul care ni s-a părut cel mai greu.

– Ei, cum a mers antrenamentul sportiv în noua paradigmă? m-am uitat la fetele care erau îmbujorate.

– Mie mi-e uşor să conduc un colectiv de oameni, spuse Nastia, dar mi-e greu să conduc un singur om. Nu înțelegeam de ce toate secretarele mele pleacă imediat. Acum înțeleg că trebuie să mă antrenez.

– Iar eu trebuie să dezvolt în direcția conducerii mulțimilor mari de oameni, decise Jenia, ca să pot să adun grupuri mari.

– Iar eu, dimpotrivă, pot să conduc fără probleme pe altcineva, dar mi-e greu să mă oblig pe mine să fac ceva, şi mai ales să duc ceva până la capăt, se văită Alina.

– Nici mie nu mi-ar strica mai multă încredere în mine, confirmă Lena. Dar ce să facem ca să o mărim?

– Un exercițiu de bază care ajută e cel fundamental al lui A. Lowen, pentru împământenire. L-am menționat în cartea mea „Descoperă-te din nou", dar şi meditația

„Chakra voinței”, care ne ajută să curățăm centrul de influențele altora.

Trebuie să începem cu ordinea. Ordinea ne ajută să menținem structura şi forma.

Ordinea este câmpul de acțiune

Probabil ați auzit expresia: Banilor le place ordinea. Nu se referă numai la aranjarea bancnotelor în ordine crescătoare a valorii, ci şi la faptul că banii, aşa cum am mai spus, sunt energie structurată. Ei vin acolo unde există loc pentru ei. Când în spațiul nostru, în casă, în hârtii e haos, energia banilor nu se materializează, nu se transformă în ceva material şi concret, de exemplu, în bancnote sau în lingouri de aur. Ei se risipesc în spațiu şi rămân doar ceva potențial. Ordinea ne ajută să eliberăm spațiul şi să-l organizăm în mod corect.

SĂ FACEM ORDINE

1. În spațiul înconjurător
   - 1.1. În casă e foarte important să facem ordine în bucătărie și în dulapurile de bucătărie. Chiar dacă dedicăm numai 15 minute pe zi, treptat totul poate fi aranjat și apare un ritm al ordinii.
   - 1.2. În dulap, în dressing, în cosmetice.
   - 1.3. În genți, inclusiv cele vechi pe care nu le mai purtați.
   - 1.4. În mașină.
   - 1.5. În birou și la masa de scris.

2. În hârtii și în computer. Trebuie triate toate teancurile de hârtii, toate e-mailurile vechi și toate dosarele trebuie organizate.
3. În bani. Să calculăm și să planificăm bugetul, să alocăm corect banii (o să desenez mai târziu alocarea ideală a bugetului).
4. În cap. Să începem să ne planificăm ziua, luna, anul (o să discutăm cum să folosim timpul, astfel încât să avem timp pentru tot, și cum să ne simțim satisfăcute și să ne bucurăm de viață).
5. În relații. Cum să ne despărțim cu tact și grijă de intruși, cei care intră în spațiul nostru, ne fură energia, uneori chiar fără acordul nostru.
6. În sănătate.

– Mă tem că mie nici un an nu mi-ar ajunge ca să termin programul ăsta, se îngrozi Alina. Cu dragostea mea pentru haos permanent, în mod sigur o lună nu-mi ajunge ca să termin.

– Poate că o lună nu-ți ajunge, dar important e să începi şi totul se va ordona treptat. Când în jur e haos, omul se simte neputincios. Nu-i ajung puterile pentru a recăpăta puterea, pentru a prelua controlul asupra vieții. Când facem ordine ne recăpătăm puterea şi controlul.

– Mi-aduc aminte că îmi făcusem un plan în scris ca să fac ordine în apartament. Îl împărțisem pe zone. Şi tot mi-a luat vreo trei luni ca să termin. A trebuit să cumpăr trei etajere de cărți ca să pun toate hârtiile, îşi aminti Nastia. Dar în general îmi place ordinea, aşa că mie îmi ajunge şi o lună. Important e să găsesc timp pentru asta. În general sunt destul de ordonată, îmi place când totul e bine organizat.

– Atunci haideți să vedem cum trebuie să ne folosim timpul, în afară de somn.

– Cu familia și copiii, răspunse imediat Jenia, treburi casnice, curățenie, gătit și toate cele.

– Cu ce ne trebuie nouă, coafor, shopping, propuse Lena.

– Cu întâlniri cu prietenele preferate și bărbatul iubit, spuse Alina după o pauză de gândire.

– Cu munca și învățatul, adăugă Nastia.

– Dar sexul unde intră, tot la timp petrecut cu iubitul? se interesă Alina.

– Sexul e separat. La același capitol intră și exercițiile legate de energie și sex, antrenamentul pentru „orgasm în serie" și alte lucruri asemănătoare.

– Cu pasiunile, hobby-urile sau creația!

– Asta e tot separat.

– Odihna și călătoriile.

– Tot aici intră și impresiile noi, teatre, prezentări etc.

– Dar sportul unde îl adăugăm?

– Activitatea fizică o punem separat. Și încă o zonă e alocată pentru preocupări spirituale: meditație, rugăciune, exerciții de respirație. În total avem 12 zone (fig. 24).

Se consideră că pentru a ne simți împlinite și totodată să reușim să facem tot e important să acordăm atenție tuturor zonelor în decursul unei zile. Chiar dacă alocați fiecăreia dintre ele de la cincisprezece minute până la o jumătate de oră, tot veți obține un rezultat.

– Nu-mi dau seama cum te poți încadra în 15 minute când mergi la cumpărături, se revoltă Lena.

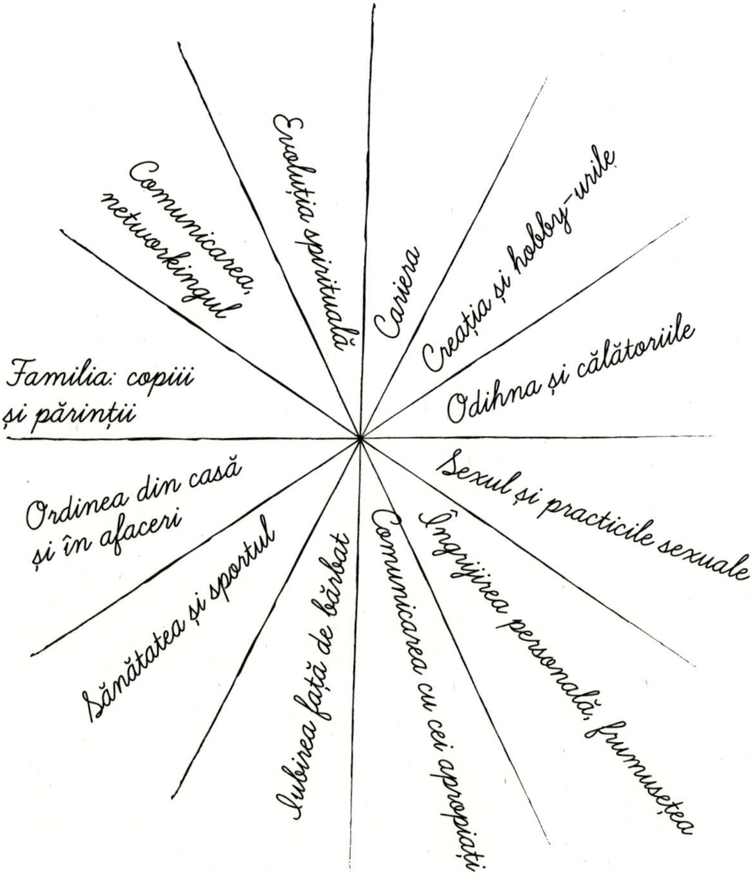

Fig. 24
Cum ne folosim timpul?

– Bineînțeles, pentru anumite lucruri alocăm o oră și jumătate, dar o dată pe săptămână. Poți să faci gimnastică în fiecare zi câte 15 minute sau să mergi de două pe săptămână la sală și o să obții cam același efect. Totul depinde de preferințele tale. Dar când planificăm de cu seară ziua următoare, ne uităm la fiecare zonă și decidem ce facem. Cel mai important e să planificăm de la început tot, în afară de muncă. Odihna, pasiunile, impresiile, educația, exercițiile de energie ne ajută să ne reumplem resursele vitale. În mod ideal femeia trebuie să-și dedice nu mai puțin de trei ore pe zi, dar chiar dacă începeți cu o oră pe zi, deja o să vă simțiți mult mai bine.

– Dar cu munca cum rămâne?

– De obicei pentru muncă sunt suficiente trei ore de imersie completă. Mie îmi place să setez un timer pentru 45 minute și să lucrez fără nicio pauză pentru un ceai, mers la baie, telefoane, visuri etc. E foarte greu să nu fugi de colo-colo din cinci în cinci munte și să dedici timpul numai pentru ce ai hotărât să faci.

– Interesant, dar cei care au program de opt ore?

– Dacă analizezi cu ce te ocupi în orele de program o să vezi că timpul e înghițit de prânz, conversații cu colegii, chibzuieli, conversații telefonice inutile. De aceea, dacă ne dedicăm trei ore numai pentru lucru, apoi putem să alocăm următoarele trei ore nouă înșine și apropiaților noștri fără mustrări de conștiință.

– Dar cum se deosebește comunicarea cu bărbatul nostru și iubirea pentru el de sex? Și de ce le separăm?

– Pentru că iubirea nu este numai comunicare cu iubitul, ci și meditația prin care îi trimiți iubire. Vă amintiți când, în starea Fetiței, am făcut o meditație pe tema asta? Chiar și când trimitem un text bărbatului sau când îi pregătim o surpriză, este timp dedicat iubirii noastre, energiei iubirii, pe care o concentrăm şi o trimitem iubitului.

– Acum ştiu cu ce să mă ocup când rămân blocată în trafic, comentă Nastia.

– Când ne concentrăm asupra unui lucru, ne ia mult mai puţin timp şi obţinem cel mai bun rezultat. De aceea se consideră că e mai bine să-i alocăm copilului 15 minute, dar să ne ocupăm numai de el, fără să ne gândim la muncă şi alte lucruri, decât să petrecem toată ziua, dar să facem în paralel o mie de alte lucruri. Am calculat timpul cu copiii mei. Dacă amâni toate treburile şi toate cele 15 minute te concentrezi numai pe copil, peste 15 minute pleacă singur, satisfăcut şi mulţumit.

– Dar când ai un bebeluş îţi trebuie mai mult timp, mă contrazise Jenia.

– Chiar dacă te ocupi 15 minute cu bebeluşul, el o să se dezvolte considerabil. Încearcă. Şi pentru ordine, dacă o faci sistematic, ajung 15 minute pe zi.

Protejarea spaţiului tău

– E important să facem ordine nu doar la nivel fizic, ci şi la nivel energetic. Adesea în spaţiul nostru apar intruşi, cei care ne fură energia şi uneori nici nu-şi dau seama de asta. De exemplu, soacra sau mama. În principiu ele vin cu intenţia sinceră să vă ajute, dar nu se ştie de ce după plecarea lor vă simţiţi pustiită şi moartă de oboseală. Sau când cineva ocheşte spaţiul vostru, de exemplu, vreo fată avidă care vrea să vă ia locul.

– Exact, cum te relaxezi un pic, cum cineva vrea să fie alături de soţul tău, mă susţinu Jenia.

– Vreau să vă dau exercițiul „Câmpul de retenție". Vă ajută nu doar să vă eliberați spațiul, dar vă și învață să-l ocrotiți. Şi mai ales vă ajută să intensificați forța retenției.

– De aici, te rog, ceva mai în detaliu, se rugă Lena. Mie îmi vin banii uşor, dar la fel de uşor mi se scurg printre degete. Chiar dacă câştig de zece ori mai mult decât verişoara mea, ea deja şi-a cumpărat două apartamente şi a construit şi o casă la țară. Şi nici nu pot spune că îşi refuză ceva. Se şi îmbracă bine, şi călătoreşte. Iar eu de fiecare dată la sfârşit de lună nu reuşesc să înțeleg pe ce am dat banii.

– În principiu e uşor de înțeles. La tipul tău psihologic predomină emoțiile şi creația, de aceea forța retenției se manifestă mai slab. Acum să facem exercițiul „Câmpul de retenție".

EXERCIȚIUL „CÂMPUL DE RETENȚIE"
(redactat de S. Soboleva)

Închidem ochii, inspirăm, iar când expirăm ne concentrăm atenția asupra plexului solar. Acolo vedem un balonaș auriu. Imaginați-vă că se lărgește și se transformă într-un disc auriu. Discul iese dincolo de marginile corpului vostru și simbolizează spațiul casei sau afacerii voastre. Lărgiți spațiul cât puteți, cu condiția să fie în zona atenției voastre. Umpleți-l cu lumină aurie. Iar acum studiați cu atenție granițele spațiului vostru, vedeți dacă nu există efracții sau distrugeri. Dacă observăm ceva de genul acesta, restabilim granițele și punem un gard sau un gard viu. Acestea sunt granițele noastre personale, ale casei noastre sau ale companiei noastre. În gard punem o poartă, pentru ca cei dragi să poată să intre, cei pe care i-am invitat, iar cei pe care nu-i chemăm să poată să iasă.

Verificăm încă o dată dacă nu avem musafiri nepoftiți: alte femei care vor să ne ia locul, soacra, părinții, rudele, prietenele, oricine nu ne respectă granițele și atentează la teritoriul nostru. Dacă îi vedem, întâi întrebăm: „De ce sunteți aici? Ce vă trebuie?" După ce auzim răspunsul, încercăm să le dăm energetic ce putem, sau ne scuzăm și explicăm că nu putem să le dăm. După aceea le spunem la fiecare dintre ei: „Eliberează spațiul meu" sau „Ocupă locul tău" și-i conducem la ușă cu iubire, dar ferm.

Dacă trebuie, rotiți discul auriu în sensul acelor de ceasornic, pentru ca toți cei care atentează la el să fie scoși de forța centrifugă să-i scoată dincolo de granițele spațiului vostru. În el trebuie să rămână numai voi, bărbatul iubit și copiii. Puteți să-l întrebați pe bărbatul vostru ce vrea să primească, de ce are nevoie, ce-i trebuie. Și tot așa, la nivel energetic, oferiți-i ce e important pentru el și nu uitați despre asta nici în realitate.

Dacă în spațiul vostru nu se află bărbatul, invitați-l și, ca o gazdă primitoare, aveți grijă de el.

Umpleți spațiul vostru cu o lumină și mai strălucitoare aurie, cu iubire, căldură și mențineți câteva minute. Apoi transformați-l din nou în balonaș auriu. Inspirați și, când expirați, reveniți la realitate.

Fetele s-au întins și au deschis ochii.

– Da, acum au plecat toți, dar e cumplit când creezi ceva și pierzi tot, oftă Alina.

– Dacă nu ai suficientă forță interioară să păstrezi ce îți aparține, pierzi tu singură sau cineva îți ia aceste lucruri. Când pierdem starea Stăpânei, ni se fură, ia sau confiscă ceea ce ne aparține.

– Şi cum prevenim acest lucru? se îngrozi Lena.

– Trebuie să învățăm să ne apărăm granițele, am răspuns, să învățăm să reținem ce ne aparține. Şi nu numai în lumea materială. Acest centru răspunde şi de capacitatea noastră de a ne menține limitele, de a nu permite altora să ne preseze sau să ne oprime, de abilitatea de a spune „nu" celor care încearcă să vă distrugă viața.

Pentru a ne dezvolta această capacitate vom face exercițiul Osho „În afara dimensiunilor". Am luat descrierea de pe site-ul „Satori". Meditația „În afara dimensiunilor" ne ajută să dezvoltăm şi să concentrăm energia din al treilea centru, centrul puterii personale. Tehnicile mişcărilor Sufiste stau la baza acestei meditații.

EXERCIȚIUL „ÎN AFARA DIMENSIUNILOR"

Meditația ține o oră și include trei stadii. În timpul primelor două stadii ochii rămân deschiși, dar încercați să nu concentrați privirea pe nimic concret. În timpul ultimului stadiu ochii sunt închiși. Muzica a fost creată special pentru meditație, la început e lentă, dar treptat ritmul devine mai rapid.

Primul stadiu: MIȘCĂRILE SUFISTE - 30 minute

Este un dans neîntrerupt, care constă din șase mișcări. La început stați nemișcate, cu mâna stângă pe inimă, iar mâna dreaptă pe al treilea centru. Rămâneți nemișcate câteva minute, pur și simplu ascultați muzica și încercați să vă concentrați. Acest stadiu al meditației începe cu muzică lentă, care devine din ce în ce mai intensă înainte de a trece la stadiul următor.

Dacă faceți meditația în grup, s-ar putea să ieșiți din ritmul comun, să nu aveți mișcările sincronizate. Nu considerați asta o greșeală. Pur și simplu, opriți-vă o clipă, priviți la oamenii din jur și reveniți la ritmul în care meditează ceilalți.

Când auziți clopoțelul începeți mișcarea în sensul descris mai jos. Toate mișcările încep din centru, muzica doar vă susține și vă ajută să păstrați ritmul corect. Picioarele și privirea voastră sunt îndreptate în direcția în care se mișcă mâinile voastre. Mișcați-vă lent, de parcă sunteți sub apă, iar apa vă poartă și vă susține. De fiecare dată când auziți sunetul încet „șu-u", repetați-l. Faceți șase mișcări consecutive, fără întrerupere timp de 30 de minute. Prin mișcări vă restabiliți limitele, nu lăsați persoane distructive în viața voastră, spuneți „nu" lucrurilor pe care nu vreți să le primiți în viața voastră.

Ordinea

1. Puneți mâna pe punctul manipura. Trageți adânc aer în piept pe nas, puneți mâinile pe inimă și umpleți-o de iubire. Expirând, pronunțați sunetul „șu-u", care iese din gât și poartă cu el iubirea către lume. Totodată, faceți o mișcare în față cu mâna dreaptă (cu dosul palmei în față și degetele drepte) și faceți un pas în spate cu piciorul drept. Între timp, mâna stângă se întoarce înapoi la al treilea centru. Apoi reveniți la poziția inițială, punând ambele mâini pe plexul solar.
2. Repetați aceeași mișcare, dar de data asta cu mâna stângă și piciorul stâng. Reveniți la poziția inițială, punând ambele mâini pe plexul solar.
3. Repetați mișcarea cu mâna dreaptă și piciorul drept, îndreptându-le în dreapta și întorcându-vă cu tot corpul în

sensul mișcării. Reveniți la poziția inițială, punând ambele mâini pe plexul solar.

4. Repetați mișcarea cu mâna stângă și piciorul stâng, ducându-le spre stânga și întorcându-vă cu tot corpul în sensul mișcării. Reveniți la poziția inițială, punând ambele mâini pe plexul solar.
5. Repetați mișcarea cu mâna dreaptă și piciorul drept, întorcându-vă în spate peste umărul drept. Reveniți la poziția inițială, punând ambele mâini pe plexul solar.
6. Repetați mișcarea cu mâna stângă și piciorul stâng, întorcându-vă în spate peste umărul stâng. Reveniți la poziția inițială, punând ambele mâini pe plexul solar.

Al doilea stadiu: ROTIREA - 15 minute

Pregătindu-vă de rotire, încrucișați picioarele. Puneți mâinile pe piept de parcă vă îmbrățișați. Simțiți iubirea însăși. Când începe muzica înclinați-vă în fața existenței, mulțumiți-i că v-a permis să fiți aici pentru această meditație. Când ritmul muzicii se schimbă începeți să vă rotiți, nu contează dacă la stânga sau dreapta. Dacă vă rotiți la dreapta desfaceți brațele și puneți mâna dreaptă în față (dacă vă rotiți în stânga, puneți mâna stângă în față). Priviți la palma dreaptă, concentrându-vă pe degetul mare.

Dacă este prima voastră experiență cu rotirea sufistă, mișcați-vă foarte-foarte încet, lăsând corpul și conștiința să se acomodeze cu mișcarea, și atunci corpul o să se miște mai repede în mod firesc. Nu vă forțați să vă mișcați mai repede cu orice preț. Dacă deodată simțiți că amețiți sau apare o senzație de disconfort, puteți să vă opriți și să vă așezați sau să rămâneți nemișcate.

Când terminați rotirea opriți-vă încet și încrucișați din nou mâinile pe piept și inimă.

Al treilea stadiu: LINIȘTEA - 15 minute

Culcați-vă pe burtă, închideți ochii. Lăsați picioarele desfăcute. Nu le încrucișați, astfel energia pe care ați acumulat-o în timpul meditației poate să iasă afară. În acest stadiu nu trebuie să faceți nimic, pur și simplu să fiți voi înșivă. Simțiți cum vă contopiți cu pământul, cum vă înrădăcinați, cum absorbiți puterea pământului și-i dați toate îndoielile și temerile. Gongul vă anunță că meditația a luat sfârșit.

Planul pentru întreaga lună

1. Facem ordine în toate zonele.
2. Curățăm spațiul nostru energetic.
3. Câmpul retenției.
4. Meditația „În afara dimensiunilor”.

LUNA 12

Gustul realizărilor

Puterea visurilor

Luna a zburat pe nesimţite şi iar s-a adunat tot grupul în sala confortabilă a Academiei.

– Ce succese aţi obţinut cu ordinea?

– Uimitor! Imediat după ce am făcut ordine în hârtii, iar la muncă mi-au făcut inventarul în depozit, spuse Nastia. De doi ani încerc să-i mobilizez pe subordonaţii mei să facă asta, fără nici un rezultat, iar acum, s-ar zice că nu există nici o legătură.

– Ba există o legătură foarte directă, am intervenit. Când faci ordine în spaţiul tău şi lumea înconjurătoare se ordonează. Nu degeaba se spune: „Păstrează ordinea, şi ordinea te va păstra pe tine".

– Şi ţi se întorc banii împrumutaţi, începu Alina. În sfârşit am făcut ordine în dulapurile din bucătărie, am aruncat vreo cinci kilograme de gunoi, şi mă trezesc că o prietenă mă sună şi-mi dă înapoi 1.000 dolari. Nici nu mă mai aşteptam să se întâmple vreodată, aşa că am fost plăcut surprinsă.

– Bucătăria e considerată căminul familiei, de aceea de obicei acolo se blochează energia financiară. Când facem ordine în bucătărie, mai ales în dulapuri, facem loc ca o energie nouă să vină.

– Iar eu mi-am curăţat spaţiul de intruşi, a spus Jenia. Nici nu aş fi crezut câte doritoare sunt să-mi ocupe locul. Nişte fetişcane încearcă să intre în spaţiul meu. Un coşmar! A trebuit să le alung cu mătura.

– Iar pentru mine cel mai greu a fost să mă despart de mama, mărturisi Alina. O iubesc foarte mult, dar când vin seara şi mama îmi face ordine acasă la mine, mă apucă tristeţea. Am încercat înainte să o iau cu frumuşelul, să-i explic că am peste 30 de ani, că poate vin şi eu cu un bărbat, dar mama se simţea jignită şi nu mai vorbea cu mine. Când am făcut meditaţia am înţeles că are nevoie de recunoştinţa şi atenţia mea şi am început să îi dăruiesc recunoştinţă. Partea interesantă e că după o săptămână mama s-a domolit, şi-a amintit de prietenele ei şi de premiere teatrale, a cunoscut un om pasionat de teatru de vârsta ei şi a început să aibă viaţa ei.

– Iar eu am fost şocată când în sfârşit am făcut socoteala şi am văzut cât cheltuiesc pe prostii, rochii, restaurante. Lena arăta cam tulburată. La început m-am îngrozit, pe urmă am acceptat şi am început să aplic o zgârcenie mai sănătoasă. A început să mi se pară că atunci când cheltui banii fără rost îmi irosesc energia. Şi mi s-a făcut milă de mine şi de ceea ce creez.

– Nu cumva ai început să-ţi notezi cum cheltuieşti banii? ne-am uitat uluite la Lena.

– Nu, dar acum estimez aproximativ cât pot să cheltui pentru mine şi văd graniţa dintre risipă şi „zgârcenie". Când înţelegi că pentru a te bucura de viaţă sunt suficienţi 60% din bani, iar restul poate fi economisit sau investit, apare un sentiment de siguranţă în ziua de mâine. Bineînţeles că într-o lună n-am observat schimbări majore, dar simt că merg în direcţia corectă.

– Ca să vezi schimbări majore trebuie să-ţi extinzi zona de confort. O să începem cu „bugetul ideal". Este un exerciţiu al lui T. Poroşina. Când înţelegeţi cât cheltuiţi în viața reală, puteți să vă faceți bugetul ideal pe tot anul și să includeți în el toate visurile!

– O căsuță în Franța!... oftă Lena.

– Călătorii de patru ori pe an în țări îndepărtate cu familia. De mult visez să văd cangurii din Australia, spuse Jenia visătoare.

– Călătorii de două ori pe an la Milano sau Paris pentru cumpărături, cu un buget de 20.000 euro, ca să nu-mi refuz nimic, socoti repede Alina.

– Iar eu aș vrea o încăpere nerezidențială în centrul orașului pentru studioul nostru de fotografie, interveni Nastia.

– Așadar, ne notăm toate visurile în noul buget, îl împărțim la numărul lunilor din an și la cantitatea de ore pe săptămână pe care suntem gata să le lucrăm ca să avem un asemenea venit.

Bugetul de vis

„Trebuie să vă faceți bugetul ideal. Esența constă în trecerea sumelor PE CARE AȚI VREA SĂ VI LE PERMITEȚI, nu pe cele PE CARE VI LE PERMITEȚI.

Enumerați în coloană toate nevoile și dorințele și în dreptul lor puneți suma pe care ați vrea să o aveți pentru fiecare. Pentru cheltuielile lunare scrieți suma pe lună, și suma pe an pentru cheltuielile care se plătesc o dată pe an sau o dată la trei luni pentru voi și familia voastră.

Un exemplu de buget
Apartament nou – 30.000.000 ruble

Maşină nouă – 1.500.000
Îngrijire personală
(masaj, cosmetologie, stilist) – 30.000 pe lună
Prânz şi cină la restaurant – 60.000 pe lună
Haine – 100.000 pe lună
Caritate – 30.000 pe lună
Economii – 100.000 pe lună

Repet, aici nu se pun sumele pe care le aveți, ci sumele pe care ați dori să le aveți.

Uneori o să intrați în panică şi o să începeți să vă limitați. De exemplu, cum să-mi permit să cheltui 100.000 pe haine? Şi pentru ce? Mai bine îmi cos singură sau cumpăr ceva mai puțin scump...

Dar bugetul ideal nu ne trebuie ca să ne exersăm abilitatea de a economisi, ci ca să învățăm să visăm şi să vrem, să ne recunoaştem nu doar nevoile (important e să avem un acoperiş deasupra capului, calitatea nu contează), dar şi dorințele (vreau să locuiesc confortabil).

De aceea când treceți capitolele de cheltuieli dați drumul la frâie. Visați. Săriți peste treptele consumului. Planificați să le dați părinților nu 30.000 pe lună, ci 100.000. Planificați să cumpărați nu un Peugeot, ci un Lexus, dacă de mult vă doriți un Lexus. Cheltuielile pot fi ce vă trebuie, dar şi ce vreți, pur şi simplu. Planificați bugetul în orice monedă, ruble, dolari, euro. Nu are importanță.

Acum să facem următorul lucru.

Adunăm toate sumele şi avem, de exemplu, 24 milioane de ruble. Hotărâm că acesta e bugetul nostru pe un an, din septembrie în septembrie. Îl împărțim la 12 luni şi ne iese suma pe care trebuie să o avem pe lună ca să ne permitem tot ce vrem, adică 2 milioane. Le împărțim la 20 zile lucrătoare (dacă vreți să lucrați ca orice om, cu zile libere). Asta înseamnă 10.000 ruble pe zi, şi le împărţim la un standard al vostru. De exemplu, lucraţi în medie 8 ore pe zi, înseamnă că ora voastră trebuie să coste 1250 ruble.

Cel mai probabil este cel puţin de două ori mai mult decât aveţi acum.

Opriţi-vă şi calculaţi cât costă ACUM ora voastră de lucru. Totul conform aceleiaşi scheme, veniturile pe lună, împărţite la numărul de zile lucrătoare, totalul împărţit la numărul de ore lucrătoare. De câte ori e mai mare suma bugetului ideal decât ce aveţi acum?

Stop. Dacă v-aţi gândit că banii pot fi câştigaţi numai prin muncă grea, este o limitare care nu există în viaţă, ci numai la voi în cap. Pot să-mi imaginez tabloul: o fată sau un bărbat care trag câte 36 ore pe zi, iar apoi rudele le organizează o înmormântare de lux.

În realitate toţi aceşti bani sau o parte din ei pot fi făcuţi şi altfel. Când scrii toate cheltuielile dorite, banii pentru ele încep să apară din surse diverse, pe lângă cea a salariului de bază. Poate sunt onorarii, cadouri, bonusuri sau cineva vă dăruieşte ceva, de exemplu, o maşină.

Aşadar, sarcina voastră e vă alcătuiţi un buget ideal pe un an sau doi ani.

Trebuie să ştiţi cât vreţi să valoreze ora voastră lucrătoare. Sau ce venit vreţi să aveţi pe lună, dacă nu lucraţi.

Nu vă limitaţi. Puneţi trece chiar şi călătorii în Zimbabwe, ajutorarea copiilor subnutriţi din Africa, chiar şi 25 de genţi Birkin şi un avion privat.

Dar nu pierdeţi legătura cu realitatea. Dacă aveţi deja un domeniu cu vilă, puteţi planifica avionul privat pentru anul următor. Dacă deocamdată închiriaţi un apartament într-un bloc vechi, atunci planificaţi avionul cam peste cinci ani.

Când veți ști ce și cât vreți, atunci nu veți mai vrea să lucrați degeaba pentru cineva numai pentru că vă e jenă să cereți bani, sau să acceptați onorarii mici. Schimbările nu se vor petrece peste noapte, dar vor veni".

Acesta a fost minunatul articol al Tatianei Poroșina, „Bugetul ideal", pe l-am citit de pe internet fetelor.

– Tema voastră pentru acasă este să vă scrieți bugetul ideal. Rugați-l pe soțul vostru să facă același lucru. Pentru un bărbat e important să vadă cum se distribuie banii care îi trebuie pentru diferite scopuri, câte bancnote are pe mână, dar pentru o femeie e mai ușor să-și imagineze ce poate cumpăra cu banii.

– Iar dacă nu lucrezi, ce faci atunci? se blocă Jenia.

– Atunci pur și simplu scrii bugetul pe care îl dorești în fiecare lună. Căci banii pot să-și facă apariția și altfel. E uimitor, dar când îți dai voie să visezi, banii apar din cele mai neașteptate surse. Una dintre studentele noastre a primit cadou un apartament, iar alta o călătorie la Paris. E important să nu ne temem să visăm.

– Mie mi-a ieșit că pentru toate dorințele mele am nevoie de 40 de ori mai mult decât am acum. Lena ridică uimită privirea din calculele ei. Mi se pare ireal să câștig atâția bani într-un an.

– Poate că într-un an e ireal, am aprobat. De obicei în decursul unui an venitul se mărește de trei ori, uneori de zece ori. Dar ca să ajungi brusc la un alt nivel ai nevoie de un salt colosal de energie. Poți face exercițiul de mărire a valorii orei tale lucrătoare, pe care l-am studiat în starea Reginei.

– Dacă totul ar fi așa de simplu și numai visurile ar fi de ajuns, toată lumea ar fi fericită și bogată, observă Alina.

Casa ta atrage banii

– Desigur, numai visurile nu sunt de ajuns, e nevoie şi de energie pentru lărgirea zonei voastre de confort. Într-o carte am citit că „Succesului îi place confortul". Înseamnă că tocmai lucrurile care ne înconjoară formează un spaţiu care ne ajută să atragem fluxul monetar.

– Nu înţeleg, explică mai pe limba mea, mă rugă Nastia.

– Tot ce ai acasă, farfurii, lenjerie de pat, tablouri, sculpturi, mobilă, toate obiectele au o anumită energie. Cu cât sunt mai scumpe şi mai originale, cu atât vibraţia bogăţiei este mai puternică în ele.

– Iar eu nu înţelegeam de ce să dai două mii pe o farfurie Villeroy&Boch, când poţi să cumperi una cu două sute de la supermarket, dădu Jenia din umeri.

– Exact din acest motiv. Când eşti înconjurată de lucruri frumoase, corpul tău eteric este plin, iar de el depinde volumul energiei tale monetare.

Se consideră că atunci când omul are un corp eteric puternic, succesul îl însoţeşte. Prin urmare, în această lună ne uităm bine la casa noastră ordonată şi vedem ce se poate îmbunătăţi, şi cumpărăm ceva nou şi scump.

– Ţin minte, când lucram la prima mea slujbă, una dintre colege îşi vindea un pian cu coadă scurtă, iar eu toată copilăria visasem la o pianină, începu Lena să povestească. Costa cam cât tot salariul meu la vremea aceea. Şi atunci închiriam doar o cameră, aşa că ideea de a cumpăra un pian, şi încă cu coadă, părea complet absurdă. M-am hotărât să merg doar să mă uit la el, dar când am văzut lemnul de alun şi picioarele sculptate, m-a topit şi l-am cumpărat. În prima lună după ce l-am cumpărat am trăit numai cu hrișcă fiartă, am slăbit 5 kilograme, dar în fiecare zi veneam acasă și mă uitam la pian cu drag.

– Dar ai cântat la el? Parcă nu te-am auzit... întrebă Alina.

– Nu, tot visez să învăț, dar atunci ce m-a atras cel mai mult a fost frumusețea lui. Dar încă n-am terminat povestea. Peste o lună mi-au mărit salariul aproape de două ori, și de atunci, de fiecare dată când simt că e cazul să trec la un nou nivel, merg și cumpăr ceva pentru casă: un serviciu de farfurii, argintărie, un tablou.

– M-ați convins, o să încerc, căzu Jenia de acord. Numai că nu știu de unde să încep și cum să-l conving pe Serghei. Mi se pare că el e mulțumit să mănânce și pe ziar. Mi-e greu să-l conving să cumpărăm necesități, darmite argintărie sau fețe de masă de dantelă.

– De acord, zise Nastia, nici eu nu pot să-l conving pe Igor să mergem la magazin și să cumpărăm ceva. Dar are mare importanță?

– Foarte mare importanță, am răspuns. Grija în calitate de Stăpână a casei se manifestă aici. Pentru un bărbat e într-adevăr mai greu să-și permită să cumpere lucruri mai scumpe. Dar dacă femeia îl convinge că va avea mai multă putere pentru a-și atinge țelurile, atunci bărbatul va înțelege că hainele au nu numai scop funcțional, dar îi și susțin energia. Când hainele sunt făcute din fibre naturale energia se concentrează, dar când sunt făcute din materiale ieftine și sintetice, se risipește. De aceea sarcina voastră pentru luna asta este să-l convingeți pe bărbat să cumpere ceva pentru el, dar cu banii lui. Trebuie să mergeți la un magazin mai scump decât de obicei și să-l ajutați să aleagă, dar el e cel care trebuie să plătească.

Dar chiar dacă aveţi destulă energie şi inspiraţie, nu înseamnă nimic câtă vreme nu aveţi rezultate, am continuat. Luna asta vă este dată ca să obţineţi un rezultat, poate fi intermediar sau rezultatul final, făcând ce aţi început. După cum am mai spus: „Începem cu inspiraţia şi terminăm cu un efort de voinţă". Pentru multă lume ultima etapă e cea mai grea, pentru că e nevoie de concentrare şi disciplină zi după zi. Dar fără un rezultat nu putem merge mai departe, ne dă energie pentru paşii următori. Hotărâţi ce anume constituie un rezultat pentru voi şi soţul vostru luna asta, şi depuneţi toate eforturile ca să-l obţineţi. Universul vă răsplăteşte pentru rezultate, nu pentru dorinţa de a face ceva. Şi acum scrieţi-le pe hârtie.

Fetele se puseră pe treabă, evaluând rezultatele dorite.

Jenia se decise prima să dea voce rezultatului dorit:

– O să adun la mine acasă prima grupă pentru o lecţie în arta de a face plăcinte. La început doar cinci persoane. O să stabilesc un preţ mai mic, sau poate o fac gratuit, dar o să-i rog pe toţi să aducă ingrediente, iar Serghei trebuie totuşi să-şi înregistreze compania de construcţii.

– Iar eu sunt gata să vin la lecţia ta de gătit şi să-l rog pe Igor ca în contul plăţii să facă fotografii de reclamă, propuse Nastia. Şi o să rezerv un tur în Japonia ca să fotografiem zgârie-norii. Calendarele erotice au adus destul de mulţi bani, iar Igor în sfârşit crede în talentul lui. Acum are sesiuni de fotografie programate în fiecare seară.

– Iar tu nu eşti geloasă că e înconjurat de atâtea fete frumoase? întrebă Lena.

– Nu, pentru că eu sunt cea care conduc interviurile şi le explic ce trebuie să facă. Ca director, văd tot. Şi se pare că se simte că sunt calmă şi am încredere în Igor, iar asta li se transmite şi lor şi îl privesc numai ca profesionist. Iar eu o să merg luna asta şi o să învăț undeva într-o companie de investiții. E timpul să-mi pun în practică ideile mele mărețe, declară Nastia.

– Iar eu vreau să angajez oameni pentru restaurantul lui Ruslan. Renovarea e în plină desfăşurare, iar de personal nu se ocupă nimeni, decise Lena.

– Iar eu am o clientă care m-a rugat să-i fac o colecție în concordanță cu stările. Vrea să alegem împreună rochiile, bijuteriile, machiajul, spuse Alina. Aşa că mă voi ocupa de ea şi peste o lună vă arăt fotografii.

– Starea Stăpânei mai înseamnă şi voință, abilitatea de concentrare, demararea acțiunii şi obținerea unui rezultat în pofida oricăror obstacole, am continuat.

Voința este mişcare şi acțiune. Al treilea centru răspunde de structurarea şi direcționarea fluxului de energie.

Când noi sau bărbatul nostru avem forțe suficiente pentru obținerea unui rezultat, atunci banii vin către noi. Amintiți-vă ce am spus, banii sunt energie direcționată şi structurată. Cu cât voința bărbatului e mai puternică, cu atât poate să rețină fluxuri masive de bani.

– Şi cum poate să-şi dezvolte voința? Nastia se pregăti să ia notițe. Igor sigur are o problemă, tot timpul începe câte ceva şi abandonează fără să termine.

– Voința, dar şi energia din al treilea centru se dezvoltă când facem ce nu ne place şi chiar ne produce revoltă, când ne limităm şi intrăm în stare de asceză. Dar decideți singuri ce să faceți sau ce să refuzați. Asceza este când ne asumăm nişte obligații dificile şi le ducem o anumită perioadă de timp. În multe culturi există diferite asceze care îi ajută pe oameni să acumuleze puterea personală, să atingă anumite capacități ieşite din comun şi perfecţiune spirituală. Dar uneori poate fi ceva foarte simplu, de exemplu, să ne facem patul în fiecare zi. Dacă vă e greu să faceţi ceva sau să refuzaţi ceva, trebuie să vă ocupaţi de acest aspect, pentru a vă căli voinţa.

– Dă-ne un exemplu, mă rugă Nastia.

– De exemplu, eu am renunţat să mai beau vin, iar una dintre studentele mele a renunţat la prăjitura preferată. Şi fiţi pregătite, pentru că Universul o să înceapă să vă provoace. O să vi se spună că e o prostie şi că dacă vă încălcaţi promisiunea nu se întâmplă nimic grav. Într-adevăr, n-o să se întâmple nimic, doar că veţi pierde toată energia acumulată pentru a trece la un alt nivel. Şi în plus, începeţi să faceţi două lucruri noi în fiecare zi. De exemplu, gimnastică sau o meditaţie, să faceţi cuiva complimente sau să scrieţi pentru ce sunteţi recunoscătoare Universului. Nu e important ce alegeţi voi şi bărbatul vostru, contează să faceţi asta regulat, fără să vă justificaţi, dar găsind posibilitatea de a face. Străduiţi-vă să nu dureze foarte mult, maximum 15 minute, altfel vă va fi greu să-i alocaţi timp în fiecare zi. Executarea consecventă e cea care vă ajută să fortificaţi al treilea centru. „Secretul oricărei deprinderi este practicarea ei neîntreruptă", spun înţelepţii. Cel mai bine e să faceţi o asceză o perioadă de 100 zile, dar chiar dacă rezistaţi numai o lună veţi observa o schimbare.

– Dar dacă bărbatul refuză asceza, ce altceva poate să facă? se interesă Alina.

– Să se ocupe de arte marţiale, am sfătuit-o. Ele ajută la întărirea celui de-al treilea centru, de aceea e bine ca băieţii să facă karate, iar fetele dansuri.

Pentru întărirea acestui centru e bine să facem şi exerciţiul „Aripi" timp de 15 minute. El dezvoltă abilitatea de duce ceva până la capăt.

EXERCIȚIUL „ARIPI"

Ne așezăm turcește și formulăm în gând rezultatul pe care vrem să-l obținem. Coborâm atenția către centrul voinței și începem să „dăm din aripi", ridicând brațele în sus, cu palmele în afară, și lăsându-le în jos și atingând podeaua. Ne imaginăm că zburăm către rezultatul nostru, în pofida oricăror obstacole.

Putem face exercițiul când simțim că am ajuns în impas, când ni se pare că totul parcă e împotriva noastră și ne confruntăm cu prea multe probleme și obstacole. Ne dă senzația că „Pot să fac".

Facem exercițiul timp de 15 minute, acumulând putere și avansând către rezultatul nostru. O să avem nevoie de multă voință ca să nu ne dăm bătute, să nu renunțăm. Dacă vreți să plângeți, plângeți, dacă vreți să țipați, țipați, dacă vreți să spuneți „Pot să fac", spuneți. Important e să vă concentrați asupra rezultatului și să înaintați către el.

– Sunteți gata să încercați? am întrebat.

– Gata, aprobară fetele cu însuflețire.

Am dat drumul la muzică şi am început să dăm din mâini. Vedeam că fetelor le e greu să zboare, dar se străduiau.

– Mi se părea că astea 15 minute n-o să se termine niciodată, se plânse Alina. Dar vedeam țelul meu şi asta m-am ajutat.

– Iar eu mi-am tot repetat „Pot să fac" şi am înțeles că dacă poți să faci asta, atunci poți să faci orice, spuse Nastia.

– Şi mie mi-a fost greu să mă urnesc. Dar important e că m-am urnit, zise şi Jenia.

– Mie mi-a fost uşor.

Lena arăta proaspătă şi plină de forţe.

– Crezi că o să reuşesc să-l conving pe Igor să facă exerciţiul ăsta? întrebă Nastia cu îndoială în glas.

– Dacă nu reuşeşti, poţi să-i propui unul dintre exerciţiile sufiste, „Zikr”, pentru dezvoltarea acestui centru. Una dintre studentele mele mi-a povestit că, după ce soţul ei a început să facă exerciţiul la bazinul de înot, a început nu doar să înoate mai mult, ci şi să câştige mai mulţi bani. Exerciţiul se face în gând. O să-l facem şi noi acum.

EXERCIŢIUL „ZIKR” (fig. 25)

Inspiraţi, rostiţi: „LA” şi imaginaţi-vă cum din centrul voinţei (din plexul solar) iese un fir auriu până în centrul frunţii (centrul viziunii). Apoi coboară în zona subcostală dreaptă (zona ficatului) în timp ce rostiţi „ILLAHA” şi se ridică din nou către centrul solar când rostiţi „ILLA”. În sfârşit, firul se duce în inima voastră odată cu cuvântul: „HU”. Trebuie să faceţi 100 de cicluri.

Ei bine, am ajuns aproape la finalul programului nostru. Luna asta e important să duceţi până la capăt ce aţi început şi să obţineţi rezultate, ca să treceţi la un nou nivel.

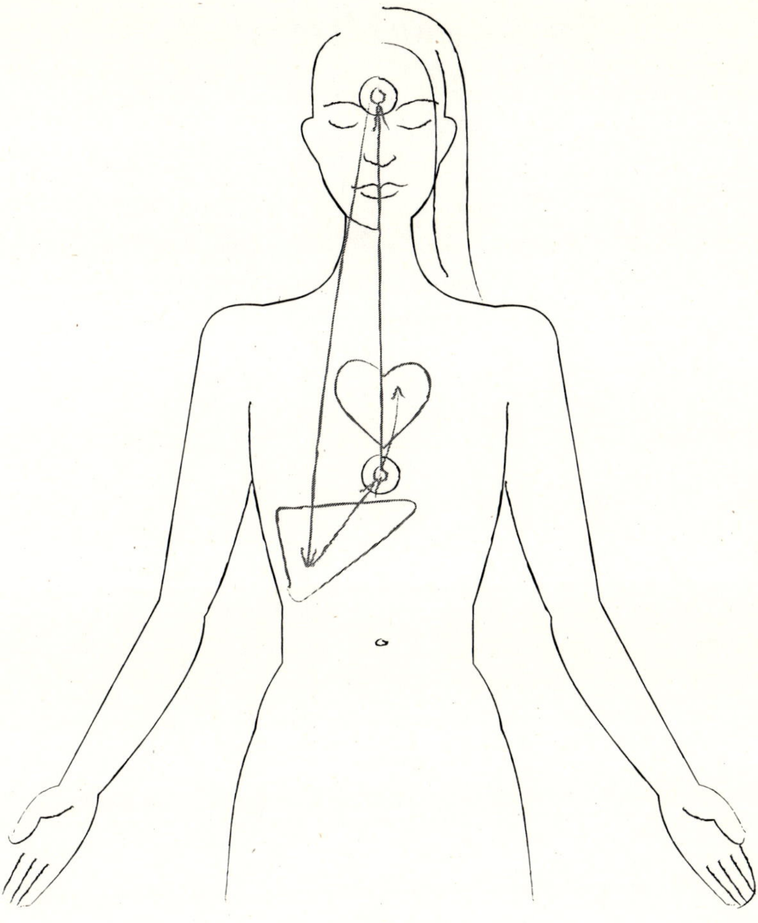

Fig. 25
Exercițiul „Zikr”

Planul pentru întreaga lună

1. Alcătuiți bugetul ideal.
2. Cumpărați un lucru scump pentru acasă și ceva scump pentru bărbatul vostru.
3. Decideți care va fi asceza voastră, începeți să faceți două activități noi în mod constant și renunțați la ceva (pentru asceză puteți alege orice).
4. Exercițiul „Aripi".
5. Exercițiul „Zikr".

Încheiere

– Nu pot să cred că e ultima noastră sesiune, am spus întâmpinându-le pe fete. Un an întreg a trecut pe nesimțite! Acum uitați-vă la tot ce ați scris cu un an în urmă, şi veți afla dacă bărbatul vostru e mai bogat. Uitați-vă la drumul parcurs, la rezultatele pe care le-ați obținut. Câteodată e bine să vă opriți şi să evaluați realizările, să vă bucurați de ele, să trageți concluziile necesare, să eliminați tot ce e inutil şi să păstrați tot ce e bun. Aceste opriri sunt cele care ne dau puterile necesare ca să continuăm.

– Parcă n-a trecut doar un an, ci o viață! spuse Alina.

– Eu aş formula un pic altfel, zise Lena. Un an care a schimbat o viață! Vă invit oficial la nunta mea cu Ruslan, care va avea loc la noul nostru restaurant.

– Uraaa! am strigat noi în cor. În sfârşit te-ai hotărât.

– După ce mi-a dăruit la aniversarea noastră de un an de când ne-am cunoscut un inel aşa cum îmi doream, cu un diamant de un carat, şi Lena demonstră superbul inel care-i sclipea pe deget, nu mi-a mai rămas decât să accept, zâmbi ea. Glumesc, dar de fapt, în răstimpul în care am studiat toate stările împreună cu voi, am înțeles că banii nu au valoare în sine. Iubirea şi pasiunea, evoluția şi intimitatea sunt mult mai importante! Cred că ați mai auzit vorbele astea, dar eu m-am uitat altfel la ele:

Poți să cumperi o casă, dar nu un cămin,
Poți să cumperi un pat, dar nu somnul,
Poți să cumperi un ceas, dar nu timpul,
Poți să cumperi o carte, dar nu știința,
Poți să cumperi o poziție, dar nu respectul,
Poți să plătești un doctor, dar nu poți cumpăra sănătatea,
Poți să cumperi o persoană, dar nu viața ei,
Poți să cumperi sex, dar nu iubire.

– Și am înțeles, continuă Lena, că e foarte tare că nu putem cumpăra, dar putem crea toate astea! Putem să urlăm de singurătate într-o vilă uriașă, sau putem să râdem de bucurie într-un apartament minuscul. Putem să facem sex fără implicare emoțională într-un hotel de cinci stele, sau putem să ne topim în brațele iubitului într-un cort. Putem să ne ofilim la muncă pe un salariu uriaș, sau putem să plutim pline de inspirație pe bani puțini, dar să fim fericite! Și lucrul cel mai important e că atunci când modifici prioritățile și înțelegi ce contează pentru tine, când alegi iubirea banii încep să vină ușor, cu bucurie și uneori chiar mai mulți decât înainte. Și atunci înțelegi că poți să râzi de bucurie într-o vilă frumoasă, să te topești în brațele iubitului într-un hotel de cinci stele, să plutești plină de inspirație și pe un salariu uriaș.

– Mi-am amintit o parabolă frumoasă, am spus. Are mai multe variante, dar eu v-o povestesc pe a mea.

„O femeie ieși din casă și văzu în curte trei bătrâni cu bărbi lungi și albe. Nu-i cunoștea. Le zise:

– Nu cred că vă cunosc, dar trebuie să vă fie foame. Vă rog poftiți în casă și mâncați.

– Dar soțul e acasă? întrebară ei.

– Nu, răspunse ea, nu-i acasă acum.

– Atunci nu putem intra, au răspuns ei.

Seara, când soțul veni acasă femeia i-a povestit ce s-a întâmplat.

– Du-te și spune-le că sunt acasă și invită-i să intre, spuse soțul.

Femeia ieși și-i chemă pe bătrâni.

– Nu putem să intrăm toți împreună, răspunseră ei.

– De ce? se miră femeia.

Unul dintre bătrâni spuse:

– Pe el îl cheamă Bogăția, spuse el, arătând către unul dintre prietenii lui, iar arătând către celălalt: Pe el îl cheamă Norocul, iar pe mine Iubirea.

După care adăugă:

– Mergi acasă și vorbește cu bărbatul tău, hotărâți pe cine ați vrea să vedeți la voi în casă.

Femeia merse și-i spuse soțului despre ce a auzit. Bărbatul se bucură tare.

– Ce bine! spuse el. Dacă trebuie să alegem, hai să invităm Bogăția. Să vină și să ne umple casa de bogăție.

Dar nevasta ripostă:

– Dragule, dar de ce n-am invita Norocul?

Fiica lor asculta discuția dintre părinți din colțul ei. Alergă la ei cu propunerea ei:

– Dar de ce n-am invita Iubirea? Iar atunci o să avem o casă plină de iubire.

– Hai să facem cum a spus fetița noastră. Du-te și roagă Iubirea să ne fie oaspete.

Femeia ieși și-i întrebă pe cei trei bătrâni:

– Care dintre voi este Iubirea? Intră, te rog, în casă și fii oaspetele noastru.

Bătrânul numit Iubirea intră în casă. Ceilalți doi bătrâni intrară și ei în urma lui. Mirată, femeia întrebă Bogăția și Norocul:

– Dar eu am invitat numai Iubirea, de ce intrați și voi?

Bătrânii răspunseră:

– Dacă ați fi invitat Bogăția sau Norocul, ceilalți doi ar fi rămas în stradă. Dar ați invitat Iubirea, iar noi o urmăm mereu. Acolo unde există Iubirea, întotdeauna se află și Bogăția, și Norocul.

– Da, susținu Jenia, şi eu am înțeles că starea aceasta e cea mai importantă, iar restul stărilor apar ca rezultat. Cât timp mă obseda salariul lui Serghei, mă enervam şi economiseam, totul mergea din ce în ce mai rău. Dar când am început să-l inspir şi să fac exerciții, totul s-a schimbat şi au apărut şi banii.

– Mie nu mi s-a îndeplinit tot, spuse Jenia, uitându-se la notițele ei, dar casa de la țară am construit-o. Datorită ei Serghei a început să creadă în forțele lui proprii, că poate să se ocupe de construcții pe cont propriu şi că va reuşi. Aşa că la capitolul ăsta se pare că a ieşit tot. Şi am avut trei vacanțe. Dacă includem şi Finlanda la țări străine, atunci şi punctul acesta a fost bifat. Doar Nissanul încă mai aşteaptă întâlnirea cu mine.

– Universul a corectat şi planurile mele, spuse Nastia. Deocamdată expoziția despre zgârie-nori e doar un vis, deşi am cumpărat un pachet de vacanță la Tokyo. Însă putem organiza o expoziție de calendare erotice. Dar lucrul cel mai important e că Igor a început să creadă în talentul lui, am început şi eu să cred şi nu-l mai consider o cârpă şi un ratat. Şi am descoperit şi cu ce vreau eu să mă ocup.

– Iar eu am vrut să-mi măresc venitul de trei ori, începu Alina, şi să întâlnesc un bărbat. Venitul a crescut, ce-i drept, numai de două ori mai mult, dar a crescut. Şi au apărut atâtea posibilităţi. Uitaţi-vă ce colecţie am creat pentru clienta mea. Alina ne întinse un album cu fotografii. A fost aşa de fericită, că mi-a plătit dublu. Iar admiratori am o mulţime, mai rămâne să-l aleg pe cel care merită. Mă simt aşa de liberă şi bucuroasă, continuă Alina, că pentru mine nu mai contează cât câştigă un bărbat. Contează mai mult dacă vreau să-l inspir, dacă el e gata să facă ceva de dragul meu, dacă sunt gata să-i dăruiesc iubire, fără să mă aştept la ceva în schimb şi fără să cer nimic. Nu ştiu cum va continua relaţia mea cu Vadim. Deocamdată îmi place să mă aflu în fluxul acesta creator şi să mă bucur de fiecare zi în care mă pun pe mine pe primul loc.

– Şi asta e tot ce contează, m-am bucurat eu. Numai când vă aflaţi în fluxul creaţiei vă simţiţi satisfăcute şi fericite, vă ocupaţi de creaţie singure, iar cei care se află alături de voi, mai ales bărbaţii, încep şi ei să creeze. Pentru femeie e mai uşor în intre în acest flux, pentru că vibraţia energiei creaţiei este pe aceeaşi frecvenţă cu vibraţia iubirii. De aceea când iubim şi suntem iubite creăm cele mai uluitoare lucruri. Când creăm ne contopim cu energia Divină şi ne manifestăm pe noi înşine şi Divinitatea prin creaţiile noastre. După cum spunea Vladimir Simonov, împlinirea de sine prin creaţie este fundamentul evoluţiei Universului şi omului. Şi numai când urmăm această cale Universul ne dă bani pentru revelarea potenţialului nostru, am spus. În principiu, acum repet ce am zis cu aproape un an în urmă, când am început călătoria noastră.

Haideți să ne amintim tot ce am făcut!

Şi am desenat un cerc.

– Am vorbit despre ce sunt banii, am înlăturat toate blocajele care stăteau în calea fluxului monetar, al nostru şi al bărbatului nostru.

Ne-am căutat talentul şi misiunea şi l-am ajutat pe bărbat să le vadă.

În starea Reginei am inspirat, am desenat un tablou al viitorului, i-am aruncat o provocare, dar totodată i-am făcut campanie de promovare bărbatului nostru, am căutat informațiile şi relațiile necesare.

În starea Iubitei ne-am completat energia plăcerii şi nouă, dar şi bărbatului nostru şi am descoperit ceva nou în noi şi în el.

În starea Fetiței ne-am umplut de iubire, bucurie şi credință în bărbatul nostru şi i-am dăruit emoții.

În starea Stăpânei am căpătat încredere de sine, am învățat să ducem treburile până la capăt, să ne menținem pe poziție, i-am purtat de grijă bărbatului, l-am susținut, am creat un spațiu confortabil şi ordonat.

– Tu repeți, dar acum cuvintele răsună altfel, spuse Nastia, şi totul e altfel. Şi am înțeles asta pentru că am trecut prin toate anul ăsta, nu le-am auzit doar ca nişte concepte abstracte. Într-adevăr, când îți investeşti toate cunoştințele, pasiunea, credința, voința în ceea ce faci, atunci obții cu totul alte rezultate. Dar lucrul cel mai important e că atunci când pui suflet, mai precis iubire, şi o legi de creație, ajungi la cu totul alt nivel. Dispare impresia că te învârți în cerc. Dimpotrivă, înțelegi că urmezi o spirală în alte dimensiuni şi pentru tine, şi pentru Univers. Ceea ce faci e cu adevărat necesar Universului, iar oamenii sunt gata să plătească bani pentru asta, pentru că îi schimbă pe ei înşişi, dar şi realitatea lor. Nu ne rămâne decât să luăm ce ne propune Universul şi să folosim aşa cum se cuvine!

– Pentru creaţie, iubire şi plăcere! am încheiat noi în cor.

LISTĂ BIBLIOGRAFICĂ. RESURSE

Joel Marie Teutsch, Champion Kurt Teutsch. „De aici către fericirea absolută sau Cum să ne schimbăm viața o dată pentru totdeauna”

Jeannie G. Scott. „Puterea minții”

Anatoli Nekrassov. „Gânduri pline de viață”

Victoria Lysenko. „Cheia personalității tale”

Marilyn Atkinson, Rae T. Choice. „Știința și arta de a fi antrenor”

Mikael Krogerus. Modelul lui John Whitmore în cartea „Cartea deciziilor. 50 de modele de gândire strategică”

Jana Frank. „Muza și monstrul. Cum să ne organizăm munca creatoare”

Bodo Schäfer. „Jurnalul succesului”

Tatiana Poroșina. Website-ul „Bugetul ideal”

Cuprins